Abraão de Almeida

201 RESPUESTAS

Para su enriquecimiento espiritual y cultural

I0895869

PATMOS

201 Respuestas:
Para su enriquecimiento espiritual y cultural

Publicado por Editorial Patmos,
Miami, FL. 33169

Todos los derechos reservados.

Publicado originalmente en portugués por Casa Publicadora das Assembléias de Deus, Caixa Postal 331, 20001-970, Rio de Janeiro, RJ, Brasil, con el título *201 Respostas: Para o seu Enriquecimento Espiritual e Cultural* ©2018 por Abraão de Almeida

A menos que se indique lo contrario, las citas bíblicas se toman de la versión Reina-Valera ©1960, Sociedades Bíblicas Unidas.

Traducido por Florencia Himitian

Editado por Gisela Sawin

Adaptación de portada e interior al español por Adrián Romano

ISBN: 978-1-58802-850-1

Categoría: Vida Cristiana

Impreso en Brasil | *Printed in Brazil*

Índice

Prefacio

Vivimos días difíciles en los que conviven extremismos en cuestiones menores e indefiniciones en doctrinas fundamentales. Existen muchas personas que crean ideas y doctrinas extrañas y extravagantes, y, al mismo tiempo, algunas doctrinas centrales de la fe pierden su lugar de relevancia en muchos círculos eclesiásticos. La verdad es que el ambiente evangélico del mundo contemporáneo, y no solo el brasileño, sufre por la urgente necesidad de líderes preparados, firmes en la fe, sensatos, moderados y sabios.

En mi experiencia interdenominacional, puedo decir con tranquilidad que uno de los raros ejemplos de experiencia, humildad, persistencia, espiritualidad y dedicación académica es el pastor Abraão de Almeida, siervo de Dios. Realmente él ha sido una bendición para las Asambleas de Dios, así como para todo el universo denominacional de la iglesia. Tuve el privilegio de conocerlo desde hace más de veinte años, y puedo afirmar que ha ido creciendo mi respeto y admiración por este gran amigo.

La obra *201 Respuestas* representa el resumen de una investigación acerca de los temas más relevantes de la vida cristiana y del mundo contemporáneo, los que son fundamentales y absolutamente necesarios. Cabe destacar temas tales como la familia, la homosexualidad, el suicidio y las religiones, las sectas y el ocultismo, entre muchos otros que se abordan en la obra. Con certeza, muchas de las dudas e incertidumbres del lector están contempladas en las *201 Respuestas*, a fin de que su vida personal sea edificada y esté preparado para auxiliar a otros.

Escribir para enseñar no es nada fácil. Hay ciertos temas que exigen erudición e investigación técnica detallada, como en el caso de la filosofía y la teología. Pero algunos temas solo pueden ser debatidos por aquellos que tienen experiencia en el área. Nadie querría ser operado por un cirujano que ha leído mucho pero que nunca realizó una cirugía. Además, cuanto más delicado sea un tema más se le exigirá al autor un abordaje cuidadoso y equilibrado, que no puede dejar de lado «el tacto» y la manera especial de lidiar con las palabras.

El arte de escribir pastoral y teológicamente es como saber condimentar una comida exquisita. Aquel que simplemente es técnico conoce solo el valor nutricional de los alimentos. Un cocinero corriente, sin una gran experiencia, domina tanto la calidad como la cantidad de los ingredientes y la secuencia a seguir en la preparación del plato a servir. Pero el cocinero profesional, o chef, es diferente. Conoce el punto exacto de todo, y aquellos secretos de los que nadie sabe. Su elemento diferencial consiste en el arte de preparar un plato de sabor indescriptible, lo que se comprueba en el momento de degustarlo.

Los invitamos a todos a acercarse rápidamente. Con las *201 Respuestas* ya listas, los ingredientes están frente a nosotros. Los temas que aquí se tratan son absolutamente necesarios. Hay proteínas y vitaminas de sobra. Sin embargo, lo más importante es que la preparación haya sido meticulosamente realizada por el maestro Abraão de Almeida. Así que, con el *menú* en mis manos, simplemente vengo a convertirme en el camarero.

Ante todo, lo que hemos descripto y validado, solo nos resta decir: Buen apetito.

LUIZ SAYÃO

INTRODUCCIÓN

A lo largo de varias décadas en el ministerio pastoral y en la enseñanza, he sido confrontado por preguntas realizadas principalmente por jóvenes creyentes, en general por aquellos más desafiados a justificar de muchas formas su fe en Dios y en las Sagradas Escrituras.

Las dudas se justifican debido al actual clima de inseguridad e incertidumbre de la época en que vivimos, caracterizada por un lado por el apabullante avance de la ciencia en las diferentes áreas del conocimiento humano y, por el otro, por la osada capacidad de muchos grupos religiosos e ideológicos radicales de promover actos terroristas de gran impacto en el mismo corazón de las potencias mundiales, tales como los sucedidos en las ciudades de Nueva York, Washington, Madrid y Londres. Esto, sin mencionar al revuelto Medio Oriente.

Sin embargo, dejando de lado el contexto sociocultural de nuestros días, ¿quién, en general, no tiene dudas? Ya decía Rui que «Quien no es curioso, nada sabe».

Este libro tiene el propósito de proveer respuestas a las preguntas que muchos se hacen: ¿Acaso no fue Samuel el que se apareció a Saúl en Endor? ¿Cómo se sostiene el prestigio de la Biblia en esta era nuclear? ¿Es la homosexualidad un pecado o una enfermedad? ¿Por qué es tan alto el índice de suicidios entre las naciones ricas del primer mundo?

A preguntas como estas les siguen otras, como: ¿Qué tipo de influencia ejercen los pensadores antiguos y modernos en el comportamiento social de hoy? ¿Qué profecías aún deben cumplirse antes del arrebatamiento de la iglesia? ¿Qué vienen a ser el post-milenialismo y el pre-milenialismo? ¿Atravesará la iglesia la gran tribulación? ¿Cuál de los líderes religiosos de nuestro tiempo será el Anticristo? ¿Por qué el número de la bestia se está volviendo tan popular en nuestra época? ¿Qué poder de destrucción poseen las armas nucleares?

Queda claro que no tengo todas las respuestas, pero puedo ayudar. Por eso presento en este libro doscientas respuestas a diferentes preguntas, muchas de las cuales me hice a mí mismo durante mi andar de fe. Así como me ayudaron las respuestas que encontré, creo que mis lectores igualmente hallarán ayuda a través de las respuestas que aquí presento.

Destaco, sin embargo, que por el hecho de haber limitado al mínimo el espacio destinado a cada respuesta, esta obra no sustituye de ningún modo a aquellos libros míos que circulan en el mercado editorial. En esos libros, las respuestas que aquí presento están desarrolladas con mucha mayor amplitud. Estos son algunos de esos títulos: *Manual da Profecía Bíblica* [Manual de profecía bíblica]; *Israel, Gog y el Anticristo*; *O Tabernáculo e a Igreja* [El Tabernáculo y la Iglesia]; *Háuma Luz no Caminho* [Hay una luz en el camino]; *Teu é o Reino* [Tuyo es el reino]; *A Reforma Protestante* [La Reforma Protestante]; *O Sábado, a Lei e a Graça* [El sábado, la ley y la gracia]; *Lições da História que não Devemos Esquecer* [Lecciones de la historia que no debemos olvidar]; *Teologia Contemporânea* [Teología contemporánea]; *Apologia da Fé Cristã* [Apología de la fe cristiana], y otros.

Muchas de las respuestas que aquí presento, sin embargo, no forman parte de ninguno de aquellos libros míos que aún circulan o que ya están agotados. Son fruto de mi ministerio más reciente en el campo de la enseñanza teológica en el Brasil, los Estados Unidos, Europa, y otras partes del mundo.

Capítulo 1

El Libro de los libros

1) ¿Por qué la Biblia es tan diferente de los demás libros?

La Biblia es diferente de todos los demás libros tanto por el hecho de contener un relato de los orígenes de la creación, las alianzas de Dios con el hombre, la historia de Israel y de la iglesia apostólica, y las profecías reveladoras del futuro, como porque revela el insondable amor de Dios en la persona de Jesucristo, mostrándolo como el Salvador del mundo. Por lo tanto, la Biblia Sagrada podría definirse en una sola frase: Es la Palabra de Dios.

Y como Palabra de Dios, no contiene errores de ningún tipo. Un ejemplo: En 1865, ciertos críticos de la Biblia encontraron «50 errores científicos» en ella. Veinte años más tarde, ninguno de aquellos supuestos errores pudo ser confirmado.

Vale la pena oír lo que algunos personajes célebres manifestaron acerca de la Biblia.

El *cardenal Arcoverde* dijo:

¿Qué regla más pura y santa, qué camino más seguro para el hombre público y para el político que la verdad venida del cielo,

predicada y enseñada por boca de Dios, y registrada en el libro del Evangelio? ¡Léase, pues, y medítese en el libro santo del Evangelio!

Ivan Espíndola de Ávila, mi colega de la Academia Evangélica de Letras del Brasil, dijo:

Nos impresiona, al contemplar el mundo actual, la exactitud de las Sagradas Escrituras. En estos tiempos se cumplen, con una precisión admirable, previsiones de este viejo y bendito libro. Páginas proféticas que asumen el sabor de crónicas contemporáneas, en las que hechos y acciones de la historia y a través de los hombres, proclaman la veracidad de la eterna Palabra, que no falló ni fallará. Por eso es tiempo de volver a la Palabra de Dios. Y es eso lo que la humanidad está haciendo, luego de tantas huidas. Después de buscar tantos caminos en los que la frustración les resultó fatal, los hombres retornaron al camino, al único y verdadero camino. Y en ese camino, con un sentido de libertad y esperanza, brilla la Palabra, que es luz y lámpara de Dios.

Charles Spurgeon, famoso predicador inglés, escribió:

Luego de haber predicado el evangelio por cuarenta años, y de imprimir los sermones predicados semanalmente durante treinta y seis años (los que alcanzaron un número de 22 mil) creo que tengo el derecho a decir algo sobre la riqueza y la plenitud de la Biblia como el libro del predicador. Hermanos, ella es inagotable. No habrá peligro de que nos sequemos si nos apegamos al texto de este volumen sagrado. No habrá dificultad en preparar temas totalmente distintos de los ya usados; la variedad es tan infinita como su plenituds. Una larga vida no alcanza para flanquear las márgenes de este continente de luz. En los cuarenta años de mi ministerio, apenas he podido tocar el borde de las vestiduras de la verdad divina, pero ¡qué virtud fluía de ella! La Palabra es como su Autor: infinita, inconmensurable, eterna. Si usted fuera ordenado al ministerio por toda la eternidad, tendría en sus manos temas suficientes para las exigencias eternas.

2) ¿En qué sentido la Biblia es la Palabra de Dios?

La Biblia es la Palabra de Dios por haber sido inspirada por Él. A lo largo de sus páginas se afirma dos mil ocho veces que Dios es su autor. En el Nuevo Testamento, esa autoría divina es afirmada doscientas veinticinco veces, cerca de cincuenta de ellas por el mismo Señor Jesús.

Siendo la Palabra viva de Dios, cabe esperar que encontremos en ella un lazo que unifique todos sus libros, a pesar de que estos hayan sido escritos en épocas diferentes y en lugares distintos. Ese lazo es la presentación, directa o indirecta, que cada libro bíblico hace de la persona de Jesús.

Por ejemplo:

- En Génesis, Él es nuestro Dios Creador y la simiente de la mujer.
- En Éxodo, Él es nuestro Cordero Pascual.
- En Levítico, Él es nuestro Sacrificio por el pecado.
- En Números, Él es Aquel que fue levantado.
- En Deuteronomio, Él es nuestro verdadero Profeta.
- En Josué, Él es el Capitán de nuestra salvación.
- En Jueces, Él es nuestro Juez-Libertador.
- En Rut, Él es nuestro Rescatador.
- En 1 y 2 Samuel, 1 y 2 Reyes, y 1 y 2 Crónicas, Él es nuestro Rey.
- En Esdras y Nehemías, Él es nuestro Restaurador.
- En Ester, Él es nuestro Abogado.
- En Job, Él es nuestro Redentor vivo.
- En Salmos, Él es nuestro Todo en Todos.
- En Proverbios, Él es nuestra Sabiduría.
- En Eclesiastés, Él es el Fin de la vida.
- En Cantar de los Cantares, Él es nuestro Amado.
- En Isaías y en Mateo, Él es el Mesías-Rey.
- En Jeremías, Lamentaciones y Romanos, Él es nuestra Justicia.
- En Ezequiel y en Lucas, Él es el Hijo del Hombre.
- En Daniel, Él es la Piedra que desmorona los reinos de este mundo.

- En Oseas, Él es el que encamina al desviado.
- En Habacuc, Él es el Dios de nuestra salvación.
- En Hageo, Él es el Deseado de las naciones.
- En Zacarías, Él es el Renuevo de justicia.
- En Malaquías, Él es el Sol de justicia.
- En Marcos, Él es el Siervo del Señor.
- En Juan, Él es el Hijo de Dios.
- En Hechos, Él es el Señor resucitado.
- En Gálatas, Él es nuestra Libertad.
- En Efesios, Él es la Cabeza de la iglesia.
- En Filipenses, Él es nuestra alegría.
- En Colosenses, Él es la gloriosa imagen de Dios.
- En 1 y 2 Tesalonicenses, Él es Aquel que ha de venir.
- En Hebreos, Él es nuestro eterno Sumo Sacerdote.
- En Santiago, Él es nuestro modelo.
- En Apocalipsis, Él es nuestro Rey triunfante.

3) ¿Qué tipo de influencia ejerce la Biblia en nuestra sociedad?

Querido lector, como Palabra de Dios, la Biblia ejerce una poderosa y benéfica influencia dondequiera que se difunda. «Porque la palabra de Dios es viva y eficaz, y más cortante que toda espada de dos filos; y penetra hasta partir el alma y el espíritu, las coyunturas y los tuétanos, y discierne los pensamientos y las intenciones del corazón. Y no hay cosa creada que no sea manifiesta en su presencia; antes bien todas las cosas están desnudas y abiertas a los ojos de aquel a quien tenemos que dar cuenta» (Hebreos 4:12-13).

Dios mismo afirma: «Así será mi palabra que sale de mi boca; no volverá a mí vacía, sino que hará lo que yo quiero, y será prosperada en aquello para que la envié» (Isaías 55:11). Y el apóstol Pablo habla del evangelio como el «poder de Dios» y la transformación generada por este mismo evangelio en la vida del que lo acepta: «Nueva criatura es; las cosas viejas pasaron; he aquí todas son hechas nuevas» (2 Corintios 5:17).

La Biblia se presenta a sí misma como alimento (Amós 8:11),

como fuego (Jeremías 23:29), como luz (Salmo 119:105), como leche (1 Pedro 2:2), como oro y como miel (Salmo 19:10); como espejo (Santiago 1:23-25), como martillo que quebranta la piedra (Jeremías 23:29); como espada (Efesios 6:17) y como semilla (1 Pedro 1:23).

La Biblia es un todo y no puede ser alterada. Agregarle o quitarle algo sería dañar su perfección absoluta (Apocalipsis 22:18,19). El canon de la Escritura está cerrado. Otras obras pueden lanzar una luz valiosa acerca de ella, pero la Biblia sigue siendo incomparable, única y completa.

Otra razón que lo convierte en el libro más preciado del mundo es su actualidad. Aunque tenga milenios, su mensaje es más actual hoy «que el periódico que entrará en circulación mañana», utilizando las palabras del evangelista Billy Graham. Las otras obras, aún las más famosas, pierden actualidad porque se basan únicamente en la vida presente. La Biblia, sin embargo, trata tanto de ésta como de la otra vida, abarcando el presente y el futuro.

Analizando la situación mundial a la luz de la Biblia, se percibe que, si sus enseñanzas fueran adoptadas por las naciones, éstas resolverían sus principales problemas. He aquí algunos ejemplos:

- Proverbios 22:6: Ordena a los padres que instruyan a sus hijos en el camino recto.
- Romanos 13:6-7: Enseña a los industriales y comerciantes a pagar debidamente los impuestos establecidos por la ley.
- 1 Timoteo 6:1: Ordena a los empleados que trabajen con honestidad.
- Romanos 13:1-5: Ordena al pueblo en general que ore por los gobernantes y obedezca a las autoridades.
- 1 Timoteo 2:1-3: Enseña que todos debemos colaborar con el gobierno, orando por él, para que Dios lo capacite para llevar a cabo una administración sabia y segura. Tanto este texto como el de Romanos 13:1-5 parten del principio de que las autoridades, como ministros de Dios, deben ser justas, castigando a los malos y alabando a los buenos.

Si estos pasajes de la Biblia se pusieran en práctica modificarían completamente la situación del mundo, eliminando la corrupción y las injusticias sociales.

4) ¿Cuál es el significado de la palabra «Biblia»?

La palabra *biblia*, como plural de *biblion* (que en griego significa «libro»), sugiere la idea de libros o biblioteca. Jerónimo utilizó la apropiada expresión «biblioteca divina» para referirse a las Escrituras. La Biblia, en realidad, se compone de una colección de sesenta y seis libros: treinta y nueve en el Antiguo Testamento, y veintisiete en el Nuevo.

Para redactar su Palabra, Dios inspiró a más de cuarenta autores. Entre ellos se encuentran los estadistas José y Daniel, el legislador Moisés, el poeta David, el sabio Salomón, los profetas Isaías y Jeremías, el médico Lucas, el filósofo Pablo, el recaudador de impuestos Mateo, y los pescadores Pedro, Santiago y Juan. Estos y muchos otros dedicaron, en total, dieciséis siglos a la redacción de la Biblia, comenzando aproximadamente en el año 1500 a.C. y terminando a fines del primer siglo de nuestra era.

La Biblia se divide en dos grandes cuerpos: El Antiguo y el Nuevo Testamento. El primero fue escrito originalmente en lengua hebrea, con algunos pasajes en arameo, y se terminó aproximadamente en el año 434 a.C. El Nuevo Testamento fue escrito en griego popular, *koiné*, conteniendo también algunas frases en arameo. Tuvo su surgimiento entre los años 53 y 96 d.C. Por lo tanto, entre el último libro del Antiguo Testamento y el primero del Nuevo hay un período de casi quinientos años, al que se lo denomina período intertestamentario, en el cual surgieron los principales libros apócrifos, o sea, no inspirados por Dios.

Se cree que fueron los escribas Esdras y Nehemías los que, aproximadamente en el 480 a.C., durante la gran reforma religiosa de aquella época, agruparon los libros del Antiguo Testamento en la forma en la que hoy se encuentran en la Biblia. Hasta aquel momento los libros sagrados de los judíos permanecían separados unos de los otros.

Esos libros agrupados recibieron el nombre de Texto Masorético (la Masora es el cuerpo de tradiciones), el único reconocido por los judíos como verdadero y digno de toda confianza. En ese texto, o en las copias de él, se basan las biblias modernas.

Al no existir imprenta de ningún tipo durante el período en que se escribieron, todos los libros fueron redactados a mano y divulgados por medio de copias manuales. Los copistas, llamados escribas, copistas o masoretas, tenían tal respeto por el texto sagrado y tal cuidado de no alterarlo, que antes de iniciar la copia de cualquier parte de la Biblia, contaban el número de palabras y letras en ella contenidas. De esa forma, esos hombres sabían cuál era el número exacto de palabras y letras de cada uno de los treinta y nueve libros del Antiguo Testamento. Sabían también cuántas veces aparecía cada letra. Los copistas no admitían tachaduras de ningún tipo. Si luego de que concluir una copia se constataba que había algún error, aún el más simple, tal copia era totalmente destruida.

A pesar de las épocas remotas en que fueron copiados los libros bíblicos, el arte de la escritura ya había alcanzado un significativo proceso, principalmente en cuanto a la calidad de la tinta, una mezcla de carbón y un líquido desconocido, capaz de conservarse maravillosamente durante muchos siglos.

5) ¿Cuáles fueron las primeras traducciones de la Biblia?

Como consecuencia de los setenta años de cautiverio en Babilonia, y en virtud de la fuerte influencia del arameo, la lengua hebrea se debilitó. Aunque, fieles a la tradición de preservar los oráculos en su propia lengua, los judíos no permitían ni siquiera que esos libros sagrados fuesen traducidos a otro idioma. Algunos siglos más tarde, sin embargo, esa actitud exclusivista y ortodoxa debió dar lugar a una más práctica y liberal. Con el establecimiento del imperio de Alejando Magno, a partir del año 331 a.C., el griego se popularizó al punto de volverse imprescindible una traducción de las Sagradas Escrituras a esa lengua.

Según el escritor Aristeas, la traducción griega fue realizada por setenta y dos sabios judíos (de allí su nombre Septuaginta), en la ciudad de Alejandría, desde el año 285 a.C. en adelante, a pedido de Demetrio Falario, bibliotecario del rey Ptolomeo Filadelfo. Terminada treinta y nueve años más tarde, esa versión marcó el comienzo de una gran obra que, más allá de preparar al mundo para el advenimiento de Cristo, hizo conocida a todos los pueblos la Palabra de Dios. Esa era la versión conocida por todos los creyentes de la iglesia primitiva.

Lamentablemente, no todos los libros del Antiguo Testamento están bien traducidos en la «Septuaginta», razón por la cual Orígenes, aproximadamente en el año 228 d.C., compuso la Hexapla, texto de seis columnas, que contenía la versión griega de los Setenta y las tres traducciones griegas del Antiguo Testamento realizadas por Aquila de Ponto, Teodoro de Éfeso y Símaco de Samaria. Estas tres últimas fueron realizadas, respectivamente, en los años 130, 160 y 218 d.C. Además de estas, en las dos últimas columnas estaba el texto hebreo y el mismo texto en griego. Esta grandiosa obra, compuesta por cincuenta volúmenes, se perdió probablemente cuando los sarracenos saquearon Cesarea en 653 d.C.

En el año 382 d.C., el obispo Dámaso encargó a Jerónimo que tradujera al latín la Septuaginta, el libro de los Salmos y el Nuevo Testamento, lo que este llevó a cabo en tres años y medio. Más tarde, un nuevo obispo asumía la conducción de la iglesia de Roma y notó, con envidia, la gran cultura e influencia de Jerónimo. Este, perseguido y humillado, se dirigió a Belén, Tierra Santa, y allí estudió y trabajó durante treinta y cuatro años en la traducción de la Biblia a la lengua latina. Jerónimo, además, escribió veinticuatro libros de comentarios bíblicos, un conjunto de biografías de eremitas, dos historias de la iglesia primitiva y diversos tratados.

Más tarde, la Biblia de Jerónimo fue conocida como la *Vulgata* (divulgada), y fue la base de todas las traducciones por los siguientes mil años. En el Concilio de Trento (1545-1547), la iglesia católica proclamó la *Vulgata* como la auténtica versión de las Escrituras en latín, y anunció que sería declarada anatema «toda persona que afirmase que cualquier libro que se encontraba en ella no era totalmente inspirado».

En discordancia con la posición del Concilio de Trento, muchos eruditos modernos hallan la Vulgata como una traducción pobre, con algunas fallas graves.

6) ¿Qué son los códices o manuscritos bíblicos?

A partir del cuarto siglo después de Cristo, los libros cristianos pasaron a ser escritos en códice, del latín *codice*, palabra derivada de *caudex,* que era una tablita cubierta de cera en la cual se escribía con un estilete metálico denominado *stylus*. El códice era la «forma característica del manuscrito en pergamino, y así denominada por oposición a la forma del rollo» (Aurelio). Unidos por un cordón que pasaba por orificios hechos en lo alto de los ejemplares, del lado izquierdo, los códices tenían forma de libro, por lo que eran mucho más prácticos para ser manipulados que los antiguos rollos.

Los códices más importantes son:

- El Sinaítico: Realizado aproximadamente en el año 325 d.C., contenía todo el Antiguo Testamento en griego, además de las epístolas de Bernabé y parte del Pastor de Hermas. Fue encontrado por el sabio alemán Constantino Tischendorf, en 1844, en el monasterio de Santa Catalina, situado en las laderas del Sinaí. Tischendorf vio 129 páginas del manuscrito en una cesta de papel, colocados para ser arrojados al fuego. Al percibir su enorme valor los llevó a Europa. En 1859 volvió al monasterio y encontró las páginas restantes. Donada por su descubridor a Alejandro II de Rusia, esa reliquia fue posteriormente comprada por Inglaterra por la voluminosa cifra de cien mil libras esterlinas. Se encuentra en el Museo Británico desde 1933.
- El Alejandrino: De mediados del siglo IV d.C., contiene el Antiguo Testamento en griego y casi todo el Nuevo, con omisiones de veinticuatro capítulos de Mateo, cerca de cuatro de Juan y ocho de la Segunda Carta a los Corintios. Contiene también la Primera Epístola de Clemente de Roma y parte de la Segunda. Se encuentra en el Museo Británico.

- El Vaticano: Del siglo IV d.C., contiene el Antiguo y el Nuevo Testamento con omisiones. Se encuentra en la Biblioteca del Vaticano.
- El Ephraemi: Realizado aproximadamente en el 450 d.C., se encuentra en la Biblioteca Nacional de París.
- El Beza: Encontrado por Teodoro de Beza en el monasterio de San Irineo, en Francia, en 1581. Está vinculado al siglo V d.C., y se encuentra actualmente en la Biblioteca de Cambridge, Inglaterra.
- El Washington: realizado en los siglos IV y V d.C., se encuentra en la Galería de arte Freer, en la capital de los Estados Unidos.

Existen, aún, varios otros códices de menor importancia, expuestos en museos y bibliotecas de diversas partes del mundo. Solo los correspondientes a libros del Nuevo Testamento, completos o fragmentados, se conocen hasta hoy 156.

En lo que tiene que ver con manuscritos en rollos, el más antiguo y más importante de todos fue encontrado por un beduino en 1947, de forma casual, en una gruta bien disimulada, en las proximidades de Jericó, junto al mar Muerto. Examinado por el profesor Sukenik, de la Universidad Hebrea de Jerusalén, se supo que pertenecía al siglo III antes de Cristo. Contiene el libro completo de Isaías y comentarios de Habacuc, además de otras importantes informaciones sobre la época en la que fue escondido. Se los conoce como Los Rollos del Mar Muerto.

7) ¿Cuáles y qué son los llamados libros históricos de la Biblia?

Los hebreos denominaban *Primeros profetas* a los libros de José, Jueces, 1 y 2 Samuel, y 1 y 2 Reyes, considerándolos, sin embargo, cuatro. Esos libros contrastan con los *Últimos profetas*, que estaban compuestos por Isaías, Jeremías, Ezequiel y los doce profetas menores, también considerados cuatro. Los términos *primeros* y *últimos* no se refieren necesariamente a su cronología histórica, sino al primero y segundo grupo de Libros. Los primeros proveen un escenario histórico a los últimos.

La designación de esos Libros históricos como «proféticos» enfatiza el hecho de que presentan una historia religiosa o un objetivo religioso. Los primeros profetas son históricos; los últimos, exhortativos.

Es interesante observar que Jesús, en la parábola de los labradores malvados, que viene a ser la historia resumida de Israel, menciona que el dueño de la viña envió a sus siervos en dos grupos, los primeros y los últimos. La Biblia dice que «oyendo sus parábolas los principales sacerdotes y los fariseos, entendieron que hablaba de ellos» (Mateo 21:45).

La denominación *históricos* clasifica en general a los doce libros que van desde Josué a Ester. Difieren de los libros de Moisés, los cuales también son históricos en cuanto a su énfasis fundamental.

El Pentateuco traza la historia redentora desde la creación hasta la muerte de Moisés, pero hace énfasis en el pacto y los cimientos legislativos de Israel. Los Libros Históricos, por otro lado, relatan el movimiento histórico de la nación durante toda su historia en Palestina. Y aunque contienen temas religiosos e interludios exhortativos (varios ciclos de jueces y profetas), en lo que más se explayan es en el desarrollo histórico de Israel.

Su *autoría*: Los doce Libros históricos son anónimos, en contraste con los últimos profetas, todos identificados. Fueron visiblemente escritos o compilados por varios individuos que poseían el don profético.

A cuatro de ellos se los considera en general como autores principales: Josué, Samuel, Jeremías y Esdras. Este último lo realizó con el auxilio editorial del sumo sacerdote Eleazar, además de los profetas Natán y Gad.

Es evidente que Jeremías fue auxiliado para la compilación de Reyes por su secretario Baruc. En la mayoría de los casos, para la realización de estos Libros fueron provechosos diversos documentos y crónicas, usados bajo la guía del Espíritu Santo por sus autores o compiladores.

Movimiento histórico: Estos Libros registran la historia de Israel desde la ocupación de Palestina bajo el liderazgo de Josué, pasando por las apostasías que llevaron al pueblo a ser expulsado por los asirios y babilonios, hasta la restauración parcial por los persas. El período cubre cerca de 1000 años, desde 1405 hasta 425 a.C.

Proveen la estructura histórica al resto del Antiguo Testamento hasta la época de Nehemías y Malaquías. Van desde Moisés, el legislador, hasta Esdras, el maestro de la ley. Las palabras finales de Moisés, en Deuteronomio 28—30, constituyen una introducción excelente a los libros históricos. O, digamos, los Libros demuestran exactamente lo que Moisés dice en aquellos capítulos sobre lo que el Señor haría en el caso de que no fueran obedientes.

Capítulo 2

PROFECÍAS

8) ¿Defenderá el Consejo Mundial de Iglesias el establecimiento de un gobierno mundial en la tierra?

Querido lector, quisiera destacar aquí dos pronunciamientos de líderes de ese Consejo, en el Concilio. El primero, de Kenneth Kaunda, entonces presidente de Zambia y miembro de la Iglesia Unida. En la cuarta Asamblea General del CMI, cuyo tema principal fue la justicia social, dijo:

«El mundo se encuentra en una encrucijada, y los miembros de la comunidad internacional han perdido el rumbo y los objetivos. Estamos llegando al fin del optimismo. No ha sido la década de la impaciencia, pero sí de la desilusión con respecto a las nuevas naciones independientes...

«El desarrollo es una causa ética, así como también social y económica. Es un problema para la conciencia cristiana. Para que el objetivo se alcance, es necesario que haya una presión moral y política sobre los líderes. El servicio a Dios va mucho más allá de la caridad y las actividades sacerdotales. Abarca el completo desarrollo del hombre, que comprende la justicia, con la cual la Iglesia está grandemente comprometida, y que solo puede ser alcanzada y realizada en el contexto global de la vida...

«Y ahora es tiempo de realizar acciones positivas para salvar a la humanidad de la destrucción y crear condiciones bajo las cuales la unidad del mundo pueda ser entendida en términos prácticos.» (Discurso pronunciado en Upsala, Suecia, en julio de 1968. El tema fue también mencionado en el periódico *O Estado de São Paulo* [El estado de San Pablo], edición del 7 de julio de 1978.)

El segundo pronunciamiento es de Frederick Nolde, director de la Comisión de Iglesias sobre Cuestiones Internacionales del CMI:

«Se llega a dudar de la salud mental de alguien cuando se lo escucha afirmar que los ensayos de las armas nucleares de muchos megatones promoverán la seguridad... Una guerra preventiva, o guerra llamada justa, es una invitación a la destrucción mutua... La defensa contra la agresión, muy frecuentemente, puede ser una máscara para ocultar otra agresión.

«Movimientos de liberación que involucran fuerzas militares o la amenaza de usarlas, lamentablemente, tienden a volverse movimientos esclavizantes. Toda acción militar debe ser llevada a cabo estrictamente de acuerdo con la carta y el espíritu de la Carta de las Naciones Unidas, según la cual, en la situación contemporánea la conducta de las naciones debe ser gobernada.» (Discurso pronunciado durante la Tercera Asamblea General del CMI, realizada en Nueva Delhi, India, en 1961.)

Estos discursos muestran claramente el objetivo del CMI: implantar en el mundo un gobierno internacional. A la luz de la Palabra de Dios, tal objetivo reviste significativa importancia, pues las profecías bíblicas hablan claramente de un gobierno mundial en los últimos tiempos.

Muchos otros pronunciamientos oficiales del CMI dejan bien en claro que se están tomando medidas en este sentido político. El mismo orador dijo además que «las iglesias deberían exhortar a los gobiernos a que se desliguen de la totalidad de sus responsabilidades... Las naciones deben anular progresivamente aquellos aspectos de soberanía... la verdadera comunidad internacional es requerida en el mundo de hoy.»

9) ¿Cuándo se producirá el arrebatamiento de la Iglesia?

Dejando de lado las interpretaciones distorsionadas de algunos grupos sectarios, existen tres fechas recientes, señaladas por evangélicos, en las cuales Jesús ya debería haber arrebatado a la iglesia. Cada una de ellas está relacionada con distintos países: Estados Unidos, Corea del Sur y Brasil.

La primera fecha para el arrebatamiento tenía como punto de partida 1948, año de la independencia política de Israel. Si sumamos a esta fecha los 40 años que abarca una generación, se llega a 1988 como el año del establecimiento del milenio. Como la iglesia sería arrebatada siete años antes, Jesús debía haber buscado a su iglesia en 1981.

La segunda fecha, señalada por un profeta surcoreano que fundó la Misión Taberá, continuó el mismo esquema, pero con la diferencia de que una generación no sería de 40 sino de 51 años, resultado obtenido por la división del período que va desde Abraham hasta José, según las 42 generaciones registradas por Mateo en la genealogía de Jesús. Según esos cálculos, Jesús debía haber arrebatado a la iglesia en 1992.

La tercera fecha fue señalada por brasileños. Estos no partieron de la independencia de Israel sino de la toma de Jerusalén por los judíos en la «Guerra de los Seis Días», en 1967. Por lo tanto, 1967 años más 40 es igual a 2007. Si le restamos siete años, ¡Jesús debía haber arrebatado a su iglesia en el año 2000!

Un conocido evangelista norteamericano adoptó el mismo año, 1967, como el inicio de la última generación señalada por Jesús, destacando que ese período abarca de 40 a 50 años. Dentro de esa interpretación, el rapto de la iglesia debía producirse entre el 2000 y el 2010.

Nunca hice cálculos a fin de establecer una fecha para el rapto de la iglesia. Percibo claramente por las Escrituras que no nos corresponde a nosotros saber la fecha, aunque sea nuestro deber saber la época a través de las señales que el propio Señor Jesús nos dejó. Además, la palabra *generación*, como aparece en Marcos 13:30, puede significar *raza* o *nación*; *humanidad* en general.

Sin señalar la fecha, la Biblia da algunas directrices acerca de la época en la que se producirá el arrebatamiento:

A la medianoche: «Y a la medianoche se oyó un clamor: ¡Aquí viene el esposo, salid a recibirle!» (Mateo 25:6). Jesús se estaba refiriendo al fin del día de la dispensación de la gracia.

Cuando se llegue a la plenitud de los gentiles. Afirma la Biblia que «ha acontecido a Israel endurecimiento en parte, hasta que haya entrado la plenitud de los gentiles» (Romanos 11:25). Este pasaje habla de la iglesia, formada en su mayor parte por pueblos no judíos. Dios sabe cuántas personas han de conformar la iglesia, y en el momento en que se convierta el último gentil recién allí se producirá el arrebatamiento.

Cuando termine el día de la dispensación de la gracia. «Este es el día que hizo Jehová; nos gozaremos y alegraremos en él» (Salmo 118:24). El Señor inauguró este día de regocijo justamente luego de la reacción de Moisés, como muestra el contexto: «La piedra que desecharon los edificadores, ha venido a ser cabeza del ángulo. El Señor ha hecho esto, y es cosa maravillosa a nuestros ojos» (Mateo 21:42).

Finalmente, ante *el inicio de las señales*. Con respecto a nuestra redención en el rapto, las palabras de Jesús son muy claras: «Cuando estas cosas comiencen a suceder, erguíos y levantad vuestra cabeza, porque vuestra redención está cerca» (Lucas 21:28).

10) ¿Cuál es el propósito del rapto de la Iglesia?

Querido lector, el arrebatamiento tiene varios propósitos divinos. El primero es *resucitar a los muertos en Cristo*. Todos los fieles creyentes resucitarán a causa del arrebatamiento. La Biblia lo dice con claridad.

El segundo propósito es que *nuestros cuerpos sean transformados*. Inmediatamente después de la resurrección de los que durmieron en Cristo, los cristianos que estén vivos no probarán la muerte, sino que serán transformados y trasladados juntamente con los que hubieren resucitado.

La ciencia afirma que nuestra vitalidad culmina a los 16 años; nuestra visión comienza a fallar a los 19, y nuestra audición comienza a disminuir a los 21 años. Por lo tanto, es cierto que comenzamos a morir el mismo día en que nacemos. Pero este cuerpo corruptible y mortal será revestido de un nuevo cuerpo incorruptible e inmortal.

El tercer propósito del arrebatamiento es la *revelación de Cristo*. Jesús oró para que un día pudiéramos ver su gloria plena, que ciertamente nunca podrá ser revelada aquí en la tierra.

El cuarto propósito es *librarnos de la tribulación*. La iglesia no atravesará el período de la gran tribulación.

El quinto propósito es *llevarnos al encuentro del Señor en los aires y a la casa del Padre*. Son conocidísimas las consoladoras palabras de Jesús a sus discípulos: «Y si me fuere y os preparare lugar, vendré otra vez, y os tomaré a mí mismo, para que donde yo estoy, vosotros también estéis» (Juan 14:3).

El Salmo 24 ha sido considerado como una descripción de la entrada triunfal de Jesús al cielo, luego de su ascensión, y de cómo será su futura entrada con la iglesia.

Note la diferencia entre ambas entradas: «Alzad, oh puertas, vuestras cabezas, y alzaos vosotras, puertas eternas, y entrará el Rey de gloria. ¿Quién es este Rey de gloria? Jehová el fuerte y valiente, Jehová el poderoso en batalla.» (vv. 7-8).

La expresión: «Jehová el poderoso en batalla» señala la primera entrada. Luego viene el segundo cántico (vv. 9-10): «Alzad, oh puertas, vuestras cabezas, y alzaos vosotras, puertas eternas, y entrará el Rey de gloria. ¿Quién es este Rey de gloria? Jehová de los ejércitos, Él es el Rey de la gloria.» El Señor de los ejércitos, Jesús, no entrará solo sino acompañado de millares a quienes compró con su sangre preciosa.

El sexto propósito del arrebatamiento es *revelarnos el rostro de Dios*. Ver el rostro de Dios es el más sublime de todos los privilegios. Jesús dijo: «Bienaventurados los de limpio corazón, porque ellos verán a Dios» (Mateo 5:8).

El apóstol Pablo, al mencionar nuestras limitaciones presentes, habla del nuevo cuerpo que cada cristiano recibirá en la resurrección o el arrebatamiento, y afirma: «Ahora conozco en parte; pero entonces conoceré como fui conocido» (1 Corintios 13:1).

La Biblia afirma que allí en el cielo «no habrá más maldición; y el trono de Dios y del Cordero estará en ella, y sus siervos le servirán» (Apocalipsis 22:3).

11) ¿Qué características tiene la Iglesia, como novia de Cristo?

La iglesia es *virgen*. En el Antiguo Testamento, la virginidad en sentido figurado indicaba la fidelidad de Israel a su marido, Dios. La adoración a cualquier otro dios era considerada adulterio espiritual. En el Nuevo Testamento sigue teniendo el mismo sentido: «Porque os celo con celo de Dios; porque os he desposado con un solo esposo, para presentaros como una virgen pura a Cristo» (2 Corintios 11:2).

La iglesia es *gloriosa*. El apóstol Pablo nos da algunas características de la novia que Jesús se presentará a sí mismo: «una iglesia gloriosa, que no tuviese mancha ni arruga ni cosa semejante, sino que fuese santa y sin mancha».

La gloria de la iglesia está en que es el templo del Espíritu Santo en la tierra, y también en sus privilegios futuros: como cuerpo de Cristo experimenta «la plenitud de aquel que todo lo llena en todos». Compartirá la glorificación de Cristo. «Y a los que predestinó, a estos también llamó, y a los que llamó, a estos también justificó; y a los que justificó, a estos también glorificó.»

Según Efesios 5:27, la iglesia no tiene mancha (contaminación), ni arruga (siempre renovada, joven), es santa (separada del mundo, habitación del Espíritu Santo), y no tiene mancha (ausencia de defectos morales).

La iglesia *recibe obsequios antes de las bodas*. Abraham, Isaac, Eliezer y Rebeca, como representantes de Dios Padre, Dios Hijo, Dios Espíritu Santo y la iglesia, constituyen lecciones preciosas para nosotros hoy como pueblo de Dios.

El Padre envía al Espíritu Santo al mundo a fin de preparar y llevar una novia para su hijo Jesús. El Espíritu Santo, al venir a este mundo con esa finalidad, le entrega a la novia «joyas de oro y de plata, y vestidos».

El oro habla de gloria y de realeza, pues la iglesia reinará con Cristo en gloria; la plata significa rescate, por eso el siclo del santuario, que estaba destinado al rescate de los inscriptos, era de plata; los vestidos indican siempre la justicia divina con la cual somos justificados delante de él, y pueden indicar las vestiduras de salvación y de alabanza (manto de alegría) que se menciona en el capítulo 61 de Isaías. En el Nuevo Testamento se menciona que es el Espíritu Santo quien da dones a la iglesia.

La iglesia *recibe un ayudante*. El mismo Espíritu Santo, representado por Eliezer que prepara y lleva a la novia, está representado también como un ayudante. Jesús habló del Espíritu Santo como el ayudador de la iglesia: «Yo rogaré al Padre, y os dará otro Consolador, para que esté con vosotros para siempre: el Espíritu de verdad, al cual el mundo no puede recibir, porque no le ve, ni le conoce; pero vosotros le conocéis, porque mora con vosotros, y estará en vosotros. No os dejaré huérfanos; vendré a vosotros».

La iglesia estará *a la derecha del Novio*. Así como el Hijo está sentado a la derecha del Padre, también la iglesia ocupará su lugar a la derecha del novio Jesús. La figura se encuentra en Salmo 45:9: «Hijas de reyes están entre tus ilustres; está la reina a tu diestra con oro de Ofir».

Finalmente, la iglesia se olvida de la casa de su padre. Si pudiéramos recordar todos los acontecimientos tristes de este mundo, o que muchos de nuestros parientes y amigos no son salvos, el cielo dejaría de ser cielo. Por eso, la Biblia afirma acerca de la novia: «Oye, hija, y mira, e inclina tu oído; olvida tu pueblo, y la casa de tu padre».

12) ¿En qué consistirá la gran tribulación?

Dice el profeta Isaías que el pueblo de Dios entrará en sus cuartos, trabará las puertas y se esconderá por un momento, hasta que la ira divina haya pasado. Y el apóstol Juan afirma que «el que cree en el Hijo tiene vida eterna, pero el que rehúsa creer en el Hijo no verá la vida, sino que la ira de Dios está sobre él».

En la Carta a los Efesios el apóstol Pablo afirma que el hombre que, en su estado pecaminoso, anda en los deseos de la carne, haciendo la voluntad de la carne y de los pensamientos, es merecedor de la ira divina (2:3). Y más adelante advierte que la ira de Dios vendrá sobre los hijos de desobediencia (5:6).

En su primera Carta a los Tesalonicenses (1:10), el mismo apóstol exhorta a los gentiles a que esperen a Jesús, que vendrá de los cielos, «quien nos libra de la ira venidera».

En Apocalipsis encontramos la revelación de que ¡los perdidos pedirán a los montes y a los collados que caigan sobre ellos a fin de esconderlos de la ira de Aquel que está sentado en el trono, y de la ira del Cordero! «Porque el gran día de su ira ha llegado; ¿y quién podrá sostenerse en pie?»

En Apocalipsis leemos que los adoradores de la bestia y de su imagen beberán del vino del furor de Dios que fue derramado sin mezcla en el cáliz de su ira. Y serán aún atormentados con azufre ardiente en la presencia de los santos ángeles y del Cordero.

Más adelante Juan ve en los cielos a siete ángeles que tienen las siete últimas plagas, en las cuales se completa la ira de Dios. «Y uno de los cuatro seres vivientes dio a los siete ángeles siete copas de oro, llenas de la ira de Dios, que vive por los siglos de los siglos».

En otra visión (19:15), Juan describe a Jesús como el victorioso caballero de cuya boca sale una espada aguda, con la cual herirá a las naciones. «Él las regirá con vara de hierro; y él pisa el lagar del vino del furor y de la ira del Dios Todopoderoso.»

Otros textos bíblicos hablan de la ira divina manifestada contra los que rechazan al Mesías, los cuales serán turbados por el furor de Dios (Salmo 2:5); a través de Miqueas (5:15), Dios avisa que con ira y con furor se vengará de las naciones que no lo obedecieron. Y por medio de Isaías (34:2), el Señor muestra su indignación contra todas las naciones, afirmando que su ira se desatará contra todo el ejército de ellas.

La Biblia también habla de este tiempo de tribulación como el día de la venganza de Dios contra todos los pueblos de la tierra, inclusive contra Israel, que será profundamente herido. Pero ese también será un tiempo de divina retribución en defensa de la causa de Sion, que será salvo.

Jeremías habla de ese tiempo como un día terrible y sin comparación, pues será un tiempo de angustia para Jacob, «pero de ella será librado» (30:7). Daniel, refiriéndose a ese mismo tiempo, dice que será un tiempo de angustia, cual nunca fue desde que hubo gente hasta entonces (12:1).

Oseas e Isaías hablan de ese tiempo como la época en la que Israel será una nación herida, pero cuya herida será sanada.

En estos dos pasajes existe una secuencia de eventos que preceden al milenio, y que en parte ya se cumplió. Tuvimos la disolución de la nación en el inicio de la era cristiana, y estamos viviendo en pleno tiempo de la «sanidad» de esa disolución: el pueblo israelita está regresando a su antigua patria luego de casi dos milenios. La herida de la nación israelita se dará solo luego del rapto de la iglesia.

13) ¿En qué consistirá la batalla de Armagedón?

Será el punto culminante de la angustia de Jacob, o sea, el período de la gran tribulación, cuando el dictador mundial comandará todos los ejércitos del mundo contra Jerusalén. «Reuniré todos los pueblos para que luchen contra Jerusalén; la ciudad será conquistada, las casas saqueadas y las mujeres violadas. La mitad de la población será llevada al exilio, pero el remanente del pueblo no será quitado de la ciudad.»

La batalla final de Armagedón lanzará las fuerzas del dictador contra los que vengan del Oriente y sus aliados. Será una verdadera guerra mundial. Seguidamente, toda la tierra se unirá para levantarse contra Cristo, que regresará.

Armagedón significa, en lengua hebrea, «Monte de Megido». Este queda al sur del valle de Megido y al oeste del monte Carmelo.

Megido fue la capital de la parcela de Canaán dada a Josué. Se encuentra en una posición estratégica entre el Éufrates y el Nilo. Históricamente, Megido era una fortaleza al inicio de la planicie de Esdraelom. Importantes batallas fueron libradas allí a lo largo de la historia de Israel, y es perfectamente probable que ese término se haya convertido en el símbolo de la gran batalla que, finalmente, libertará a Israel de sus enemigos y dará el triunfo al Mesías de Israel, el Señor Jesucristo, sobre la primera bestia y el Anticristo, los últimos y peores enemigos de Israel.

El lugar de ese conflicto mundial comprende una vasta planicie de Esdraelom, que se extiende desde el Mediterráneo hasta el Jordán. Tanto la historia bíblica como la secular muestran que grandes batallas fueron libradas en esa área, justificando así la raíz hebrea de *armagedon*, que significa decapitar, matar. Napoleón Bonaparte se paró sobre el monte Megido, contempló el inmenso valle y exclamó: «¡Todos los ejércitos del mundo podrían moverse ágilmente aquí para la guerra!»

Tuve la oportunidad de contemplar la misma planicie, pero desde lo alto del monte Carmelo, y compartir con mis compañeros de viaje una meditación acerca de la victoria de Elías en el monte contra los profetas de Baal, y también comentar muy brevemente lo que acontecería en el inmenso valle que se encontraba frente a nosotros.

Bíblicamente hablando, Armagedón se refiere solo a la batalla decisiva que pondrá fin al ciclo de gobiernos humanos, denominado en la Biblia *los tiempos de los gentiles,* y marcará el inicio del reino milenial del Señor Jesús.

De hecho, el puerto de Haifa, que está en la entrada de ese valle, es una de las áreas de Palestina más apropiadas para el desembarco de las tropas anfibias. La vasta región proporciona grandes espacios para el acuartelamiento de tropas, su organización e instalación de abundantes equipamientos bélicos.

La Biblia también relaciona el Armagedón con el *valle de Josafat*, o *valle de la decisión*.

A través del profeta Joel, Dios dijo: «Despiértense las naciones, y suban al valle de Josafat; porque allí me sentaré a juzgar a todas las naciones de alrededor. Echad la hoz, porque la mies está ya madura. Venid, descended, porque el lagar está lleno, rebosan las cubas; porque mucha es la maldad de ellos. Muchos pueblos en el valle de la decisión; porque cercano está el día de Jehová en el valle de la decisión.»

14) ¿Quién será la primera bestia del Apocalipsis?

La sombría figura del último dictador de la tierra aparece en muchas partes de la Biblia. En el libro profético de Daniel, es el desolador, la abominación desoladora, el cuerno pequeño, el rey de duro semblante, el príncipe que ha de venir y el rey que actuará conforme a su voluntad.

En los escritos de Pablo, es el hombre de pecado, el hijo de la perdición, el perverso. En el último libro de la Biblia, es la bestia que ganará el apoyo de todo el mundo mediante promesas de paz, de prosperidad y de seguridad. En resumen, la primera bestia será el más terrible tirano que pueda existir sobre la tierra, el instrumento cruel de la ira y del odio de Satanás contra Dios y contra Israel.

Según Scofield, la bestia que sube del mar se identifica con el caballero del caballo blanco (Apocalipsis 6:2), que comienza su obra con la conquista pacífica de tres de los diez reinos en que estará dividido entonces el primitivo imperio romano, para luego establecer la tiranía política y eclesiástica descrita en los capítulos 8, 9 y 11 de Daniel, y en Apocalipsis 13. A él concede Satanás el poder que ofreció a Cristo en el desierto de Judea, poder que Cristo rechazó y que la primera bestia aceptará.

De esta forma, la primera bestia surgirá en la tierra como un hombre fuerte, capaz de solucionar los gravísimos problemas políticos y económicos en que el mundo estará sumergido luego del arrebatamiento de la iglesia, y aún en virtud de ese evento. Demostrará un poder de liderazgo tan grande que se ganará la confianza de todos.

La falencia de los actuales sistemas de gobierno favorecerá la asunción del último emperador mundial antes del establecimiento del milenio. No es casualidad que en todo el mundo esté aumentando el número de entidades políticas y religiosas que están a favor del internacionalismo, de un único gobierno mundial.

En uno de mis libros destaco que si la Segunda Gran Guerra tuvo como meta eliminar la dictadura como forma de gobierno, como se afirmó en tal ocasión, es cierto que aquella guerra quedó lejos de alcanzar tal objetivo. La dictadura comunista, desde entonces, llegó a enarbolar la bandera de la hoz y el martillo en la mitad de los países del mundo; y movimientos nazi-fascistas se fortalecen cada vez más. Parece que el trágico destino de los pueblos es que se vuelven presa de crueles regímenes totalitarios, hasta que llegue, finalmente, la más feroz de todas las dictaduras políticas.

La Biblia prevé la restauración del imperio romano y la manifestación de su último líder. Daniel escribió acerca del animal que representará al último imperio mundial: «La cuarta bestia será un cuarto reino en la tierra, el cual será diferente de todos los otros reinos, y a toda la tierra devorará, trillará y despedazará. Y los diez cuernos significan que de aquel reino se levantarán diez reyes; y tras ellos se levantará otro, el cual será diferente de los primeros, y a tres reyes derribará. Y hablará palabras contra el Altísimo, y a los santos del Altísimo quebrantará, y pensará cambiar los tiempos y la ley; y serán entregados en su mano hasta tiempo, y tiempos, y medio tiempo.» O sea: tres años y medio.

15) ¿Cómo será el reino de Dios en el futuro?

Daniel profetizó con mucha claridad la venida del reino mesiánico de Dios a este mundo. Sus visiones proféticas se extienden desde su época hasta el tiempo final de los acontecimientos en el mundo. El Señor mostró al rey de Babilonia la imagen de un hombre que representaba los cuatro grandes imperios del mundo: el babilónico, el medo-persa, el griego y el romano.

Según esta profecía, al final de los tiempos una piedra alcanzará la estatua y la reducirá a polvo. El viento se encargará de esparcir ese polvo, pero la piedra se convertirá en una enorme montaña que llenará toda la tierra. La aparición de la piedra señalará el regreso de Cristo, que pondrá fin a los reinos de la tierra y establecerá aquí su propio reino de justicia y paz.

Al volver a la tierra, Jesucristo cumplirá las promesas del reino hechas a David. Estas fueron confirmadas por el ángel a María, en ocasión del anuncio del nacimiento de Jesús: «Entonces el ángel le dijo: María, no temas, porque has hallado gracia delante de Dios. Y ahora, concebirás en tu vientre, y darás a luz un hijo, y llamarás su nombre Jesús. Este será grande y será llamado hijo del Altísimo; y el Señor Dios le dará el trono de David su padre; y reinará sobre la casa de Jacob para siempre, y su reino no tendrá fin» (Lucas 1:30-33).

La Biblia enseña que vendrá el día en que las naciones del mundo, especialmente aquellas que han oprimido a Israel, se someterán a las leyes y a la justicia divina. En ese tiempo el gobierno de Dios será como una fuerte luz que disipará las tinieblas que le han sobrevenido a este mundo. Será el tiempo del milenio, cuando todo el pueblo de Israel se reunirá en la tierra que Dios le prometió, y Jerusalén será la capital del mundo; y desde allí Jesús proclamará sus leyes para toda la humanidad.

El adviento de Cristo marcará el fin definitivo del gobierno humano sobre la tierra. Cristo reinará sobre todas las naciones del mundo. De acuerdo con el libro de Apocalipsis, los cuatro seres vivientes y los veinticuatro ancianos que Juan vio en el cielo ya han proclamado, en cántico, esa gloriosa verdad, que se cumplirá cuando suene la séptima trompeta y las voces celestiales proclamen: «Los reinos del mundo han venido a ser de nuestro Señor y de su Cristo; y él reinará por los siglos de los siglos» (Apocalipsis 11:15b). Los creyentes que hayan sido arrebatados en el rapto, o resucitados en la primera resurrección, «reinarán con él mil años» (Apocalipsis 20:6).

La principal característica del reinado de Cristo será la justicia y la paz, pues en aquel reino jamás habrá lugar para la opresión o la guerra. El profeta Jeremías escribió: «He aquí vienen días, dice Jehová, en que levantaré a David renuevo justo, y reinará como Rey, el cual será dichoso, y hará juicio y justicia en la tierra. En sus días será salvo Judá, e Israel habitará confiado; y este será su nombre con el cual le llamarán: Jehová, justicia nuestra» (23:5-6).

Aunque no se nos ha dado ninguna fecha para la venida de Cristo, según la perspectiva de Dios percibimos que tal evento se producirá muy pronto. El hecho de que la iglesia primitiva haya enfatizado tanto la segunda venida debe darnos un sentido de urgencia, más aún al estar veinte siglos más cerca de ese glorioso acontecimiento que nuestros hermanos del primer siglo. Por eso debemos tomar con seriedad las advertencias bíblicas y permanecer atentos, pues el Rey vendrá en cualquier momento.

16) ¿Qué es el milenio, según la Biblia?

El rey Nabucodonosor, de Babilonia, luego de ser humillado a causa de su orgullo, reconoció la grandeza del reino de Dios, y dijo: «Bendije al Altísimo, y alabé y glorifiqué al que vive para siempre, cuyo dominio es sempiterno, y su reino por todas las edades. Todos los habitantes de la tierra son considerados como nada; y él hace según su voluntad en el ejército del cielo, y en los habitantes de la tierra, y no hay quien detenga su mano, y le diga: ¿Qué haces?» (Daniel 4:34-35).

Querido lector, antes de tratar acerca del aspecto escatológico del reino de Dios, es importante saber que Jesús, aunque fue rechazado por el pueblo e incomprendido por muchos de sus mismos discípulos, cumplió fielmente la misión que le había sido encomendada por el Padre: rescatar con su preciosa sangre a los que en él creyeran. Y, luego de vencer al diablo y a la muerte, transmitió a sus primeros súbditos las buenas nuevas de salvación, y los mandó a proclamarlas a todos los pueblos.

A los súbditos del reino de Dios, sobre los cuales Jesús reina hoy soberanamente, las Escrituras los llaman «linaje escogido, real sacerdocio, nación santa, pueblo adquirido por Dios, para que anunciéis las virtudes de aquel que os llamó de las tinieblas a su luz admirable» (1 Pedro 2:9). Estos son algunos de los títulos dados a la verdadera iglesia. Esta fiel asamblea de los santos, mientras esté en la tierra como iglesia militante, debe luchar contra el reino de las tinieblas, despóticamente gobernado por Satanás y sus agentes, donde están presos y esclavizados todos los que aún no han nacido de nuevo.

Acerca del reinado de Cristo, que se establecerá aquí en la tierra con la venida de Jesús para el Milenio, las referencias bíblicas son abundantes, razón por la cual las omitimos aquí a fin de no cansar mucho al lector con esta respuesta.

Dios prometió a Abraham que de su descendencia saldrían reyes. Jacob profetizó que el cetro no se apartaría de Judá, y que el Mesías vendría a Silo. Los profetas hablaban de Cristo como el rey. De hecho, Jesús nació como rey, fue aclamado como rey por los judíos, testificó de su realeza ante Pilatos, fue coronado y crucificado como rey, y como rey fue recibido arriba en los cielos.

No por casualidad Pilatos ordenó que fuese colocado en lo alto de la cruz un cartel que dijera que Jesús era rey, escrito en griego, la lengua de la ciencia; en hebreo, la lengua de la religión; y en latín, la lengua del gobierno.

Como Rey de reyes y Señor de señores, Jesús es hoy glorificado. Como rey volverá con poder y gran gloria, y reinará en la tierra durante mil años. Finalmente, como rey entregará el reino al Padre, al final del Milenio, cuando toda la rebelión esté para siempre aniquilada.

Según la alianza establecida entre Dios y David, por medio del profeta Natán, el linaje y el trono de David, y el reino de Israel durarán para siempre. Cuando el ángel Gabriel anunció a María el nacimiento de Jesús dijo que este sería grande, y que el Señor Dios le daría el trono de David, su padre, y que reinaría sobre la casa de Jacob para siempre, y que su reinado no tendría fin. Aquí están las mismas tres palabras claves de la alianza davídica: trono, linaje y reino.

Las naciones no quieren que Cristo reine sobre ellas. Israel no quiso y aún no quiere que Cristo reine sobre él, pero Dios es fiel y ejecutará su voluntad. ¡Jesús reinará!

17) ¿En qué sentido el reino de Dios crecerá siempre, según el texto de Isaías 9:7?

Isaías afirma que el reino de Dios es el único que crecerá para siempre. Evidentemente, el profeta hablaba del reinado milenial del Mesías, pero ya en nuestros días, el reino de Dios está siempre en crecimiento, según lo que el mismo Señor Jesús dijo: «Y será predicado este evangelio del reino en todo el mundo, para testimonio a todas las naciones; y entonces vendrá el fin» (Mateo 24:14).

La gran importancia del reino de Dios consiste en que este precede y sucederá a la era de la iglesia, e incluye a todos los seres morales e inteligentes que se sujetan voluntariamente a Dios, sean ángeles, iglesia, o los santos de dispensaciones pasadas y futuras.

Fue ese reino que Juan el Bautista, Jesús y sus discípulos anunciaron. Y que llegó a la tierra a través de la iglesia. Vino en forma progresiva, y así ha avanzado a lo largo de los siglos y continuará avanzando hasta su consumación, que se producirá al final del milenio, cuando Cristo haya puesto a todos sus enemigos debajo de sus pies, y entonces entregará el reino a su Padre.

Cuando Jesús dijo a los líderes religiosos israelitas que el reino de Dios sería quitado de ellos y entregado a una nación que diese frutos, se refería a la iglesia. Es interesante notar que Jesús usó el verbo en futuro, pues aquel tiempo, la era de la iglesia sería en el futuro. Esa era llegó con el rechazo final del Mesías, que marcó el fin de una dispensación y el inicio de la otra. Pedro, al hablar de la iglesia como partícipe del reino de Dios, usó el verbo en presente: «Vosotros sois linaje escogido, real sacerdocio, nación santa, pueblo adquirido por Dios...» (1 Pedro 2:9).

La profecía mesiánica del Salmo 118, citada por Pedro en su primera Carta, dice que el Salvador, como piedra angular, sería rechazado por los edificadores, los judíos (v. 22); que Jesús, como la Luz del mundo, moriría como víctima de la fiesta, atado a los extremos (los cuernos) del altar (v. 27) y que, finalmente, con el rechazo del Mesías por parte de Israel, Dios el Padre inauguraría el día de la dispensación de la gracia, en el que nos gozaríamos y alegraríamos (v. 24).

Pero la presencia del reino de Dios hoy en el mundo a través de la iglesia no se produce en un sentido pleno sino restricto. Por eso Jesús afirmó que «el reino de Dios no vendrá con advertencia» (Lucas 17:20). Y aún restringido en su amplitud, son bien visibles las poderosas señales de este reino a través de la conversión y transformación de vidas, de los milagros de sanidad de los enfermos, de la liberación de los oprimidos por el diablo, y de la resurrección de los muertos. Es interesante observar que cuando Felipe predicaba el evangelio a los samaritanos las multitudes escuchaban «atentamente las cosas que decía Felipe, oyendo y viendo las señales que hacía. Porque de muchos que tenían espíritus inmundos, salían éstos dando grandes voces; y muchos paralíticos y cojos eran sanados; así que había gran gozo en aquella ciudad» (Hechos 8:6-8). El reino de Dios, por lo tanto, está siempre acompañado por las manifestaciones del poder activo de Dios en el corazón y el cuerpo del hombre.

Lo perenne del reino de Dios no podría estar mejor expresado que en este texto: «Al único y sabio Dios, nuestro Salvador, sea gloria y majestad, imperio y potencia, ahora y por todos los siglos. Amén» (Judas 1:25). La gloria, la majestad, el dominio y el poder del reino de Dios son *antes* de todos los siglos, «ahora y *por todos los siglos*».

18) ¿Qué tipo de profecía se cumplió en la Operación Alfombra Mágica?

Querido lector, la llamada *Operación Alfombra Mágica* fue una de las más extraordinarias operaciones de inmigración de los tiempos modernos, que se realizó en 1948. Transportó decenas de miles de judíos a Israel, todos procedentes de Yemen, pequeño país situado en el extremo sur de Arabia, junto al mar Rojo. Queda claro que algunas profecías relacionadas con el futuro regreso del pueblo de Israel a su tierra se cumplieron en ese evento.

La historia de los judíos yemenitas es fascinante. Se cree que muchos de ellos llegaron a Yemen en los días del rey Salomón. Y fuentes fidedignas confirman la continuidad de ellos en aquel país desde los primeros siglos del cristianismo. Durante todo ese largo tiempo nunca vieron un automóvil, un tren de hierro, un avión, la luz eléctrica ni cualquier otro invento moderno. Toda su cultura consistía en saber de memoria el Antiguo Testamento.

Mientras vivieron en Yemen, estos israelitas sufrieron todo tipo de opresión. En 1846, por ejemplo, fueron obligados a limpiar las cloacas de la ciudad de Sana, mientras que en 1921 un decreto determinó la conversión de los huérfanos judíos al islamismo. Y, como si eso no bastase, no podían vestir ropas finas ni usar medias; tenían prohibido poseer armas o estudiar la Torá fuera de la Sinagoga. Fue un verdadero milagro que lograran ganarse la vida como orfebres, tejedores, herreros, mercenarios o vendedores ambulantes.

Los primeros inmigrantes de Yemen que llegaron a Israel parecían seres venidos de otro mundo. En ningún lugar, durante todo el exilio del pueblo judío, las antiguas tradiciones habían sido preservadas tan fielmente como entre ellos.

Al tomar conocimiento de la creación del Estado de Israel, en 1948, los gobernantes yemenitas organizaron un gran éxodo desde Arabia a Palestina.

«El único medio posible para llegar al puerto de Adén era a pie, y así lo hicieron. Algunos de ellos caminaron 1.500 kilómetros a través de desiertos y montañas. A veces caminaban bajo un sol abrasador, y con temperaturas heladas, muy por debajo de los cero grados. Se oía a los niños pedir agua a los gritos, algunos tropezaban, otros caían, pero también se podía escuchar a los rabinos que, en tono vibrante y extraño, decían: "¡Den un pasito más, hijitos! Vamos camino a la patria para encontrar al Mesías." Difícilmente podían dar un paso detrás del otro, pero, aun tropezando, proseguían.»

Al llegar a Adén y ver aquellas enormes «aves» enviadas por el gobierno israelí que los transportarían a su antigua tierra, los judíos yemenitas se rehusaron entrar en ellas. Entonces sus rabinos les leyeron la profecía de Isaías acerca del futuro retorno de los hijos de Israel, en el capítulo 60, versículo 8, que dice: «¿Quiénes son estos que vuelan como nubes, y como palomas a sus ventanas?»

Luego de explicarles que Dios los buscaría para llevarlos a su antigua patria en alas de águilas, los judíos yemenitas subieron decididamente a los aviones, sin ningún recelo. En 450 vuelos, la Operación Alfombra Mágica transportó cerca de 70.000 israelitas y, muchos de ellos, al llegar a Israel besaron el suelo y preguntaron: «¿Dónde está el Mesías?».

19) ¿Cuáles son las principales señales de los tiempos relacionadas con la segunda venida de Cristo?

Querido lector, todo el contexto del sermón profético, que se encuentra en los capítulos 24 y 25 de Mateo, muestra que habrían de producirse grandes señales, entre ellas terremotos, hambre y pestes en diversos lugares. «Se levantará nación contra nación, y reino contra reino; y habrá pestes, y hambres, y terremotos en diferentes lugares.»

En febrero de 2001, los periodistas de la red noticiosa norteamericana CNN comentaron que el siglo 21 había comenzado con grandes tragedias: en solo 15 días había habido en todo el mundo ocho grandes terremotos, todos con una categoría superior a 5,5 en la escala de Richter. Entre ellos, uno en la India cosechó cerca de 150.000 personas y dejó más de un millón sin techo.

Al terminar el año 2003, más de 50.000 personas perdieron la vida en un terremoto en Irán. Y el 26 de diciembre de 2004, varios tsunamis provocados por un maremoto mataron a más de 157.000 personas, además de las desaparecidas y las que murieron a causa de las enfermedades provocadas por el caos.

Entre las señales de los tiempos podríamos mencionar aún el enorme avance de la ciencia, la ida del hombre a la luna, los trasplantes de órganos humanos, objetos voladores no identificados (OVNIS), la predicación del evangelio a todo el mundo, incluso vía Internet, y la Biblia traducida a más de 2.300 idiomas y dialectos.

En uno de mis libros afirmo que, más allá de que hubo muchas señales, es en la moderna Israel que estas sobresalen más, por el hecho de que Jesús les había dicho a los discípulos que miraran en primer lugar a la nación israelita.

En el lindo poema de Cantar de los Cantares de Salomón (2:13), leemos: «La higuera ha echado sus higos, y las vides en cierne dieron olor; levántate, oh amiga mía, hermosa mía, y ven». Vea ahora, apreciado lector, lo que Jesús nos dice en Lucas 21:29-30: «Mirad la higuera y todos los árboles. Cuando ya brotan, viéndolo, sabéis por vosotros mismos que el verano está ya cerca».

La higuera es una figura de Israel, que ya ha dado sus frutos como nación. Lo que más impresiona al turista que visita Israel es ver la fiebre de trabajo que se desarrolla por todo el país, como la construcción de rutas y ciudades y el cultivo en el desierto. La profecía de que el desierto habría de florecer está ya prácticamente cumplida. Vimos bien de cerca, cuando visitamos Israel, lo que los guías turísticos llaman el quinto evangelio: los lugares por los que anduvieron Jesús y sus discípulos, el Getsemaní, el jardín del sepulcro vacío, y el cultivo de legumbres y flores en pleno desierto.

Las viñas en flor, de Cantar de los Cantares, pueden ser símbolo de la iglesia evangélica en su multiplicación, que testifica de Jesús en todas partes del mundo, exhalando su aroma: la agradable fragancia de Cristo.

Otra señal son las grandes inundaciones que se producen cada vez más a menudo en todas partes del mundo, causando la destrucción de ciudades y villas, pérdidas agrícolas, enfermedades y muertes. Según el almanaque mundial, en el siglo diecinueve se produjeron tres grandes inundaciones en las que murieron cerca de 938 mil personas. En el siglo veinte se produjeron cerca de un centenar de grandes inundaciones en diversos puntos del globo, que afectaron a cerca de 5.000.000 de personas.

20) ¿Qué son las dos Babilonias?

Las profecías bíblicas dan a entender que la Babilonia mencionada en el Apocalipsis no es la nación ni la ciudad conocidas por los historiadores, tratándose, de este modo, de alguna combinación política y eclesiástica, de la cual la Babilonia del Antiguo Testamento era solo una figura. La segunda Babilonia se describe principalmente en el capítulo 18 de Apocalipsis: «Ha caído, ha caído la gran Babilonia, y se ha hecho habitación de demonios y guarida de todo espíritu inmundo, y albergue de toda ave inmunda y aborrecible. Porque todas las naciones han bebido del vino del furor de su fornicación; y los reyes de la tierra han fornicado con ella, y los mercaderes de la tierra se han enriquecido de la potencia de sus deleites» (vv. 2-3).

Es en este punto de vista que respondemos a su pregunta, mi querido lector. La Babilonia de nuestro tiempo continúa su acción corruptora, tanto dentro como fuera de las aldeas romanas. Hay muchos que no se dejan engañar por los ardides diabólicos, y resisten a las fuerzas paganas que amenazan con corromper la fe cristiana.

Ejemplo de lo que acabamos de afirmar es el propio nombre «Babel», forma griega de «Babilonia», que significa «Puerta de dios». Este título se le otorgó porque esa ciudad influyó más que cualquier otra en el desarrollo de la religión pagana del mundo antiguo durante diecisiete siglos.

Así, la famosa torre de Babel, cuyos restos fueron desenterrados por arqueólogos en las cercanías de la ciudad propiamente dicha, se convirtió en un símbolo de la confusión religiosa, de la rebelión contra Dios y del orgullo humano: «...y hagámonos un nombre» (Génesis 11:4). La memoria de Nimrod, perpetuada en el grabado y la escultura, «se ha embellecido por la leyenda que lo transformó en divinidad, a quien las generaciones futuras dirigían súplicas».

Fue en Babilonia, luego del Diluvio, que la misma actitud de negación hacia Dios se manifestó, particularmente a través de Nimrod y Semíramis. Era el misterio de la injusticia a la que se refiere el apóstol Pablo, operando una vez más desde la expulsión de Adán y Eva del Edén.

El objetivo de Satanás era organizar una iglesia falsa, estructurada dentro de un sistema religioso en el cual se adorase a una falsa trinidad. Dentro de esa organización, el mismo Satanás está preparando al mundo para su manifestación futura, cuando reinará por un poco de tiempo bajo la forma del Anticristo. Las bases de ese reinado son la glorificación del ser humano, la divinización de los reyes y emperadores, y el culto a la personalidad.

Solo dentro del sistema babilónico se comprende la deificación de los césares y de otros hombres ilustres, a los cuales se erigían templos y en su honra se ofrecían sacrificios y libaciones.

He allí un pálido retrato de esa ciudad considerada el símbolo de la soberbia de los caldeos, tanto por su propia grandiosidad y estratégica posición geográfica, como por la gran fertilidad de su suelo y la gloria de haberse iniciado en casi todas las ramas de la ciencia, de quien fueron aprendices y continuadores los griegos.

21) ¿Qué papel juega Israel en el cumplimiento de las profecías?

Querido lector, Israel es una prueba concreta de que Dios existe. A pesar de haber sido humillada, perseguida, desterrada, masacrada, casi destruida en algunas ocasiones, por milenios, ¡Israel aún vive!

Ningún estudio serio de escatología bíblica puede ignorar al pueblo de Israel o colocarlo en un plano secundario, teniendo en cuenta lo que Jesús afirmó: «Mirad la higuera y todos los árboles». Israel es como el reloj de Dios, que indica el paso del tiempo de esta presente dispensación de la gracia de Dios.

No se puede negar la influencia de Israel en el destino de los pueblos. La promesa hecha por Dios a Abraham en Génesis 12:3: «Bendeciré a los que te bendijeren, y a los que te maldijeren maldeciré», ha sido rigurosa y admirablemente cumplida a lo largo de los siglos, hasta nuestros días. Las naciones que apoyan y protegen a los israelitas son prósperas y bendecidas, mientras que las que los persiguen son siempre castigadas, desaparecen, se estancan, o son humilladas e, invariablemente, pierden la bendición divina.

Israel también es una afirmación viva de un poder supremo, inteligente, que planea, cuida, ejecuta y dirige los destinos de este mundo. Cierto emperador alemán, religioso, pero no creyente; *protector* de la fe, pero no salvo, en su lecho de muerte recibió la visita de un pastor luterano que procuraba inculcar en su mente la fe salvadora. A ese religioso desafió el emperador:

—Dame una prueba de la existencia de Dios.

—¡El pueblo judío, Majestad! —respondió sin vacilar el pastor.

Sí, Israel como nación es una prueba concreta de que Dios existe. Israel vive como nación poderosa y próspera porque tiene una misión dada por Dios para cumplir en estos últimos tiempos, y no puede desaparecer.

Si Israel es una prueba irrefutable de la existencia de Dios, si Israel influye en el destino de las naciones, y quizás en el de las personas, entonces es preciso estudiar con profundidad la vida de ese pueblo, pero estudiarlo en todos sus aspectos, a fin de conocer las más extrañas y verdaderas circunstancias que sirven de hoja de ruta para personas y naciones.

El ciudadano moderno necesita ser una persona bien informada, para enfrentar la diversificada era en la que vivimos. Y hoy ninguna educación es completa sin el estudio de ese país que constituye un verdadero milagro de nuestro tiempo. El Estado de Israel, con cerca de 6.000.000 y medio de habitantes, y cercado por más de 100.000.000 de enemigos que hace décadas mantienen con él una guerra continua y cruel, con el apoyo sin disimulos de la mayoría de las naciones, sin embargo, no ha logrado ser destruido.

Ese Israel se afirma como la inequívoca señal de los tiempos. La Biblia avisa: «Cuando estas cosas comiencen a suceder...» ¿Qué cosas? Terremotos, huracanes, maremotos, guerras y rumores de guerras, pestes y hambres, y que el pueblo de Israel regrese a su antigua tierra. Cuando todo eso esté sucediendo, como pasa hoy, el arrebatamiento de la iglesia y el prometido reinado mesiánico estarán por llegar. Oremos: Ven, Señor Jesús.

22) ¿Cómo entender la caída y el restablecimiento de Israel, según la profecía de Simeón?

Querido lector, al hablar de Simeón, el texto bíblico afirma lo siguiente, entre otras cosas:

«Y he aquí había en Jerusalén un hombre llamado Simeón, y este hombre, justo y piadoso, esperaba la consolación de Israel; y el Espíritu Santo estaba sobre él. Y le había sido revelado por el Espíritu Santo, que no vería la muerte antes que viese al Ungido del Señor. Y movido por el Espíritu, vino al templo. Y cuando los padres del niño Jesús lo trajeron al templo, para hacer por él conforme al rito de la ley, él le tomó en sus brazos, y bendijo a Dios, diciendo: Ahora, Señor, despides a tu siervo en paz, Conforme a tu palabra; Porque han visto mis ojos tu salvación, la cual has preparado en presencia de todos los pueblos; luz para revelación a los gentiles, y gloria de tu pueblo Israel. Y José y su madre estaban maravillados de todo lo que se decía de él. Y los bendijo Simeón, y dijo a su madre María: He aquí, éste está puesto para caída y para levantamiento de muchos en Israel, y para señal que será contradicha (y una espada traspasará tu misma alma), para que sean revelados los pensamientos de muchos corazones» (Lucas 2:25-34).

El orden en cuanto a ruina y restablecimiento es diferente al de la historia de otras naciones, en las que se dio a la inversa: primero establecimiento y luego caída. Así sucedió con países como Egipto, Asiria, Babilonia, Media, Persia, Grecia, Roma, Alemania y muchos otros.

Al referirse a la profecía de la piedra rechazada por los edificadores, o sea los judíos, Jesús señaló que todo aquel que cayere sobre ella, como la piedra asentada en Sion, sería desmenuzado (Mateo 21:44).

Jesús se refería a la caída de Israel, también predicha en Daniel 9:26: «Y después de las sesenta y dos semanas se quitará la vida al Mesías, mas no por sí; y el pueblo de un príncipe que ha de venir destruirá la ciudad y el santuario; y su fin será con inundación, y hasta el fin de la guerra durarán las devastaciones». Amós 9:8 afirma: «He aquí los ojos de Jehová el Señor están contra el reino pecador, y yo lo asolaré de la faz de la tierra; mas no destruiré del todo la casa de Jacob, dice Jehová».

Por haber rechazado a Juan, a Jesús y a los primeros discípulos, Israel fue destruida como nación y dispersada entre los pueblos. Esto ocurrió en las dos guerras contra los romanos, de los años 67 al 70, y del 132 al 135 d.C.

Pero la Biblia afirma con claridad que Dios no rechazó a Israel para siempre. A causa de su desobediencia el pueblo fue endurecido. El mismo sol que derrite la manteca endurece el barro. Al Israel oponerse a los antiguos designios de Dios, fue arrojado al juicio divino. Dios rechaza a aquel que lo rechaza.

El primer propósito de Dios, traer a los gentiles al arrepentimiento, no podía dejar de alcanzarse por culpa de Israel. Al haber rechazado el evangelio, Israel se había transformado en un obstáculo para el plan divino, por eso tuvo que ser removido. El apóstol Pablo explica que a causa de la trasgresión de los judíos vino la salvación a los gentiles para que ellos se pusieran celosos.

Pero Dios, que por su amor no quiere excluir a nadie, volverá a colocar a Israel en el centro de su soberana voluntad. Eso sucederá cuando el remanente fiel se convierta al Mesías, Jesús, luego de la Gran Tribulación. Mientras ese tiempo llega, hoy ya podemos ver los inicios de la exaltación de Israel.

23) ¿Cómo fue el cumplimiento de Levítico 26:33?

Antes de responder esa pregunta, leamos el texto bíblico referido:

«Y a vosotros os esparciré entre las naciones, y desenvainaré espada en pos de vosotros; y vuestra tierra estará asolada, y desiertas vuestras ciudades» (Levítico 26:33).

Pocas semanas después de la muerte de Jesús, Jerusalén, centro espiritual de todos los judíos de la diáspora romana, se abarrotó de los centenares de miles de peregrinos que se dirigían a ese lugar todos los años, en ocasión de las festividades de la Pascua y Pentecostés, fiestas sumamente importantes dentro del culto israelita. El evangelista Lucas testifica este hecho cuando describe el advenimiento del Espíritu Santo en el día de Pentecostés:

«Moraban entonces en Jerusalén judíos, varones piadosos, de todas las naciones bajo el cielo (...) Partos, medos, elamitas, y los que habitamos en Mesopotamia, en Judea, en Capadocia, en el Ponto y en Asia, en Frigia y Panfilia, en Egipto y en las regiones de África más allá de Cirene, y romanos aquí residentes, tanto judíos como prosélitos, cretenses y árabes (...)» (Hechos 2:5, 9-11).

Algunas semanas antes de Pentecostés, habían apresado, juzgado y crucificado a Jesús en una atmósfera cargada de religiosidad, e inflamada de un nacionalismo ardiente y enfermizo. Fue así que, en un momento de incontenido odio hacia Cristo y hacia su mensaje, los israelitas respondieron a Pilatos: «Que su sangre caiga sobre nosotros y sobre nuestros hijos».

Al rechazar al Mesías, tan ansiosamente esperado, los israelitas atrajeron sobre ellos mismos y sobre sus hijos las terribles consecuencias de tan trágica decisión.

El advenimiento del cristianismo no apagó la llama nacionalista de los judíos. Estos continuaron su trama secreta y multiplicaron los atentados contra sus dominadores. (Hasta que a partir de mayo de 1966 se volvió imposible cualquier solución pacífica.) Entonces las autoridades romanas reaccionaron usando las armas en su tentativa por sofocar la rebelión organizada que pretendía asumir el control del país. Nerón mismo planeó sofocar la revuelta luego de que los rebeldes aniquilaran los fortines romanos del mar Muerto y de Antonia. Diversas y sangrientas batallas se trabaron en las ciudades de Galilea, con un elevado número de bajas por ambos lados, mas prevaleciendo siempre la férrea Roma, cuyas legiones lucharon bravíamente bajo el comando de Vespasiano.

Luego del suicidio de Nerón, Vespasiano fue proclamado emperador de Roma, y dejó la última etapa de la guerra al cuidado de su hijo Tito. Este, en la Pascua del año 70, ordenó que se sitiara Jerusalén, determinando la construcción de una muralla de estacas de siete kilómetros de largo alrededor de la ciudad, la que se levantó en solo tres días, a fin de impedir la fuga de los sitiados y forzarlos así a una rendición. Se estaban cumpliendo las palabras de Jesús:

«Porque vendrán días sobre ti, cuando tus enemigos te rodearán con vallado, y te sitiarán, y por todas partes te estrecharán, y te derribarán a tierra, y a tus hijos dentro de ti, y no dejarán en ti piedra sobre piedra, por cuanto no conociste el tiempo de tu visitación» (Lucas 19:43-44).

Desde entonces, los judíos han sido perseguidos con expulsiones en masa, exterminio de muchas de sus comunidades y con diversas humillaciones.

24) ¿Cómo entender proféticamente la carta de Jesús a la iglesia de Éfeso?

Mi querido lector, creo firmemente, como muchos otros estudiosos de las profecías bíblicas, que las iglesias de los capítulos 2 y 3 de Apocalipsis, aunque existente en verdad en los días del apóstol Juan, al mismo tiempo son proféticas porque señalan características de la iglesia universal en determinados períodos de la historia. Así, las siete iglesias fueron escogidas por el Espíritu Santo como representantes de la iglesia desde Pentecostés hasta el arrebatamiento.

La primera carta fue dirigida a Éfeso, *a la iglesia apostólica*. «Escribe al ángel de la iglesia de Éfeso: El que tiene las siete estrellas en su diestra, el que anda en medio de los siete candeleros de oro, dice esto: Yo conozco tus obras, y tu arduo trabajo y paciencia; y que no puedes soportar a los malos, y has probado a los que se dicen ser apóstoles, y no lo son, y los has hallado mentirosos; y has sufrido, y has tenido paciencia, y has trabajado arduamente por amor de mi nombre, y no has desmayado. Pero tengo contra ti, que has dejado tu primer amor. Recuerda, por tanto, de dónde has caído, y arrepiéntete, y haz las primeras obras; pues si no, vendré pronto a ti, y quitaré tu candelero de su lugar, si no te hubieres arrepentido. Pero tienes esto, que aborreces las obras de los nicolaítas, las cuales yo también aborrezco. El que tiene oído, oiga lo que el Espíritu dice a las iglesias. Al que venciere, le daré a comer del árbol de la vida, el cual está en medio del paraíso de Dios» (Apocalipsis 2:1-7).

El período que representa la iglesia de Éfeso va desde Pentecostés hasta cerca del año 100. El apóstol Juan presenta en este pasaje una imagen viva del poder y del cuidado de Jesús por su iglesia. Los siete candelabros representan a las siete iglesias a las cuales fueron enviadas las siete cartas.

En griego, el verbo «conservar» es *kratein*, que generalmente va seguido del genitivo de lo que es conservado. En general, significa que tenemos en nuestras manos una parte de cierto objeto. En el texto anterior, sin embargo, el verbo está seguido del acusativo, que significa sostener el objeto en su totalidad. Este es el significado del primer versículo. Jesús sostiene a toda la iglesia con su mano derecha. No con la izquierda, sino con la derecha, que es el lado de la bendición. En su cuidado amoroso él abraza a todas las iglesias.

El texto bíblico de Apocalipsis 2:1-7 afirma que Jesús camina en medio de los siete candelabros. Él está en medio de las iglesias que sienten frustración a causa de las persecuciones de los judíos y de Roma. Él ha sido fiel a su promesa de estar con nosotros todos los días.

Éfeso parece ser una iglesia perfecta: con obras, trabajo, perseverancia, que no toleraba a los malos, que puso a prueba a los que se decían ser apóstoles, y odiaba las obras de los nicolaítas. Pero el Señor ve en ella una falta, una sola falta: «Tengo contra ti... que has dejado tu primer amor». Éfeso era una iglesia que había tenido un gran amor por todos los santos, pero que había dejado que ese amor de desvaneciera.

25) ¿Cuál es el significado de la carta de Jesús a la iglesia de Esmirna?

«Y escribe al ángel de la iglesia en Esmirna: El primero y el postrero, el que estuvo muerto y vivió, dice esto: Yo conozco tus obras, y tu tribulación, y tu pobreza (pero tú eres rico), y la blasfemia de los que se dicen ser judíos, y no lo son, sino sinagoga de Satanás. No temas en nada lo que vas a padecer. He aquí, el diablo echará a algunos de vosotros en la cárcel, para que seáis probados, y tendréis tribulación por diez días. Sé fiel hasta la muerte, y yo te daré la corona de la vida. El que tiene oído, oiga lo que el Espíritu dice a las iglesias. El que venciere, no sufrirá daño de la segunda muerte» (Apocalipsis 2:8-11).

En la linda ciudad de Esmirna los romanos construyeron en el 26 d.C. un templo en honor a Tiberio César. Esa ciudad se caracterizaba por el sincretismo, palabra que significa adoración a más de un dios en pacífica coexistencia.

Esmirna representa a la iglesia perseguida, en la que predominaba una especie de sincretismo religioso. Así, las autoridades romanas decían que los esmírneos podían practicar libremente la religión que desearan mientras reconocieran el señorío del divinizado César. Todo lo que las personas tenían que hacer era quemar un poco de incienso en honor a César, diciendo que él era el señor, recibir un certificado e ir a adorar al dios que quisieran.

Por lo tanto, en algunos lugares era más peligroso ser cristiano que en Esmirna, pero la historia relata que algunas de las más terribles persecuciones se produjeron justamente en esa ciudad. Los cristianos se rehusaban a honrar al César, porque ¡para ellos Cristo era todo o nada!

No existe en esta carta a Esmirna una sola palabra de reprobación. La iglesia de ese período, que va desde el 100 al 313 d.C., soportó grandes sufrimientos a consecuencia de por lo menos diez grandes persecuciones impulsadas por el imperio romano, dominado por el paganismo.

A los creyentes de Esmirna, Jesús les dijo que no debían temer el sufrimiento, pues nada podría destruir la relación de ellos con su Señor. Jesús no era un escapista ante las dificultades sino un compañero en medio de ellas. Si morimos a nosotros mismos cuando entregamos nuestra vida a Cristo, ya no vivimos más nosotros sino que Cristo vive en nosotros.

Los sufrimientos de la iglesia no provinieron solo del mundo pagano, sino también de un grupo de falsos judíos que se consideraba el único pueblo de Dios sobre la tierra. Jesús los llamó «sinagoga de Satanás».

Nótese en esta carta el título que Jesús se da a sí mismo: «el primero y el postrero, el que estuvo muerto y vivió». Él sabía lo que era sufrir, por eso nunca abandonó a sus discípulos en medio de la prueba, sino que les prometió la corona de los mártires, que es la corona de la vida.

26) ¿Cómo entender la carta de Jesús a la iglesia de Tiatira?

Querido lector, analicemos las características de la iglesia de Tiatira, que vendría a ser la iglesia papal.

«Y escribe al ángel de la iglesia en Tiatira: El Hijo de Dios, el que tiene ojos como llama de fuego, y pies semejantes al bronce bruñido, dice esto: Yo conozco tus obras, y amor, y fe, y servicio, y tu paciencia, y que tus obras postreras son más que las primeras. Pero tengo unas pocas cosas contra ti: que toleras que esa mujer Jezabel, que se dice profetisa, enseñe y seduzca a mis siervos a fornicar y a comer cosas sacrificadas a los ídolos. Y le he dado tiempo para que se arrepienta, pero no quiere arrepentirse de su fornicación. He aquí, yo la arrojo en cama, y en gran tribulación a los que con ella adulteran, si no se arrepienten de las obras de ella. Y a sus hijos heriré de muerte, y todas las iglesias sabrán que yo soy el que escudriña la mente y el corazón; y os daré a cada uno según vuestras obras. Pero a vosotros y a los demás que están en Tiatira, a cuantos no tienen esa doctrina, y no han conocido lo que ellos llaman las profundidades de Satanás, yo os digo: No os impondré otra carga; pero lo que tenéis, retenedlo hasta que yo venga. Al que venciere y guardare mis obras hasta el fin, yo le daré autoridad sobre las naciones, y las regirá con vara de hierro, y serán quebradas como vaso de alfarero; como yo también la he recibido de mi Padre; y le daré la estrella de la mañana. El que tiene oído, oiga lo que el Espíritu dice a las iglesias» (Apocalipsis 2:18-29).

La carta a Tiatira es la más extensa de todas. En ella el Señor Jesús invoca su calidad de Hijo de Dios, cuyos ojos revelan todas las cosas. No hay nada encubierto delante de él.

Tiatira estaba situada aproximadamente a 33 km. al sudeste de Pérgamo, y era la ciudad natal de Lidia, la primera convertida del apóstol Pablo en Europa. Su nombre podría significar «sacrificio continuo».

El período de la iglesia de Tiatira va desde el 590 d.C. hasta el arrebatamiento. El surgimiento del papado, el alejamiento de la verdad y la paganización progresiva revelan que Tiatira está hoy personificada en el catolicismo romano, surgido de hecho en el período de Pérgamo.

La lista de innovaciones introducidas en la iglesia a partir del siglo sexto revela que la iglesia romana ha resistido a todos los movimientos de la reforma, a lo largo de más de diez siglos, y proseguido con su proceso de paganización.

He aquí una pequeña muestra de esas innovaciones:

En 528, Félix IV, obispo de Roma, instituyó el rito de la unción de los enfermos, que a partir del siglo XII recibió el nombre de «extremaunción». En el mismo año, 528, Benito de Nursia (O San

Benito) fundó la orden de los benedictinos. Por esa misma época, la fiesta pagana de las Lupercales se transformó en la fiesta de la Purificación de María, en la que se realizaba en Roma una marcha de antorchas hasta el Palatino a fin de suplicar por la cosecha de frutas.

27) La profecía de Isaías 7:14 sobre el nacimiento virginal de Jesús ¿era una profecía de doble cumplimiento?

Querido lector, esta profecía es la primera de las «profecías de Emanuel», en las cuales se detalla la venida del Mesías. A pesar de que la profecía fue muy debatida, el Nuevo Testamento declara la concepción y el nacimiento virginal del Mesías, tanto gramatical como contextualmente, en Mateo 1:23.

La palabra usada en el Nuevo Testamento, «virgen», puede tener otro significado. Pero como en la profecía le fue prometida a Acaz una «señal», se hicieron varios intentos por relacionar el nacimiento virginal con su cumplimiento en el tiempo de Acaz.

Algunos eruditos creen que la profecía se cumplió con el nacimiento del hijo de Isaías (8:3), o de Acaz. Otros creen que son dos profecías con dos cumplimientos diferentes: en un futuro próximo y en un futuro distante.

A fin de examinar esta profecía adecuadamente, debemos tener en mente diversos factores referentes a la gramática y al contexto:

El contexto requiere un cumplimiento próximo: una «señal» a la «casa de David», presumiblemente a Acaz, por haber rechazado la libertad ofrecida por Dios.

El término «virgen» no se refiere a una mujer casada en ninguna de las referencias del Antiguo Testamento (Génesis 24:43). Ni siquiera la Septuaginta traduce ese término como tal.

Como la profecía no fue presentada como un «prototipo» sino como una predicción específica, su doble cumplimiento exigiría que hubiese un genuino nacimiento virginal, tanto en el cumplimiento próximo como en el distante. Suponiendo que la esposa de Isaías fuese virgen en ocasión de la profecía, eso no haría de ella una «virgen con hijo» al concebir.

Ningún niño, además del Mesías, fue llamado «Emanuel» en cualquiera de los testamentos. El nombre quiere decir «Dios con nosotros», lo que solo podría haberse dicho con referencia al mismo Mesías.

A Isaías se le dijo que llevara consigo a su hijo llamado «Un remanente volverá», para transmitirle un mensaje a Acaz, ya que su nombre era una «señal» o mensaje para Israel. Ese nombre significaba que un juicio dejaría pocos sobrevivientes, y que habría un pequeño retorno.

El juicio debía producirse antes de que el «niño» tuviera la edad de 12 años, o sea, que fuera apto para rechazar el mal y escoger el bien. Las personas que comen «manteca y miel» son identificadas en el versículo 22 como los sobrevivientes.

Esas consideraciones sugieren que fueron dadas dos profecías en el capítulo 7:14-16: una prediciendo el nacimiento virginal de Emanuel, conforme a lo observado en 9:6, y otra prediciendo que el rey de Asiria derrotaría el reino del norte antes de que «Un remanente volverá», hijo de Isaías, llegara a la edad de la responsabilidad.

Pero a causa de Acaz haber rechazado la libertad ofrecida por Dios, este y el pueblo de Judá también sufririán el juicio de los asirios, que casi devastaría a Judá (7:16-25). Eso explica la necesidad de que hubiera una señal para Acaz, con un cumplimiento próximo, y también preserva el cumplimiento único del nacimiento virginal que, obviamente, sería el de un rey.

El texto de Isaías 9:6 se refiere al nacimiento de Jesús y al don del Hijo. El niño nos nació, mas el hijo, Emanuel, no nació. Nos fue dado.

Capítulo 3

La Biblia y la ciencia

28) ¿Cómo concebían los antiguos sabios la forma de la tierra y su manera de sostenerse?

En aquellos tiempos distantes, y sin los recursos de la moderna tecnología, muchos sabios suponían que la tierra tenía la forma de un disco circundado por aguas. Creían que si una persona avanzaba mar adentro podía llegar repentinamente al final de ese disco y desaparecer en un abismo desconocido.

Los griegos creían que su dios Atlas sostenía nuestro planeta. Para otros pueblos, la tierra hacía equilibrio sobre las espaldas de un elefante, que estaba de pie sobre una tortuga que nadaba en un mar universal. Esas teorías no nos proveen ni la menor explicación acerca de quién sostenía al dios Atlas o al mar universal.

En cuanto a los egipcios, algunos creían que la tierra estaba apoyada sobre cinco columnas, y otros admitían que nuestro planeta había salido de un gran huevo cósmico que había estallado, que poseía alas y volaba. Según recientes descubrimientos arqueológicos, en Egipto, en el tiempo de Moisés, los científicos explicaban que mientras aquel enorme huevo volaba se fue completando dentro de la cáscara el proceso de mitosis, ¡y que así surgió el mundo!

Esa era la última novedad que se enseñaba en Egipto en los días de Moisés, el gran legislador de los hebreos que fue educado en todas las ciencias egipcias (Hechos 7:22). Sin embargo, ¿dónde se encuentra en los escritos mosaicos la teoría de que la tierra se apoyara en cinco columnas o de que hubiera surgido de un enorme huevo volador? En lugar de aquella «ciencia ficción» de la época, encontramos en la Biblia esta sublime revelación: «En el principio creó Dios los cielos y la tierra» (Génesis 1).

Tales de Mileto, llamado el «Padre de la ciencia», que nació unos cien años después que el profeta Isaías, no conocía la forma de la tierra. Para él, esta tenía la forma de un plato. Anaximandro, contemporáneo de Tales, enseñaba que la tierra era cilíndrica, con la base igual a un tercio de su altura, y que se mantenía inmóvil en el centro del universo en virtud de una misma presión de aire por todos lados.

Pero, de entre los grandes sabios del pasado, nadie superó a Pitágoras en el conocimiento del Universo. Después de la Biblia, él fue el primero en declarar que la tierra era redonda. Concordó, en parte, con Anaximandro en cuanto al sostén de la tierra, pero fue más allá al declarar que no estaba sostenida.

Alejandro Magno, del siglo cuarto a.C., parece haber aprendido de Aristóteles, su maestro, que la tierra era redonda, pues en una carta dirigida a Darío I, habla así de la bola que el rey persa le había enviado: «La bola indica que la superficie de la tierra y la circunferencia del globo obedecerán al lugarteniente».

Tal verdad científica iba mucho más allá de lo que se creía en la época, pues fue el mejor sistema conocido hasta Copérnico. Ya los pitagóricos habían puesto en duda la situación preferencial de la tierra, mientras que Aristarco de Samos afirmaba en el tercer siglo a.C. que la tierra era mucho menor que el sol y que se movía alrededor de él.

Sin embargo, unos doscientos años antes de Pitágoras, el profeta Isaías había escrito que «Él [Dios] está sentado sobre el círculo de la tierra» (40:22). En otras traducciones encontramos términos equivalentes a círculo, como: «redondez», «esfera» y otros.

En cuanto a dónde estaba apoyado nuestro planeta, dijo Job trece siglos antes de Anaximandro y de Pitágoras: «Dios... cuelga la tierra sobre nada» (Job 26:7).

29) ¿Qué son las estrellas?

Cada una de las estrellas que usted ve a la noche en el cielo es en realidad una violenta bola giratoria de gases, luminosa y caliente. Los gases de una estrella están comprimidos por la gravedad. A fin de comprender mejor qué es una estrella, destacaremos algunos aspectos interesantes.

En primer lugar: Las estrellas obtienen su energía de la «quema» de gases. No es igual que quemar carbón sino una reacción más eficiente, llamada fusión nuclear. Es muy importante la cantidad de gas que una estrella contenga, pues ello influye en la gravedad, la temperatura, la presión, la densidad y el tamaño.

En segundo lugar: Las estrellas viven en galaxias. Cada una de estas contiene muchos tipos diferentes de estrellas. Los astrónomos solo entendieron la verdadera naturaleza de las estrellas en el siglo veinte. Hasta entonces estaban más preocupados por la posición que ocupaban.

En tercer lugar: En cuanto al espectro de las estrellas, los astrónomos usan equipamientos especiales para recoger y luego separar su luz en un espectro en el que hay líneas de absorción. Cada estrella forma un espectro diferente. La astrónoma norteamericana Annie Jump Cannon ordenó el espectro de miles de estrellas en diferentes tipos. Cada tipo recibe una letra del alfabeto. Los principales tipos son O, B, A, F, G, K, M, en los que cada tipo de estrella es más frío que el anterior.

En cuarto lugar: Las estrellas que se encuentran en la llamada secuencia principal poseen un color que da una idea de la temperatura que existe en su superficie. Las azules son calientes y las rojas frías. Si la temperatura de la estrella se colocara en un gráfico, contra la magnitud absoluta, cuanto más caliente fuera, más brillaría. Todas las estrellas de la secuencia principal se encuentran en un período estable de su vida. El brillo es el resultado de la fusión de hidrógeno en sus centros. Cuando el hidrógeno se consume, la estrella sale de la secuencia principal. Las estrellas con mayor masa saldrán más rápidamente que las estrellas con menor masa.

En quinto lugar: Algunas estrellas tienen un brillo variable, razón por la que son llamadas variables. Las RR Lyre cambian en menos de un día. Las Cefeidas lo hacen en más de 100 días. A las Mira les puede llevar dos años completar un ciclo. Las Cefeidas cambian su brillo porque modifican su tamaño y temperatura. Liberan más luz al expandirse, y menos al contraerse. Una estrella no es siempre igual, y es normal que pase por un período de inestabilidad a lo largo de su vida.

En sexto lugar: Existen también las estrellas enanas blancas. Si la masa de la estrella es 1,4 inferior a la masa del sol, el carbono no pasa por reacciones nucleares. Sin fuente de energía la estrella se enfría lentamente, transformándose en un objeto de poca luminosidad, o sea, en una enana blanca.

En séptimo lugar: Finalmente tenemos las estrellas supernovas. Si la masa estelar es de 1,4 superior a la masa del sol, las reacciones nucleares pasarán del carbono al oxígeno, neón, magnesio, hasta llegar al hierro. En ese punto, dependiendo de su masa, la estrella puede explotar, transformándose en una supernova, y reiniciar así las reacciones nucleares en su interior; o implosionar, transformándose en un agujero negro.

30) ¿Qué dice la Biblia acerca de la grandeza del Universo?

Comencemos, querido lector, por nuestro planeta la Tierra. La idea de que es el mayor de todos los astros y el centro de los movimientos celestes prevaleció por muchos siglos. Y cuanto más volvamos atrás en el tiempo, más generalizada encontraremos esa teoría.

Todavía nos sigue sorprendiendo la declaración del patriarca Job, registrada unos dieciocho siglos antes de Cristo, acerca de que nuestro sistema planetario, o mejor aún, aquello que se puede ver a simple vista, es «... solo los bordes de sus caminos ¡Y cuán leve es el susurro que hemos oído de él!». O sea, solo una pequeña parte de sus obras (Job 26:14).

Tal anticipación de la ciencia no puede ser obra de un hombre que vivió en una época tan remota, más de treinta siglos antes del invento del telescopio. Somos persuadidos a aceptar la única explicación plausible: «Los santos hombres de Dios hablaron siendo inspirados por el Espíritu Santo» (2 Pedro 1:21).

Veamos ahora la opinión de la astronomía moderna acerca de la tierra en relación con el universo. Podemos destacar inicialmente que, en virtud de las dificultades encontradas para el registro de las distancias que separan a los astros, se ha adoptado un nuevo patrón de medida, el año luz, que es igual a 9.460.800.000.000 kilómetros, correspondiente a la distancia recorrida por la luz en un año a una velocidad constante de 300.000 km. por segundo.

Y sirviéndose de esa unidad astronómica es que se puede medir la Vía Láctea, la galaxia donde nos encontramos, ¡que abarca una circunferencia tan grande que para que la luz cruzara necesitaría cien mil años!

Distancia inconcebible, cuando sabemos que esa misma luz precisa solo ocho minutos y quince segundos para cubrir los ciento cincuenta millones de kilómetros que nos separan del sol. ¡Y de solo un segundo para dar siete vueltas y media alrededor de la tierra!

Sin embargo, las distancias entre los astros de nuestra galaxia son muy pequeñas comparadas con las de los cinco objetos flameantes descubiertos por el Observatorio de Monte Wilson. Dos de ellos están distantes de la tierra aproximadamente unos diez mil millones de años luz, o sea, 95 seguido de veinticuatro ceros.

¡La luminosidad de cada uno de esos gigantes del infinito puede ofuscar el brillo de hasta cien galaxias iguales a la Vía Láctea, que se compone de unos doscientos mil millones de astros, con unos trescientos cincuenta millones de sistemas solares!

En cuanto al tamaño de estos fenomenales cuerpos celestes, ¡algunos de ellos alcanzarían la inconcebible dimensión de mil millones de soles iguales al nuestro, el cual, a su vez, es un millón trescientas mil veces mayor que la tierra!

En relación a las galaxias, que son inmensos sistemas de estrellas, polvo cósmico y gases, aún queda mucho por develar.

En 1987, un grupo de astrónomos de la Universidad de Michigan, Estados Unidos, confirmó el descubrimiento de la mayor galaxia conocida hasta hoy, una gigantesca espiral, trece veces más grande que la Vía Láctea, y que fue denominada Markarian 348. Esta galaxia, localizada en la dirección de la constelación de Andrómeda, está a 300 millones de años luz de la tierra y tiene una forma extraña, compuesta por estrellas y gases, que emiten una enorme cantidad de energía.

31) ¿Cómo entender la grandeza del universo, la diferencia entre la astronomía y la astrología, y la noticia de que el telescopio Hubble, en 1996, fotografió la Jerusalén celestial?

Mi querido lector, el día 26 de marzo de 1996, el telescopio espacial Hubble envió a la tierra increíbles imágenes de lo que parecía ser una gigantesca ciudad espacial localizada a mil millones de años luz de la tierra. Tan impresionantes eran esas imágenes que algunos científicos de la NASA llegaron a comentar que el Hubble había fotografiado «el lugar donde Dios vive», y el papa Juan Pablo II solicitó copias de tales fotos (Weekly World News, Lantana, Florida, [Vol. 17, número 31], edición del 30 de abril de 1996).

En cuanto a la grandeza del universo, la astronomía reconoce humildemente estar muy lejos de ver sus límites. A través de potentes telescopios, como los que hay en Monte Palomar y en Monte Wilson, Estados Unidos (el primero de ellos con una lente de doscientas pulgadas, capaz de fotografiar objetos a decenas de miles de millones de años luz), los astrónomos solo logran ver gotas de agua en el inmensurable océano del infinito.

Según las revelaciones del Hubble, ¡existen en el universo por lo menos cien mil millones de galaxias! El profeta Jeremías, que escribió sus libros entre el 627 y el 586 a.C., registró una verdad hoy innegable por los astrónomos: «Como no puede ser contado el ejército del cielo, ni la arena del mar se puede medir...» (Jeremías 33:22). El profeta hacía referencia a la grandiosidad del universo, lo cual se podría comparar, respetándose las debidas proporciones, a los incontables granos de arena de todos los vastos océanos.

Ante tan asombrosa inmensidad del universo resulta absolutamente imposible su representación en miniatura, aún en su menor escala. Tomando como ejemplo solo una esquina de la Vía Láctea, reduzcamos la tierra a una ínfima esfera de un milímetro de diámetro, equivalente a una cabeza de alfiler. ¿Dónde colocaríamos la estrella próxima, la más cercana a nosotros? ¡A unos treinta kilómetros de distancia! Así que ¡imaginen dónde tendríamos que colocar los cuerpos celestes más distantes!

Finalmente, acerca de la diferencia fundamental entre astrología y astronomía, puedo afirmar que la primera no es una ciencia, mientras que la segunda es la ciencia más antigua de la humanidad.

La astronomía comenzó a existir en el momento en que el ser humano percibió la diferencia entre las estrellas y los planetas, y empezó a registrar sus observaciones en cuanto a la posición de esos cuerpos, desarrollando así esta ciencia.

Posteriormente, no contentándose con simplemente observar y registrar las posiciones de los astros, el ser humano comenzó a preocuparse por explicar el porqué de los movimientos planetarios.

Por su parte, la astrología nació en la antigüedad, a partir de la creencia de que, si ciertas configuraciones celestes determinaban la época de la lluvia y la sequía, la siembra y la cosecha, entonces serían también capaces de influir en la vida de cada persona.

Shakespeare, refiriéndose a la astrología, dijo que: «La admirable excusa del hombre libertino era responsabilizar a una estrella de su depravación».

32) ¿Qué tipo de riesgos existen en las investigaciones genéticas?

Antes de ser lanzada la misión Apolo 11, en 1969, los científicos del programa espacial imaginaron la posibilidad de que la tripulación trajera del espacio algunos microorganismos desconocidos y tal vez letales. La NASA tomó precauciones increíbles a fin de evitar esa amenaza, llegando aún a aislar a los astronautas durante tres semanas. Hoy los científicos aún temen las epidemias que pueden causar los microbios monstruos. Pero no los microorganismos traídos de la luna, sino la nueva amenaza que está aquí sobre la tierra: la llamada ingeniería genética.

Los ingenieros genéticos tienen la capacidad técnica de extraer el ADN de un organismo, la molécula principal que contiene la información genética, y mezclarlo con el ADN de otro organismo. A grandes rasgos, esto hace posible la creación, en un abrir y cerrar de ojos, de organismos híbridos que jamás existieron antes.

Uno de los mayores recelos está relacionado a las experiencias con E. Coli, bacteria generalmente encontrada en los intestinos humanos y un microorganismo común en los trabajos de laboratorio.

Lo que es posible lograr con las nuevas técnicas de injertos de genes es crear una bacteria E. Coli que contenga el ADN de un animal (en un experimento, el ADN de un sapo sudafricano fue introducido en la bacteria). Según los científicos, esto podría producir una bacteria causante de cáncer y, en este caso, habituada a vivir dentro del organismo de los seres humanos.

Otras experiencias involucran la introducción del fenómeno de resistencia a los antibióticos en ciertos virus. Si esos virus escapasen de un laboratorio tendríamos una epidemia tipo Raza Andrómeda, difícil de controlar.

A fin de establecer directrices para las investigaciones en ingeniería genética, 140 científicos de 16 países se reunieron en California en 1976 y resolvieron que las experiencias con ciertos organismos altamente contagiosos de enfermedades fatales eran demasiado peligrosas para llevarse a cabo. También comenzaron a estudiar la creación de organismos de investigación que se «autodestruyeran» en caso de escapar de un laboratorio.

Aun así, las directrices establecidas en la conferencia de California no pueden, de ningún modo, controlar todas las investigaciones genéticas que se han puesto en marcha en el mundo. Y existe siempre la posibilidad de un descuido en algún laboratorio, en alguna fecha futura, que desencadene una legión de microbios mutantes.

Según la Biblia Sagrada, en estos últimos tiempos en que vivimos «... vendrán tiempos peligrosos. Porque habrá hombres amadores de sí mismos, avaros, vanagloriosos, soberbios, blasfemos, desobedientes a los padres, ingratos, impíos, sin afecto natural, implacables, calumniadores, intemperantes, crueles, aborrecedores de lo bueno, traidores, impetuosos, infatuados, amadores de los deleites más que de Dios, que tendrán apariencia de piedad, pero negarán la eficacia de ella; a éstos evita» (2 Timoteo 3:1-5).

33) ¿La Biblia es también un libro científico?

La Biblia es, esencialmente, un libro religioso que le habla al hombre acerca de su necesidad de Dios, y habla de Dios como de un Padre amoroso que ama y cuida de sus hijos. Este es el importantísimo papel que la Biblia desempeña entre los hombres.

Sin embargo, para que alcanzase plenamente sus nobles objetivos, Dios aprobó que hubiera en ella informaciones rigurosamente exactas sobre geografía, astronomía, medicina y demás ciencias. Pero lo más importante es que la Biblia no contiene ni uno solo de los innumerables errores científicos en boga durante los largos siglos de su redacción. Veamos algunos ejemplos:

En aquella época lejana muchos suponían que la Tierra tenía la forma de un disco, circundado por aguas. Los griegos creían que su dios Atlas la sostenía. Para otros pueblos, la Tierra hacía equilibrio sobre la espalda de un elefante, que estaba de pie sobre una tortuga que a su vez nadaba en un mar universal. Esas teorías no dan la menor explicación acerca de quién sostenía al dios Atlas o al mar universal.

En cuanto a los egipcios, algunos creían que estaba apoyada sobre cinco columnas, y otros admitían que nuestro planeta había salido de un gran huevo cósmico, que tenía alas y volaba, y que había estallado. Según recientes descubrimientos arqueológicos, la ciencia vigente en Egipto en el tiempo de Moisés explicaba que mientras aquel enorme huevo volaba, se completó dentro de la cáscara el proceso de mitosis ¡y así surgió el mundo!

Esta era la última novedad que se enseñaba en Egipto en los días de Moisés, el gran legislador de los hebreos, que fue educado en todas las ciencias egipcias (Hechos 7:22). Sin embargo, ¿dónde está, en los escritos mosaicos, la teoría de que la tierra se apoyara sobre cinco columnas o de que había surgido a causa de la explosión de un enorme huevo volador? En vez de esta «ciencia ficción» de la época, tenemos en la Biblia una sublime revelación: «En el principio creó Dios los cielos y la tierra» (Génesis 1).

Tales de Mileto, llamado el «Padre de la ciencia», que vivió unos cien años después del profeta Isaías, no conocía la forma de la tierra. Para él esta tenía la forma de un plato. Anaximandro, contemporáneo de Tales, enseñaba que la tierra era cilíndrica, con la base igual a un tercio de su altura y que se mantenía inmóvil en el centro del universo en virtud de una igual presión de aire por todos lados.

Pero, de entre los grandes sabios del pasado, nadie superó a Pitágoras en el conocimiento del universo. Después de la Biblia, él fue el primero en declarar que la tierra era redonda. Concordó, en parte, con Anaximandro en cuanto a la forma en que se sostenía la tierra y fue más allá al declarar que no estaba apoyada.

Tal verdad científica era superior a lo que se creía en su época, y fue el mejor sistema que se conoció hasta Copérnico. Ya los pitagóricos habían puesto en duda la situación preferencial de la tierra, mientras que Aristarco de Samos afirmaba, en el tercer siglo a.C., que la tierra era mucho menor que el sol y se movía en derredor de él.

Entretanto, unos doscientos años antes de Pitágoras, el profeta Isaías dejó registrado que Dios «está sentado sobre el círculo de la tierra» (40:22), y en cuanto al apoyo de nuestro planeta, dijo Job trece siglos antes de Anaximandro y de Pitágoras: «Dios... cuelga la tierra sobre la nada» (Job 26:7).

34) ¿Qué afirma la ciencia moderna acerca del día largo de Josué?

Después de atravesar el Jordán bajo la protección de Dios y al comando de Josué, los israelitas iniciaron sus conquistas territoriales en Canaán, arrasando la fortaleza de Jericó y destruyendo la ciudad de Hai. Estas victorias dejaron atónitos y aterrorizados a los habitantes de aquellas tierras, y como no todos consideraban estar en condiciones de enfrentar a los invencibles invasores, un pueblo tradicionalmente conocido como valiente y astuto consiguió una alianza de paz con Israel: los gabaonitas.

La alianza que unía amistosamente a dos fuertes bajo un mutuo juramento, no agradó a los cananeos; y a los amorreos les pareció terriblemente peligrosa porque ellos estaban en la ruta de los hebreos. La situación exigía previsiones urgentes y enérgicas, que fueron tomadas.

Adonisedec, rey de la fortaleza de Jerusalén, diplomáticamente envió cartas a los reyes de las ciudades de Hebrón, Jarmut, Laquis y Eglón, proponiéndoles la formación de una fuerza militar confederada, única manera de enfrentar a los ejércitos de Gabaón e Israel.

El estratégico plan se centraba en atacar a un enemigo por vez. Sorprenderían a Gabaón y, vencido este, avanzarían de allí hasta Gilgal, a la batalla final contra Josué y su pueblo. Todos los detalles del plan fueron analizados por los soberanos amorreos, teniendo en cuenta que estaba en juego su propia supervivencia. Aceptado el plan, la fecha del ataque quedó acordada.

Sorprendidos por los poderosos confederados, los gabaonitas enviaron a Israel un dramático pedido de ayuda, y este, fiel a su alianza, partió en auxilio de su aliado, enfrentando la más importante batalla de Israel de todas sus guerras de conquista. Los valientes de Josué caminaron toda la noche y sorprendieron a sus enemigos al despuntar la mañana.

La lucha duró todo aquel día, pero a la tarde, los confederados comenzaron a debilitarse y a huir ante el furor de Israel. Fue entonces que Josué, percibiendo que la noche favorecería a sus enemigos, ordenó al sol y a la luna que se detuvieran en el cielo, a fin de poder destruirlos a todos. Y así sucedió. El pueblo de Israel venció su más importante batalla, garantizando así su propia existencia como nación.

El relato de Josué es uno de los casos presentados por los lectores superficiales de la Biblia como anticientífico, porque afirmaba que el sol giraba en torno de la tierra. Pero estas mismas personas no dudan en decir, por ejemplo: «El sol está naciendo», «Está en su cénit», «El sol se está poniendo», y otras expresiones por el estilo. Pero nunca dicen: «La tierra ya dio otra vuelta» o «media vuelta». Las Sagradas Escrituras usan el lenguaje del pueblo y no el de los científicos.

Kepler, el famoso astrónomo del siglo XVI, escribió: «Nosotros decimos como el pueblo: "Los planetas se detienen, vuelven... el sol nace y se pone, sube hasta lo alto del cielo", y cosas semejantes. Hablamos como el pueblo, expresando lo que creemos que ocurre ante nuestros ojos, aunque nada de eso sea cierto. Sin embargo, todos los astrónomos coinciden en hacerlo. Debemos exigir menos de las Escrituras sobre ese punto, porque es cierto que, si ella abandonara el lenguaje coloquial para tomar el de la ciencia, y hablara en términos oscuros, que no fueran comprendidos por aquellos a quienes quiere instruir, confundiría a los fieles simples y no conseguiría el fin sublime que se propone».

Capítulo 4

Historia

35) ¿Cuál es el origen del huevo de pascua?

Las antiguas doctrinas babilónicas enseñaban que a Tamuz, deidad babilónica, lo mató un jabalí, y por eso se guardaban cuarenta días de ayuno y llanto hasta la fiesta de Ishtar, que corresponde a la pascua de los judíos y de la cristiandad. Al final de la cuaresma, se producía la resurrección de Tamuz. Esta era conmemorada con pollos, huevos y conejos. La pascua moderna utiliza como símbolos aceptados en todo el mundo el huevo y el conejito.

A lo largo de los años, muchas fiestas y tradiciones fueron surgiendo, y llegó hasta nosotros la cultura de muchos pueblos y países diferentes. Parecería que la palabra *Easter*, pascua en inglés, viene de la diosa anglo-sajona de la primavera, Eostre, derivado de la Ishtar babilónica. Otros atribuyen su origen a las fiestas de Eostur, que celebran la vuelta de la primavera, también una antigua tradición babilónica.

En el hemisferio norte esta fiesta corresponde al comienzo de la primavera, y por eso ese día se festeja de muchas maneras, de acuerdo con los más diversos ritos paganos. Muchos siglos atrás, los sirios, troyanos y nórdicos se reunían en los montes, al amanecer, a fin de celebrar la vuelta del sol de la primavera.

El huevo, que simbolizaba el comienzo, el origen de todo, abrió camino a otras tradiciones. Está presente en la mitología antigua, en las religiones orientales, en las tradiciones populares y en una gran parte de la cristiandad. Según dicen algunos, la tradición de los huevos para la conmemoración de la pascua llegó a occidente desde el antiguo Egipto y, según dicen otros, a través de pueblos germánicos de la región del Báltico.

En la Edad Media, los europeos adoptaron la costumbre china de adornar los huevos, los que se cocinaban y pintaban con colores y se obsequiaban a los amigos en la Fiesta de la Primavera, como recuerdo de la continua renovación de la vida. Colorear los huevos se transformó en un arte refinado. Se los cocinaba con tintas vegetales hasta que se endurecían. La fruta del tojo proporcionaba el color amarillo, y la remolacha el rojo.

En el siglo dieciocho, la iglesia católico-romana adoptó oficialmente el huevo como símbolo de la resurrección de Cristo, santificando de esta manera un uso originalmente pagano; y cantidades de huevos coloridos comenzaron a ser bendecidos antes de ser distribuidos a los fieles.

El conejo, como símbolo de fecundidad, apareció cerca del año 1215 en Francia, derivándose también de los misterios babilónicos. Una mezcla de mitología pagana con simbología cristiana paganizada.

A partir de 1928, cuando el cacao comenzó a ser industrializado en gran escala, los huevos de gallina decorados fueron sustituidos por los de chocolate, y así continuó la antigua costumbre pagana de obsequiar huevos a los amigos en la pascua. En 1951, el papa Pío XII introdujo modificaciones a la fiesta de la pascua en una tentativa por restituirle un esplendor religioso, transfiriendo la misa que se celebraba el sábado de gloria a la medianoche al día domingo. Como preparación para la pascua, al sábado se lo llamó sábado santo. A partir del mes de noviembre, el romanismo impuso a sus fieles una serie de enseñanzas sobre los sacramentos como preparación para la fiesta. La cuaresma, a través de la penitencia, es considerada de gran valía en la preparación del pueblo.

36) ¿Qué fueron las cruzadas?

Las cruzadas fueron una serie de campañas militares compuestas por enormes ejércitos de peregrinos cristianos que durante más de tres siglos invadieron Medio Oriente a fin de liberar los lugares sagrados que estaban bajo dominio musulmán. En líneas generales, tuvieron poco éxito políticamente hablando, y fueron muy hostiles con los judíos, tanto con los que vivían en Palestina como con los que constituían las comunidades israelitas de Europa.

En el año 1096 fue organizada en Clermont, Francia, la primera «guerra de la cruz» contra los mahometanos que ocupaban los lugares santos de Palestina. El principal impulsor de esos ejércitos de peregrinos fue el papa Urbano II. Sabiendo del espíritu belicoso de los franceses, el papa sabiamente escogió Francia para lanzar su arrojado proyecto.

Lamentablemente, los cruzados, comandados por el mercenario francés Guillermo, se abatieron sobre las comunidades judías de Renania, Treveris, Spira y Worms, además de otros lugares. Las hordas sanguinarias arrastraron a hombres, mujeres y niños a los templos católicos para bautizarlos a la fuerza, pero la mayoría prefirió pagar con la vida su fidelidad a los milenarios principios del judaísmo.

Los hermanos peregrinos creían que antes de exterminar a los sarracenos del Oriente debían eliminar a los descendientes de aquellos que crucificaron al Hijo de Dios en Occidente.

El historiador Joseph-François Michaud relata lo siguiente acerca de un grupo de esos peregrinos, reunidos a las márgenes del río Rin y del Mosela, que tenían como jefes al padre Volkmar y al conde Emicon:

Esos dos jefes se admiraban de que se hiciera la guerra contra los musulmanes que tenían bajo su ley la tumba de Jesucristo, mientras se dejaba en paz a un pueblo que había crucificado a su Dios. Y, para inflamar las pasiones, tuvieron el cuidado de hacer hablar al cielo y apoyar su opinión con visiones milagrosas.

El pueblo, para el cual los judíos eran en todas partes objeto de horror y de odio, ya se mostraba muy propenso a perseguirlos.

Emicon y Volkmar dieron la señal y el ejemplo. A su voz, una multitud furiosa se esparció por las ciudades vecinas al Rin y al Mosela; masacrando sin piedad a todos los judíos que encontraron a su paso.

En su desesperación, un gran número de víctimas prefirió suicidarse antes de recibir la muerte a manos de sus enemigos. Muchos se encerraron en sus casas y murieron en medio de llamas que ellos mismos habían encendido; algunos amarraron grandes piedras a su ropa y se precipitaron junto con sus bienes al Rin y al Mosela. Las madres sofocaban a sus hijos contra su seno, diciendo que preferían mandarlos al seno de Abraham que verlos entregados al furor de los cristianos. Las mujeres y los ancianos solicitaban piedad para ayudarlos a morir. Todos esos infelices imploraban la muerte, así como otros hombres pedían vivir.

37) ¿Qué viene a ser la llamada «tradición de la iglesia católica»?

De acuerdo con la doctrina católico-romana la tradición es la palabra de Dios no escrita en la Biblia sino transmitida oralmente de boca en boca a través de los siglos, y aún registrada e interpretada en la vastísima e indeterminada obra de escritores eclesiásticos como Agustín, Tertuliano, Cipriano, Ambrosio, Jerónimo, Juan Magno y Tomás de Aquino, y en todos los decretos de los concilios y escritos pastorales de los papas.

Un criterioso examen de la tradición revela su fragilidad, pues la «palabra de Dios fuera de la Biblia», como se la llama, no pasa de tratarse de divergentes opiniones e ideas de hombres acerca de asuntos morales, religiosos y bíblicos, puesto que es imposible que Dios contradiga su Palabra. Según afirma la Confesión de Westminster: «El supremo juez, por quien todas las controversias de la religión son determinadas y todos los decretos de los concilios, opiniones de escritores antiguos, doctrinas de hombres y espíritus privados, serán examinados, y cuyas sentencias debemos acatar, no puede ser otro sino el Espíritu Santo, hablando a través de las Escrituras».

Hasta el Renacimiento, la iglesia romana no había tomado una actitud definida con respecto a la tradición, en virtud del poco conocimiento de la Biblia y de la consecuente débil oposición a los dogmas católicos. Pero con el advenimiento de la Reforma Protestante del siglo XVI y la abundante distribución de la Palabra de Dios por toda Europa, el catolicismo fue desafiado a sustentar sus dogmas a la luz refulgente de la Biblia. Lógicamente, como la mayoría de esos dogmas se habían divorciado de la verdad, era menester encontrar otra autoridad que los apoyase, a menos que los negaran y renunciaran a ellos.

El romanismo, sin embargo, ya se había distanciado bastante de las enseñanzas bíblicas como para volver a ponerse en armonía con ellas, y prefirió entonces confirmar todas sus doctrinas y apoyarlas sobre otra base. Y así, en el Concilio de Trento, se estableció el dogma según el cual la autoridad de la tradición es absolutamente igual a la de las Escrituras. Ese mismo concilio unió al Canon sagrado algunos libros apócrifos, o sea, no inspirados por Dios, los cuales perpetúan algunos errores eclesiásticos.

Desde la época en que muchas innovaciones anticristianas comenzaron a ser aceptadas por la iglesia romana, esta comenzó a encontrar dificultades en justificarlas bíblicamente. Tales dificultades llevaron al Concilio de Tolosa, en 1229, a tomar una medida extrema: prohibir el uso de la Biblia a todos los laicos. A partir de esa fecha el clero romano hizo de todo por impedir la propagación de la Palabra de Dios, pero no lo logró.

Sin embargo, luego de los grandes trabajos de traducción y divulgación de las Sagradas Escrituras realizados por Wicliffe, Tyndale y Lutero, la iglesia romana fue obligada a reconsiderar, en parte, su decreto de 1229, permitiendo a los fieles leer la Biblia en la edición por ella aprobada y mientras no se formaran un juicio propio acerca de sus enseñanzas, sino que debían aceptar la interpretación tradicional de la iglesia, la única cierta e infalible. De esta manera, los dogmas fundamentados en la tradición estarían resguardados y la Biblia reducida así a un libro ininteligible y destituido de su principal característica: su autoridad.

38) ¿Qué es un auto de fe?

Podría dar muchos ejemplos, pero uno de ellos transmite bien la idea de lo que es un auto de fe.

En febrero del 1600, los Pappenheimer, una familia de Alemania, fueron apresados por «crímenes» que desconocían. Sus nombres eran: Paulus, de 57 años; Anna, su mujer, de 59 años; y sus tres hijos: Gumpprecht, de 22; Michel, de 20; y Hansel, de apenas 10 años de edad. Los torturaron, inventando que habían cometido crímenes, como la práctica de hechicería; y las mismas autoridades ampliaron los delitos, pasando de herejía a pacto con el diablo. El duque de Baviera, que deseaba acabar con los salteadores, asesinos y herejes, se sirvió de esa oportunidad a fin de promover un gran y espectacular auto de fe.

—¡Miren! ¡Ahora están trayendo a mi padre! —gritó Hansel a las personas que se encontraban alrededor del caballo del alguacil.

El verdugo y uno de sus ayudantes arrastraron a Paulus Pappenheimer hacia unas rejas de madera, lo acostaron allí, y amarraron sus brazos y piernas. El verdugo sujetó la rueda con sus musculosos brazos y la dejó caer primero sobre el brazo derecho y luego sobre el izquierdo del condenado. Los huesos se partieron, causando un fuerte ruido, y la víctima gritó.

—¡Miren! ¡Están aplastando los brazos de mi padre! —gritó el niño horrorizado, desde el caballo del alguacil.

Los demás criminales fueron sometidos al mismo tratamiento. Solo Anna se salvó de la rueda...

La tortura con la rueda no se completó pues existía el riesgo de que las víctimas murieran en el proceso, cuando debían sufrir toda la lista de castigos dictaminados en la sentencia. El hecho de quemarles la carne con hierros ardientes los había debilitado, y una tortura completa con la rueda habría dado un fin prematuro a sus sufrimientos...

Para Paulus, considerado en un cierto sentido el instigador y jefe de la cuadrilla, habían pensado algo aún más terrible: el empalamiento, en el cual se insertaba un trozo corto de madera en el ano del condenado. Los gritos de la víctima seguramente provocaron escalofrío en los espectadores que se amontonaban alrededor de lo alto de la colina donde se encontraba la horca.

Dos musculosos guardias tomaron a la víctima, que se contorsionaba y gemía en el suelo, y lo arrastraron hacia lo alto de las tablas de madera, que formaban la rampa, hasta llegar a uno de los postes centrales. Allí lo dejaron amarrado, en lo alto del montículo de leña. Luego Anna fue arrastrada hacia la pila de al lado y atada a una silla de madera, instalada en medio de la hoguera.

Gumpprecht, Michel, Sholz y el sastre fueron llevados a los otros cuatro montículos de leña y encadenados a los postes de madera. Los ayudantes del verdugo retiraron las cintas y las pusieron a los costados de las pilas de leña. Antorchas de brea fueron encendidas y lanzadas rápidamente, una después de la otra, a la leña seca. Las llamas estallaron y se proyectaron hacia arriba, alcanzando las ramas. Una humareda espesa subió, cegando a las víctimas y sofocando su respiración.

Hansel, desde el caballo del alguacil, daba gritos conmovedores: «¡Mi madre se está retorciendo!», gritaba desesperado.

Así murieron los Pappenheimer en un auto de fe.

39) ¿Qué tipo de influencia maléfica llegó desde la antigua ciudad de Babilonia?

Mi apreciado lector, la cuna de la mayoría de los errores doctrinales presentes hoy en todas las naciones es, de hecho, la célebre Babilonia, capital mundial de la soberbia humana y de la afrenta a Dios en los tiempos antiguos. Reexaminando la historia de las prácticas y doctrinas paganas de esa ciudad, es posible evaluar la alarmante extensión de su influencia, que llega hasta la actualidad.

La Biblia tiene mucho que decir acerca de esa famosa ciudad y de sus prácticas religiosas, que terminaron corrompiendo a los mismos israelitas, haciendo que Dios se quejara: «Los hijos recogen la leña, los padres encienden el fuego, y las mujeres amasan la masa, para hacer tortas a la reina del cielo y para hacer ofrendas a dioses ajenos, para provocarme a ira» (Jeremías 7:18).

Edificada en el valle de Sinar, junto al río Éufrates, la Biblia dice de Babilonia: «hermosura de reinos y ornamento de la grandeza de los caldeos, será como Sodoma y Gomorra, a las que trastornó Dios» y la llama «ciudad codiciosa de oro» (Isaías 13:19; 14:4). Nimrod estableció en Babilonia su reinado luego de liberarla del poder de los elamitas. Acerca de ese famoso hijo de Cus, dice la Biblia: «Este fue vigoroso cazador delante de Jehová; por lo cual se dice: Así como Nimrod, vigoroso cazador delante de Jehová. Y fue el comienzo de su reino Babel, Erec, Acad y Calne, en la tierra de Sinar.» (Génesis 10:9-10).

Conviene destacar que la Biblia habla acerca de dos Babilonias: la ciudad propiamente dicha, capital de Caldea, y la Babilonia espiritual. La primera, que alcanzó su mayor esplendor con Nabucodonosor y parecía destinada a una existencia eterna, debía desaparecer según la previsión bíblica. La segunda Babilonia, símbolo de confusión religiosa de los últimos tiempos, permanecerá hasta que sea destruida un poco antes del reinado de Cristo. Esa ciudad, en su aspecto espiritual, surge en el primer libro de la Biblia y solo desaparece en el último.

Entre todas las profecías acerca de Babilonia se puede contar más de un centenar de particularidades, y todas se cumplieron rigurosamente. Isaías previó que Babilonia nunca más sería habitada y que ni siquiera el árabe armaría allí su tienda. Y Jeremías escribió: «¡Cómo fue apresada Babilonia, y fue tomada la que era alabada por toda la tierra!» (Jeremías 51:41).

Entre los monarcas que habrían de participar del cumplimiento profético acerca de esa famosa ciudad estaba el gran Ciro, rey de Persia. En el año 538 a.C. hizo uso de su eficiente ingeniería para desviar el curso del Éufrates, que pasaba tranquilo bajo los inmensos y magníficos muros de Babilonia, y sirviéndose del lecho de ese río, entró en la ciudad mientras esta se hallaba entregada a la más abominable orgía. Era la misma noche en la que la mano de Dios escribió en la pared, y en la que Daniel descifró allí el fin de Belsasar y de su imperio. Poco más tarde, Jerjes I, hijo de Darío I, al sofocar una revuelta del pueblo en la ciudad, usó una extrema brutalidad, ordenando inclusive la destrucción de la estatua de Marduk, dios principal de los caldeos.

En cuanto a sus riquezas, ninguna ciudad se puede comparar con Babilonia en cuanto al número de veces que ha sido saqueada. Jerjes, Alejandro, partos y romanos, en un período que abarca casi una decena de siglos, se llevaron de allí riquezas fabulosas, además de sus más optimistas expectativas, ¡y hasta hoy se afirma que esas ruinas guardan enormes tesoros!

40) ¿Hubo alguna tentativa de reconstruir Babilonia?

Los profetas proclamaron la absoluta y literal ruina de Babilonia, enfatizando que la ciudad nunca más volvería a existir. De hecho, hasta hoy no ha sido restaurada. Pero a pesar de la sentencia bíblica de más de 2500 años, hace poco Irak (que es la continuación del antiguo imperio babilónico) anunció la reconstrucción de aquella famosa ciudad.

Según noticias procedentes del gobierno iraquí, serían reconstruidos los jardines colgantes, la torre de Babel, el templo de Baal (Bel), la puerta de Ishtar (Astarté o Astarot) y otros famosos monumentos. El proyecto, elaborado por el Instituto Ítalo-Iraquí de Bagdad, contó con un fondo inicial de 50 millones de dólares.

A fin de que todo pudiera ser reconstruido con exactitud y perfección, la edificación sería hecha con rayos láser. Los ladrillos se revestirían con un material especial que protegiera las paredes de la erosión, la descomposición y los estragos provocados por los vientos. La reconstrucción cubriría un área de 50 kilómetros cuadrados. El proyecto debía respetar rigurosamente la arquitectura de la época y el ambiente en el que vivían los babilónicos.

¿Por qué reconstruir tales monumentos antiguos? Porque la torre de Babel simboliza la astrología, el ocultismo y la rebelión contra Dios; el templo de Bel, la idolatría (Jeremías 50:2; 51:44); la puerta de Ishtar, la inmoralidad y la depravación; y los jardines colgantes, el orgullo y la realización humana.

Un investigador brasileño afirmó que «el alto crecimiento del espiritismo en todas sus formas en la actualidad demuestra una vuelta de todas las religiones al babilonismo y nunca al catolicismo romano. Ciertamente, el catolicismo romano se está babilonizando. En Brasil, millones de católicos son también espiritistas. La religión de Babilonia era profunda y esencialmente espiritista».

Pero, para decepción de los que no creen en la Biblia, los designios de los iraquíes e italianos no se realizaron, en virtud de las crisis militares y económicas que involucran a Irak en sus conflictos con los aliados.

En primer lugar, la Biblia habla de los babilonios como un pueblo idólatra: «Porque es tierra de ídolos, y se entontecen con imágenes» (Jeremías 50:38).

En segundo lugar, como un pueblo aficionado a la magia: «Estas dos cosas te vendrán de repente en un mismo día, orfandad y viudez; en toda su fuerza vendrán sobre ti, a pesar de la multitud de tus hechizos y de tus muchos encantamientos» (Isaías 47:9).

En tercer lugar, como un pueblo profano y sacrílego: «Belsasar, con el gusto del vino, mandó que trajesen los vasos de oro y de plata que Nabucodonosor su padre había traído del templo de Jerusalén, para que bebiesen en ellos el rey y sus grandes, sus mujeres y sus concubinas» (Daniel 5:2).

En cuarto lugar, como un pueblo impío: «Porque te confiaste en tu maldad, diciendo: Nadie me ve. Tu sabiduría y tu misma ciencia te engañaron, y dijiste en tu corazón: Yo, y nadie más» (Isaías 47:10).

41) ¿Cómo era la grandeza de Babilonia?

La ciudad de Babilonia, querido lector, conoció dos fases de gran progreso. La primera, bajo Hammurabi, el Amrafel de la Biblia (Génesis 14:1), aproximadamente 2.000 años antes de Cristo, en los días de Abraham. Y el segundo período, del 608 a.C. hasta la muerte de Alejandro Magno, en el 323 a.C., bajo Nabucodonosor, Ciro, Darío y otros emperadores.

A la ciudad de este último período de florecimiento corresponden las palabras de Isaías. Era entonces la mayor y más moderna metrópolis de aquel tiempo. Ocupaba un área de 576 km^2, con 96 de perímetro, o sea 24 km. de cada lado. Muchas calles, de 45 m. de ancho por 24 km. de largo, dividían lujosas manzanas con exuberantes jardines y suntuosas residencias, magníficos palacios y gigantescos templos. Uno de estos templos, dedicado a Bel, medía 5 km. de circunferencia, y uno de los palacios reales ocupaba un área que superaba los 12 km^2.

La «ciudad dorada» estaba rodeada por una muralla de 108 metros de altura por 25 de ancho, ¡equivalente a una autopista de seis carriles! Poseía una imagen valuada hoy en decenas de millones de dólares, y objetos diversos dedicados a los ídolos, cuyo valor supera los 200 millones de dólares.

Hablando de arquitectura babilónica, el historiador Oliveira Lima afirma:

«Las construcciones babilónicas, que actualmente son simples montones de ruinas, estaban levantadas sobre considerables terraplenes exigidos por la naturaleza del suelo acuoso, y que al mismo tiempo brindaban una mejor defensa y daban mayor esplendor a aquellos templos y palacios, que así se erguían trece metros o más por encima del nivel del mar, en medio de aglomeraciones de casas de barro. Su extensión era tal que Babilonia cubría cinco veces la superficie de Londres».

Esta ciudad, la más poderosa del mundo antiguo, comenzó a declinar con la muerte de su más famoso monarca, y llegó a su nivel inferior bajo el reinado de Belsasar, que perdió el trono ante Darío, el medo, en el 539 a.C. Alrededor del 130 a.C. Babilonia cayó en manos de los partos y se convirtió en ruinas.

Diversos arqueólogos han trabajado en el área de la famosa ciudad desde fines del siglo XIX. Entre sus fenomenales descubrimientos se encuentran:

- Una muralla de más de veintidós kilómetros de largo por cuarenta y dos metros de ancho, que circundaba la parte principal de la ciudad.
- Muchas puertas, siendo la más impresionante la de Ishtar, con sus 575 dragones, toros y leones esmaltados.

- La «calle procesional», que entraba en la ciudad por la puerta de Ishtar al norte, pasaba por el palacio real, y luego atravesaba la parte principal de la ciudad hasta el templo de Marduk, que tenía el título de «El Creador y Rey del Universo».
- El magnífico palacio decorado de Nabucodonosor, con el salón en el que se encontraba el trono, y un inmenso salón para banquetes.
- La base y el contorno de la infortunada torre de Babel.
- Las grandes ruinas de un área cuadrangular, que tal vez fueran los restos de la estructura de la base de los famosos Jardines Colgantes, una de las siete maravillas del mundo antiguo.

42) ¿Cómo fue la conquista de Jerusalén por los romanos, en el año 70 de nuestra era?

Querido lector, el terrible sitio de Jerusalén en el año 70 duró cinco meses y produjo sufrimientos indescriptibles. Durante ese período, 600.000 cadáveres fueron arrojados fuera de los muros de la ciudad. La peste y el hambre se encargaban de diezmar a cientos de personas diariamente, y muchas se colocaban en el camino de la sepultura aún antes de que llegara su hora. Cuando la ciudad cayó, se contaron cerca de 1.100.000 muertos; solo por una de sus puertas fueron retirados 115.000 cadáveres.

De los 97.000 sobrevivientes, muchos fueron entregados como «obsequio» a las provincias del imperio para que muriesen como gladiadores en las arenas; a otros miles se los llevó a realizar trabajos forzados en Egipto. Pero la mayor parte de ellos fueron llevados a Roma como esclavos para trabajar en la construcción del inmenso Coliseo, edificado a comienzos del año 72 d.C., e inaugurado en el 80 d.C. durante un centenar de días festivos.

En relación con la ciudad de Jerusalén y el gran templo de Herodes, la profecía de Jesús no podría haber sido más minuciosa: los fundamentos de los edificios se removieron, inclusive los del templo, y toda el área fue nivelada. No quedó allí «piedra sobre piedra».

Esto sucedió en el año 70 de nuestra era, pero hubo otra guerra relacionada con la expulsión del pueblo de Israel de su propia tierra.

Entre los años 132 y 135 d.C., los judíos intentaron nuevamente salir del pesado yugo romano, pero otra vez su terquedad casi los llevó a un exterminio total. Solo en las batallas cayeron cerca de 580.000 hombres, y otros miles perecieron de hambre en la ciudad fortificada de Bétera, mientras resistían con valentía la implacable destrucción llevada a cabo por los soldados romanos.

Además de reconstruir Jerusalén como una ciudad típicamente pagana, Adriano prohibió la práctica del judaísmo, so pena de muerte. Akiba fue capturado y desollado vivo y, al morir, exclamó: «Oye, Israel, el Señor es nuestro Dios, el Señor es único». Nuevamente, los mercados de esclavos se abarrotaron de judíos. Las autoridades romanas cambiaron el nombre Judea por Siria Filistea, de donde deriva la moderna palabra *Palestina*.

Eusebio de Cesarea, citando a Aristo de Pela, afirma que desde aquella época a toda la nación judía le fue totalmente prohibido, mediante decretos y mandatos de Adriano, entrar en las tierras vecinas a Jerusalén, de modo que no podían ver la tierra de sus padres ni aún a la distancia. «La ciudad de los judíos fue así reducida a un estado de abandono y totalmente despojada de sus antiguos habitantes, siendo también habitada por extranjeros. Se erigió allí la ciudad romana de Elia, poniéndosele ese nombre en honor al emperador Elio Adriano. Cuando se fundó la iglesia de los gentiles, el primer obispo posterior a la circuncisión fue Marcos.»

Humillados, disminuidos y marginados, los remanentes judíos se dedicaron al comercio, y cambiaron sus ambiciones políticas por las conquistas del espíritu, transfiriendo el centro de su cultura de Judea a Babilonia, donde los comentarios y las interpretaciones de la Biblia formarían más tarde el famoso Talmud.

43) ¿Por qué en Pérgamo se hallaba el trono de Satanás?

Pérgamo es la iglesia estatal. Veamos lo que dice el texto bíblico:

«Y escribe al ángel de la iglesia en Pérgamo: El que tiene la espada aguda de dos filos dice esto: Yo conozco tus obras, y dónde moras, donde está el trono de Satanás; pero retienes mi nombre, y no has negado mi fe, ni aun en los días en que Antipas mi testigo fiel fue muerto entre vosotros, donde mora Satanás. Pero tengo unas pocas cosas contra ti: que tienes ahí a los que retienen la doctrina de Balaam, que enseñaba a Balac a poner tropiezo ante los hijos de Israel, a comer de cosas sacrificadas a los ídolos, y a cometer fornicación. Y también tienes a los que retienen la doctrina de los nicolaítas, la que yo aborrezco. Por tanto, arrepiéntete; pues si no, vendré a ti pronto, y pelearé contra ellos con la espada de mi boca. El que tiene oído, oiga lo que el Espíritu dice a las iglesias. Al que venciere, daré a comer del maná escondido, y le daré una piedrecita blanca, y en la piedrecita escrito un nombre nuevo, el cual ninguno conoce sino aquel que lo recibe.» (Apocalipsis 2:12-17).

Esta carta a Pérgamo describe las condiciones de la iglesia en una época que va del año 313 al 590 d.C., cuando los cristianos ya no eran más perseguidos, sino que, por el contrario, eran honrados. Constantino concedió libertad de culto a los cristianos y puso a algunos de ellos en altos cargos de gobierno.

El resultado de la política imperial fue el acercamiento entre la iglesia y el mundo, que hasta entonces se habían mantenido separados. En esos nuevos tiempos para la iglesia, el obispo de Roma fue volviéndose cada vez más importante. Y cuando Rómulo Augusto fue destronado por los bárbaros en el 476 d.C., abriendo un vacío de poder en el imperio, el obispo romano fue quien se levantó como autoridad también dentro del mundo secular, preparando así el terreno para el surgimiento del futuro papado.

Es de notar que el Señor Jesús haya mencionado a Pérgamo como el trono de Satanás y no a Babilonia. ¿Cuál fue la razón? Busquemos las respuestas en las pistas que nos dan estas dos famosas ciudades.

Pérgamo era la ciudad más famosa de Misia. Se situaba en el valle del río Caico, a 25 km. del mar Egeo, lo que le confería gran importancia comercial y espiritual. Era considerada la ciudad natal del dios Júpiter. Bajo el dominio de los reyes átalos, la ciudad se llenó de templos, colegios y palacios reales. Uno de sus principales monumentos era un templo dedicado al dios Esculapio, representado por una serpiente.

La ciudad de Pérgamo era la sede del culto a cuatro dioses griegos: Zeus, Atenas, Dionisio y Asclepios, cuyos templos poseían una majestuosa belleza arquitectónica. La ciudad poseía también una antigua forma de adoración al diablo, y un antiguo culto babilónico (el culto de los magos), además de ser un centro de propagación del famoso culto al emperador.

El primer templo del culto imperial fue construido en el año 29 a.C., y dedicado a Augusto Cesar. Antes de que el apóstol Juan escribiera el libro de Apocalipsis, Antipas murió como mártir en Pérgamo.

44) ¿Qué papel ejerció la Inquisición en relación con los judíos?

El martirio de los judíos durante la vigencia de la Inquisición fue en particular en España y Portugal. Solo en Toledo, en pocas semanas, fueron quemados vivos 2400 hombres, acusados de infidelidad al catolicismo. Los que se decían estar arrepentidos de su falsa conversión alcanzaban la «misericordia» de un estrangulamiento en vida antes de ser arrojados a las llamas «purificadoras».

En Portugal, ese nefasto tribunal fue implantado en 1536, y actuó contra los judíos con tanta crueldad que el papa Pablo II envió una protesta, y el Concilio de Trento se tuvo que ocupar de la saña bárbara de los inquisidores de Lusitania (Portugal).

Pero el odio a los judíos no comenzó con la Inquisición y no era una característica exclusiva de los inquisidores, pues, al emanar de los poderes eclesiásticos, desbordaba en las masas fanatizadas, resultando siempre en sangrientas masacres.

El antisemitismo, sin embargo, no desapareció con las Cruzadas ni con la infame Inquisición, sino que continuó actuando en muchos lugares del mundo. En países del oriente europeo, los «apóstoles de la última fe verdadera» les provocaron celos a los inquisidores españoles y portugueses.

Refiriéndose a ese sombrío acontecimiento, el sabio judío de Volinia, Natan Ben Moshe Hannover, que se salvó huyendo a Ámsterdam, publicó en 1653, en Venecia, un relato en hebreo, informando al mundo sobre cómo morían los judíos de Polonia a manos de los cosacos y ucranianos:

«Les arrancaban la piel, y arrojaban su carne a los perros; les cortaban las manos y pies, y dejaban morir los cuerpos así mutilados; desgarraban a los niños por las piernas; asaban a los bebés y obligaban a las madres a tragar la carne de sus retoños; abrían el vientre de las mujeres embarazadas y con el feto que arrancaban golpeaban el rostro de las víctimas; a muchas les ponían gatos vivos en los vientres abiertos, y cosían el cuerpo con el gato dentro, cortándoles las manos a las infelices para que no pudieran arrancarse el animal, ni arruinar su existencia» (Marcos Margulles, Os Judeus na História da Rússia [Los Judíos en la Historia de Rusia] *Edições Bloch, Rio de Janeiro, 1971, p. 226).*

La lucha desesperada de los judíos por la conservación de su territorio no puede comprenderse sin el contexto de fondo de la historia. Los éxitos de las guerras contra los árabes y el aislamiento cada vez mayor de su país en el contexto de las naciones tienen sus raíces en los muchos sufrimientos de la Diáspora, en la que los guetos se convirtieron en el principal símbolo de la odiosa y humillante segregación racial y religiosa de la que fueron víctimas.

Pero los guetos no se convirtieron solo en el símbolo de la perversidad humana; muchos de ellos se transformaron literalmente en verdaderas sepulturas de numerosísimas comunidades, como la de Varsovia, por ejemplo.

Una de las profecías acerca de la restauración nacional de los judíos, dice: «Por tanto, profetiza, y diles: "Así ha dicho Jehová el Señor: He aquí yo abro vuestros sepulcros, pueblo mío, y os haré subir de vuestras sepulturas, y os traeré a la tierra de Israel. Y sabréis que yo soy Jehová, cuando abra vuestros sepulcros, y os saque de vuestras sepulturas, pueblo mío"» (Ezequiel 37:12-13).

45) ¿Cómo fue el cerco de Jerusalén del año 70?

Querido lector, he aquí las palabras de Jesús acerca de Jerusalén: «Porque vendrán días sobre ti, cuando tus enemigos te rodearán con vallado, y te sitiarán, y por todas partes te estrecharán, y te derribarán a tierra, y a tus hijos dentro de ti...» (Lucas 19:43-44a).

La población israelita de Palestina, en la época de esa guerra, era mucho mayor, según el testimonio de Flavio Josefo, quien registró con detalles las terribles consecuencias de la rebelión judía.

Los sitiadores emplearon la crucifixión a gran escala, colgando en maderos a todos los judíos capturados, hasta que se irguió un vasto bosque de cruces alrededor de Jerusalén y no quedó ningún árbol en los alrededores. Luego se esparció un rumor entre las legiones según el cual los fugitivos hambrientos se tragaban piezas de oro para recuperarlas posteriormente, en caso de que consiguieran escapar. Eso originó una nueva modalidad de exterminio: a golpes de espada, la tropa furiosa abría el vientre de sus víctimas, aún con vida, en la búsqueda de las supuestas joyas.

El terrible sitio de Jerusalén duró cinco meses, con sufrimientos indescriptibles. Durante ese período, 600.000 cadáveres fueron lanzados fuera de los muros de la ciudad. La peste y el hambre se encargaban de diezmar a centenares de personas diariamente, y muchas se ponían en el camino de la sepultura aún antes de que llegara su hora. Cuando la ciudad cayó, se contaron cerca de 1.100.000 muertos, y solo por una de sus puertas fueron retirados 115.000 cadáveres. De los 97.000 sobrevivientes, la mayor parte fue llevada a Roma. Muchos fueron obsequiados a las provincias del imperio para que muriesen como gladiadores en las arenas, en espectáculos públicos, y miles más continuaron realizando trabajos forzados en Egipto.

Con relación a la ciudad y al gran templo de Herodes, la profecía de Jesús no podía ser más minuciosa: los fundamentos de los edificios fueron removidos, inclusive los del templo, y toda su área quedó nivelada. No quedó allí «piedra sobre piedra».

Debo agregar aquí que del año 132 al 135, judíos fanáticos, bajo el liderazgo del rabino Akiba, se organizaron en heroicas legiones y enfrentaron con éxito fuerzas incomparablemente más numerosas. Pero el general romano Severo, en una fulminante operación de limpieza, devastó la tierra y dejó en situación precaria a los nuevos ejércitos organizados por Bar Kojba, a quien Akiba presentara como el Mesías. Cerca de 580.000 hombres cayeron solo en las batallas.

Como consecuencia de esta otra trágica revuelta nacionalista, nuevamente los mercados de esclavos se abarrotaron de judíos. Jerusalén fue reconstruida como una ciudad típicamente pagana. Adriano prohibió la práctica del judaísmo, so pena de muerte. Akiba fue capturado y desollado vivo y, al morir, exclamó: «Oye, Israel, el Señor nuestro Dios es; el Señor es el único». Los romanos cambiaron el nombre de Judea por Siria Filistea, de donde viene la moderna palabra *Palestina*.

46) ¿Qué es el sionismo y qué el antisemitismo?

En el año 70 de nuestra era, los romanos destruyeron el templo y arrasaron la ciudad de Jerusalén, y pusieron fin a la independencia de los judíos.

En las décadas siguientes, la mayoría de los israelitas que vivían en Judea fueron exiliados, pero nunca perdieron la esperanza de regresar a su tierra. Ese deseo ardiente siempre ha sido expresado de muchas maneras: cuando oran, los judíos lo hacen mirando hacia Jerusalén; cuando celebran la pascua, se dicen los unos a los otros: «El próximo año, en Jerusalén»; y cuando se casan, el novio recita: "Si me olvidare de ti, oh Jerusalén, pierda mi diestra su destreza"» (Salmo 137:5).

La conexión de los judíos con la *Eretz Israel* (Tierra de Israel) se manifiesta también de otras maneras. A lo largo de la historia siempre ha habido una presencia judía en Palestina. A fines del siglo diecinueve, cuando surgían por toda Europa movimientos nacionalistas y crecía también el antisemitismo, un periodista judío austriaco, Theodor Herzl, comenzó a organizar el movimiento nacional del pueblo judío, conocido como el movimiento sionista.

Con un lenguaje político moderno, el objetivo de ese movimiento era que se reconociera el derecho del pueblo de Israel a retornar a su antigua tierra y a establecer un estado independiente para el pueblo israelita. El único lugar adecuado para la creación de ese estado solo podría ser la tierra prometida.

Herzl elaboró su sueño en el libro *El Estado Judío*. Vislumbró un país próspero en el cual todos los habitantes, judíos o no judíos, pudiesen vivir en paz y con tranquilidad. Esta visión y sus consecuencias constituyen el eje del sionismo.

En cuanto al antisemitismo moderno, tiene raíces religiosas, ideológicas y sociales. En su sentido social, la complementariedad del proceso de emancipación en Europa Occidental y Central creó el telón de fondo para las fricciones que se produjeron entre los habitantes judíos y no judíos, realimentando el rechazo hacia los grupos «diferentes», que insistían en mantener su identidad aún bajo fuertes presiones: las circunstancias sociales, económicas e ideológicas.

Este rechazo muchas veces se transformó en odio, expresado en persecuciones y *pogroms* (linchamiento multitudinario, espontáneo o premeditado) aún más violentos que los de los períodos oscuros de la antigüedad y de la Edad Media, aunque ocurrieran en plena era de la Emancipación de los Derechos del Hombre y de los pueblos.

En resumen, el antisemitismo fue una forma mitológica notable de racismo a lo largo de los tiempos, pero como una expresión pseudo-racional de carácter ideológico que precipitó el Holocausto. Luego de este, el antisemitismo ganó mayor furia en una nueva forma que ha sido el odio hacia el Estado de Israel.

Ese odio a Israel se iguala a los de antes, pero con nuevos ingredientes políticos relacionados con el conflicto entre Israel y Palestina, y se produce a raíz del severo anti judaísmo que existe en los países árabes y en los segmentos más o menos fundamentalistas del Islam.

Capítulo 5

Religiones, sectas y ocultismo

47) ¿Qué es el antitrinitarismo?

Querido lector, los apologistas del siglo II hicieron la sabia defensa de una de las principales doctrinas cristianas: la Trinidad. O sea, la de un solo Dios en tres personas: el Padre, el Hijo y el Espíritu Santo. Y mantuvieron los dos principios de la doctrina: *Unidad de esencia* y *Trinidad de las personas divinas.*

Sin embargo, todo esfuerzo apologético no evitó que surgiesen muchas especulaciones y, consecuentemente, muchos errores. Uno de ellos fue el antitrinitarismo, también conocido como adopcionismo.

Esta herejía negaba las doctrinas de la Trinidad, la Divinidad de Cristo y la Encarnación del Verbo; y tenía como mentor a Teódoto, rico curtidor bizantino. Otros nombres ligados a la defensa y propagación del adopcionismo fueron el de un banquero llamado Teódoto, y el de un cierto Artémon. Se afirma que el obispo de Roma, Víctor I, aproximadamente en el año 190 habría condenado tanto a la secta como a sus fundadores. Cerca del año 210, Sabelio comenzó a enseñar acerca de la unidad de las personas o la unidad de las naturalezas de Dios. Así, el Padre, el Hijo y el Espíritu Santo serían solo tres aspectos o modos de un mismo Dios, el Padre. También el Padre se habría encarnado, nacido en Belén, predicado el evangelio, muerto en la cruz y resucitado. De allí la razón de los otros nombres dados a la secta, como monarquismo, *Patripassiens* y modalismo. En el primer caso fue por admitir la monarquía, o sea la unidad de las tres personas; en el segundo, por creer que el Padre sufrió en la cruz; y por último por reducir a las tres personas de la Trinidad a simples modos.

Estas doctrinas, lamentablemente, no murieron. Sobreviven en la actualidad parcialmente a través de los Testigos de Jehová, que niegan la divinidad de Cristo y del Espíritu Santo; y de los unitarianos, que solo bautizan en el nombre de Jesús y atribuyen a una sola Persona, el Padre, las manifestaciones del Hijo y del Espíritu Santo.

La Biblia enseña que las tres Personas de la Trinidad, a pesar de estar unidas, tienen funciones diferentes: en la Creación, el Padre planeó, el Hijo ejecutó y el Espíritu Santo vivificó. En la redención, el Padre planeó, el Hijo consumó y el Espíritu Santo aplica la salvación. En la iglesia, el Padre opera el todo en todos, el Hijo distribuye los dones ministeriales, y el Espíritu Santo reparte los dones espirituales (1 Corintios 12:4-6).

El Nuevo Testamento revela aún las manifestaciones de las tres Personas de la Trinidad:

En primer lugar, en ocasión del bautismo de Jesús (Mateo 3:16-17). Cuando Jesús emergía de las aguas, el Espíritu Santo descendió sobre él en forma corpórea de paloma, y el Padre habló desde el cielo, diciendo: «Este es *mi Hijo* amado, en quien tengo complacencia.»

En segundo lugar, en ocasión del martirio de Esteban: «Pero Esteban, lleno del *Espíritu Santo*, puestos los ojos en el cielo, vio la gloria de Dios, y a *Jesús* que estaba a la diestra de *Dios*» (Hechos 7:55).

En tercer lugar, las mismas tres Personas aparecen diferenciadas en la bendición apostólica: «La gracia del Señor Jesucristo, el amor de Dios y la comunión del Espíritu Santo sean con todos vosotros» (2 Corintios 13:14).

48) ¿Qué es el hinduismo?

Es difícil dar una idea amplia acerca de esta religión dentro de las limitaciones de nuestro espacio. Ciertamente volveremos a tratar este tema en otras ocasiones, pero por ahora expondremos lo siguiente.

El hinduismo es un sistema de creencias que muchas personas tienen en común. Usted se preguntará cómo una religión antigua puede abarcar tantas creencias diferentes, atraer a tantos grupos de personas con sus enseñanzas, y convertirse en un sistema que constituye una filosofía de vida.

Las religiones, como un todo, pueden ser comparadas con un gran número de árboles de un enorme jardín. Algunos son más antiguos, mayores y más lindos que otros, pero entre todos componen el jardín de las religiones de los hombres.

Existe un árbol, sin embargo, que es más bello que los demás. Es el único que tiene «frutos... para la sanidad de las naciones», como se lo presenta en Apocalipsis 22:2. Se trata del árbol del cristianismo.

El hinduismo tiene raíces en el animismo, y este, a su vez, tiene sus raíces en el monoteísmo de los tiempos de la creación. Por lo tanto, sería más exacto decir que el hinduismo es la religión más antigua de que se tenga conocimiento. Su historia se remonta a los días de Abraham.

Es difícil definir al hinduismo debido a la gran variedad de creencias que abarca. Algunos hindúes adoran a un tal dios Brahman, mientras que otros no creen en un dios personal. Algunos son vegetarianos y otros comen carne.

Para muchas personas, el hinduismo es una religión, y para otras es solo una filosofía de vida. Un ex presidente de la India dijo que el hinduismo es más una cultura que un credo.

La palabra *hindú* proviene de *sindhu*, el nombre en sánscrito del río Indo, de la India. Los hindúes llaman a su religión *Sanatana*

Dharma, que significa «religión eterna» o «verdad eterna». Incluye tanto las creencias religiosas como las ideas éticas.

En cuanto a la localización geográfica, se afirma que la India es el hinduismo y que el hinduismo es la India. La verdad, sin embargo, es que millares de hindúes habitan en otras partes del mundo. De los pueblos de la India, cerca del 84% son hindúes. Y, según el boletín de las Sociedades Bíblicas Unidas, hay en la India un 11,6% de musulmanes y cerca de un 2,4% de cristianos.

El hinduismo no tiene como fundador a un individuo. Es, en gran medida, una mezcla de creencias de los pueblos que migraron hacia aquella región. El pueblo ario, por ejemplo, migró al valle del río Indo. Sus costumbres y su religión se mezclaron con las tradiciones locales, y la cultura resultante vino a ser el «hinduismo clásico».

La palabra *aria* deriva del sánscrito, cuyo significado es «los nobles». Los arios surgieron de la región de Persia, en un período en el que los reinos locales competían entre ellos por el dominio sobre los demás. Entre el 1700 y el 1200 a.C. llegaron al Valle del Indo y conquistaron a los habitantes de las ciudades de aquella región.

49) ¿En qué cree el hinduismo?

El hinduismo posee una gran variedad de creencias. Estudiar esa religión es como nadar en un vasto océano de ideas. Cierto escritor dijo: «Los únicos aspectos de unificación del hinduismo son el carácter indio de la fe, ¡y la reverencia universal a la vaca!»

Escogí solo algunos tópicos para que podamos evaluarlo y compararlo con otras religiones, pero volveremos al tema en otra oportunidad.

Consideremos, en primer lugar, el concepto hindú de la deidad. Y aquí quisiera mencionar que existen algunas formas de la palabra *Brahman* que pueden dar origen a confusiones y que debemos aclarar. Todas derivan del sánscrito *brahmana*, que significa «una oración».

El brahmán es considerado la realidad primordial y suprema. El *brahmanismo* era la religión de la India en los tiempos de los upanishads y del budismo. Los brahmanes son sacerdotes de las castas y clases sociales altas.

Los upanishads (un escrito hindú reaccionario) adoptan el concepto de que el universo fue hecho de una materia que ya existía. Una escritura hindú original, el Rigveda, sin embargo, declara que el mundo vino de la nada. Ese concepto es semejante al relato bíblico de Hebreos 11:3: «Por la fe entendemos haber sido constituido el universo por la palabra de Dios, de modo que lo que se ve fue hecho de lo que no se veía».

A través de su larga historia el hinduismo ha cambiado sus conceptos de dios o de deidad. En sus comienzos partió del animismo, luego avanzó hacia el politeísmo, después cambió hacia un sistema de un dios triple y luego volvió al politeísmo.

Según *Los Vedas* (los cuatro textos más antiguos de la literatura india), los arios trajeron con ellos a sus dioses. *Varuna* era el dios del espacio y de la justicia. *Vishvarkarma* era aquel que hizo todas las cosas, y Suria era el dios del sol. *Indra* era el dios de las tempestades, de las nubes y las lluvias, el gobernante de la atmósfera.

El *Rigveda* tiene 250 himnos referidos a él. A continuación, reproduzco uno de ellos: «Indra sujeta firme el mundo amenazado por los demonios. Mató a los demonios con un rayo, con el cual también hirió a las nubes. Hizo a las aguas descender de las nubes del cielo. ¡Oh, tú, que manejas los rayos! Oh, sabio, lanza todas las armas contra nuestros enemigos. Aumenta el poder y la gloria de los arios».

En cuanto a la vaca sagrada, algunas personas creen que ese animal está suelto para que se destruya solo, sufra y pase hambre en las carreteras secas de la India. Los hindúes niegan semejante idea. Mahatma Gandhi, hablando a favor de la protección de las vacas, dijo que ella es: «el hecho central del hinduismo, la creencia concreta que todos los hindúes tienen en común. Por medio de la vaca el hombre aprende a reconocer su unión con todo aquello que tiene vida. Es la madre de millones de indios, una poesía de misericordia y el símbolo vivo de la generosidad otorgada a toda la humanidad».

Alimentar a una vaca es, para los hindúes, un acto de adoración. Su estiércol es usado como combustible, revestimiento de suelos de madera, cimiento y remedio. Aún su misma orina es usada en los ritos de purificación.

50) ¿Qué vendría a ser el Brahmán en la religión hindú?

Al responder esta pregunta, me gustaría examinar aún más algunas doctrinas del hinduismo.

Comencemos con el dios Brahmán. Según los upanishads, es considerado la única realidad. Es eterno, no tiene pasado, presente ni futuro; es infinito, asexual y totalmente impersonal. Todos los demás seres del universo son una expresión de él. Aun así, el dios Brahman no es considerado una persona, sino un principio del universo. En esa condición, él es su propio universo. Como se podrán dar cuenta, se trata de una doctrina panteísta.

El Maitri-upanishad dice: «Verdaderamente, en el principio de este mundo existía Brahmán, el ilimitado, extendiéndose para el este, para el norte y en todas direcciones. Aquella alma suprema e incomprensible nunca nació, no se puede concebir de ella, y no se puede razonar al respecto; su alma es el espacio».

En el período del hinduismo popular, del 1000 al 1750 d.C., la religión cambió su énfasis. Se comenzó a adorar a un número menor de dioses, pero se decía que estos se preocupaban más por los problemas del hombre. Surgieron las esposas de los dioses, y a algunas comenzaron a rendirles tanta devoción como a sus cónyuges. En ese período, dios fue revelado en el *Trimurti*, tres formas, cada una con su propio dios: Brahmán, el creador; Shiva, el destructor; Visnú, el preservador.

A Brahmán los hindúes lo respetan como el creador, pero hay muy pocos templos dedicados a él. Sus estatuas tienen cuatro rostros barbudos y cuatro brazos. La adoración a él, según parece, declinó con el transcurso del tiempo. A su esposa, Sarasvati, se la llamó la diosa de la ciencia y de la sabiduría.

Al dios Shiva se lo llama el destructor. Es el dios de la muerte, de la destrucción y de la enfermedad. Es un dios especial para los ascéticos, porque destruye la carne de un modo apropiado para ese estilo de vida. En el arte hindú tiene un tridente. Los ascéticos llevan un tridente o se pintan tres líneas en el rostro.

Shiva es el dios de la muerte y también de la fertilidad. Hay actos sexuales, por lo tanto, que forman parte de su culto. Los devotos deben practicar la meditación, estudiar con un gurú y repartir un *mantra*. La consorte de Shiva es la diosa Kali, aún más terrible que su marido. Usa una cadena de calaveras, desgarra la carne de sus víctimas y bebe su sangre. Algunos alegan que tiene conexión con la ciudad de Calcuta.

El tercer dios del Trimurti es Visnú. Se lo conoce como un dios de amor, de gracia y de perdón. Se declara que él ya apareció nueve veces en la tierra y que vendrá una décima y última vez a poner fin al mundo. Sus seguidores son célebres por el profundo amor a su dios; se escriben cánticos para alabarlo.

Kabir y Nanak, fundadores del siquismo, eran poetas de la secta de Visnú. El Bhagavad-gita, el gran poema hindú, declara que Krishna era avatar, o sea, la encarnación de Visnú. Es el dios del movimiento Hare Krishna.

A partir del siglo XV ese movimiento se esparció por todo el mundo. Sus miembros esperan mediante el estudio, el entonar mantras de Krishna y la meditación, alcanzar la «conciencia de Krishna».

51) ¿Qué innovaciones doctrinarias se introdujeron en la iglesia católica?

Querido lector, demos una mirada a la iglesia en el período de Tiatira, caracterizada por muchas innovaciones. La lista es larga, pero destacaremos las siguientes:

- En el año 600, Gregorio I introduce el nombre de la «virgen» en las «invocaciones» de «ora pro nobis». Escribe el oficio de la misa, uniforma el culto en las iglesias occidentales y establece el uso universal de la lengua latina. De todas esas reglamentaciones, surge el uso del incienso, las reliquias de los santos, las velas y la oficialización de las imágenes a través de cuadros y estatuas.

- En el año 610 la obra de Gregorio es consumada por Bonifacio III, que sustituye en el «Panteón de Roma» las divinidades del paganismo por los llamados «santos».
- En el año 615 se instituye la tonsura sacerdotal.
- En el 709 comienza la costumbre de besar los pies del Papa.
- En el 740 Gregorio III recomienda la absolución del penitente luego de la confesión.
- En el 752 Esteban II, obispo de Roma, es el primer Papa en ser trasladado en una silla (silla gestatoria) sobre los hombros.
- En el 754 el Concilio de Constantinopla condena la adoración a las imágenes y la invocación a la virgen y a los santos.
- En el 789 el Concilio de Roma anatematiza al Concilio de Constantinopla y manda que se veneren las imágenes.
- En el 871 la campana, usada en Roma desde el año 604, se oficializa en las iglesias de Oriente.
- En el 850 surge el agua bendita.
- En el 884 Adriano III instituye la canonización de los santos.
- En el 965 Juan XIII instituye la costumbre de bautizar las campanas.
- El Papa Gregorio VII, en el año 1075, ordena a todos los obispos, prelados y demás clérigos que abandonen a sus mujeres e hijos. El Concilio lateranense confirma la «Ley del celibato» para los sacerdotes, decretada por Calixto II.
- En 1227 Honorio III hace una modificación al culto, ordenando la «elevación y la adoración de la hostia».
- En 1229 se decreta la prohibición de la lectura de la Biblia por los laicos en el Concilio de Tolosa.
- En 1230 el rosario, que ya usaba el islamismo en la India, se adopta en las iglesias para realizar cadenas de oraciones.
- En el siglo XIII, Santo Domingo introduce el acto de rezar el rosario.

- En 1231 el papa Gregorio IX ordena el uso de la campanita en el culto.
- En 1245 el Concilio de Lyon prescribe a los cardenales el uso de capas y sombreros escarlata, a fin de que demuestren su disposición a derramar su propia sangre si fuese necesario.
- En 1264 el papa Urbano IV instituye la festividad del «Corpus Cristi» y la respectiva fiesta de la «Octava», fundamentándose en la revelación recibida por una monja. Con ello da inicio a la evolución de la doctrina conocida con el nombre de «eucaristía».
- En 1439 el Concilio de Florencia establece que son siete los sacramentos de la iglesia romana.
- En ese mismo año, el Concilio de Basilea declara que la doctrina de la Inmaculada Concepción de María es contraria a la fe cristiana. Luego la iglesia de Roma condena formalmente a ese concilio.
- En 1476, por orden del papa Sexto IV, es solemnemente festejada, por primera vez, la «Inmaculada Concepción» de María.
- En 1478 el mismo Papa autoriza la institución de la «Santa Inquisición», atendiendo el consejo del arzobispo de Sevilla.

52) ¿Qué es el gnosticismo?

El apóstol Pablo se preocupó ante la presencia de gnósticos en la iglesia de Colosas, y el apóstol Juan se refirió a ellos en su primera Epístola. Diciéndose poseedores de un profundo conocimiento espiritual, los gnósticos redujeron el cristianismo a un sistema filosófico, ya que basaban sus pretensiones en una interpretación perversa de 1 Corintios 2:6-8:

«Sin embargo, hablamos sabiduría entre los que han alcanzado madurez; y sabiduría, no de este siglo, ni de los príncipes de este siglo, que perecen. Mas hablamos sabiduría de Dios en misterio, la sabiduría oculta, la cual Dios predestinó antes de los siglos para nuestra gloria, la que ninguno de los príncipes de este siglo conoció; porque si la hubieran conocido, nunca habrían crucificado al Señor de gloria».

Gnosticismo viene de la palabra griega «*gnosis*», que significa conocimiento, ciencia. Los gnósticos se oponían a la simplicidad de la fe cristiana. Se consideraban pensadores profundos e intentaban explicar mediante sus filosofías los misterios de la creación y el problema del mal. Para ellos había tres tipos de personas: los instruidos o espirituales, que eran ellos mismos; los cristianos comunes, en quienes se equilibraban la materia y el espíritu; y, finalmente, los paganos o materialistas, en los cuales el espíritu era subyugado por la materia.

Aplicada al cristianismo, la herejía gnóstica enseñaba que Jesús, al ser bautizado en el Jordán, recibió un «*eón*», o sea, una entidad superior, que hizo de él un enviado de Dios, capaz de llevar a los hombres a la verdadera «gnosis», o evangelio de la redención. Según ellos, el mundo fue creado por el último «*eón*», o demonio, que arrebató una chispa de la plenitud divina, con la que le dio vida a la materia.

Los principales gnósticos fueron: Valentín, egipcio, que predicó en Roma entre los años 135 y 160. Luego se retiró a Chipre, donde fundó una secta. Carpócrates, contemporáneo de Valentín, que ordenó que su hijo Epifanio (que falleció joven y lleno de vicios) fuese honrado como un dios dentro de su secta. Era afecto a los desórdenes sensuales. Marcio, también contemporáneo de Valentín, que llegó a Roma procedente del Ponto cerca del 135 a.C., rompió con la iglesia cristiana y fundó una secta. Se afirma que se oponía al Antiguo y al Nuevo Testamento, llamando al Antiguo «obra del Dios justo», y al Nuevo «obra del Dios bueno».

Los gnósticos, en realidad, nunca dejaron de existir. Están presentes hoy en diversas sociedades secretas en muchas partes del mundo, inclusive en el Brasil, donde realizan sesiones y divulgan sus doctrinas a través de la prensa. Una página de autoría del «Venerable Maestro de los Misterios Mayores», Gancha Cuichini, afirma: «Aprendimos a cumplir la voluntad del Padre, tanto en el cielo como en la tierra. Para eso, la procreación en nosotros se verifica por obra y gracia del Espíritu Santo, o sea, de Nuestro Señor Jehová, el cual nos dirige, y en una de nuestras uniones de magia sexual permite la fecundación de nuestra esposa o sacerdotisa por obra y gracia del Espíritu Santo, a través de la acción de un solo gen. De esta forma, el parto será sin dolor y ese hijo de la luz será un nuevo bienaventurado para la gloria del Padre».

53) ¿Cómo no guardar la ley moral de Dios referida a los diez mandamientos si fue pronunciada y escrita por Dios y guardada dentro del Arca del Pacto?

Mi querido lector, en ninguna de las 400 veces que la palabra «ley» aparece en la Biblia se hace una distinción entre ley moral y ley ceremonial. La ley es una, y Cristo la cumplió plenamente por nosotros.

En cuanto al hecho de que debe ser observada por haber sido escrita por Dios, igualmente deben ser observados hoy todos los mandamientos considerados «ceremoniales», como la pascua, las primicias, el día de la expiación y otros, pues fueron igualmente establecidos por Dios. La única diferencia es que, a pedido del mismo pueblo, que no podía soportar oír la voz divina, Dios habló a Moisés o a Aarón, y ellos al pueblo.

El hecho de que los diez mandamientos hayan sido escritos por Dios no significa que el decálogo sea más importante que la parte restante de la ley. El apóstol Pablo, refiriéndose específicamente a las tablas de piedra, afirma que ellas representaban el «ministerio de muerte, grabado con letras en piedra» (2 Corintios 3:7-14).

La eterna ley de Dios fue escrita por Él no en tablas de piedra sino en tablas de carne: las del corazón. Es la «ley del Espíritu de vida en Cristo Jesús» (Romanos 8:2). Mucho antes de que Dios diera a Israel los diez mandamientos, todos ellos ya tenían conciencia de lo que debían hacer porque estaban consustanciados con la naturaleza del mismo Creador en lo que respecta a la santidad y a la justicia.

Es interesante notar que el antiguo pacto, representado por las tablas de piedra como se refleja en las palabras de Jeremías 31, fue «invalidado» por Israel. De allí la promesa de un nuevo pacto, cuyo mediador sería Cristo.

El autor de la Carta a los Hebreos comenta lo que dice el profeta Jeremías: «Al decir: Nuevo pacto, ha dado por viejo al primero; y lo que se da por viejo y se envejece, está próximo a desaparecer» (Hebreos 8:13). Por lo tanto, nunca en la Biblia se menciona a las tablas de piedra como la ley sino como símbolo de la ley en su conjunto. Es a esa ley a la que Pablo hace referencia como el «ministerio de muerte» grabado con letras en piedra, o antiguo pacto «el cual por Cristo es quitado».

Fíjense que el apóstol no hace ninguna distinción entre ley «moral» y «ceremonial», pues al afirmar que Cristo abolió el antiguo pacto hace referencia justamente a las tablas de piedra.

El hecho de que las tablas de piedra fueran guardadas en el Arca del testimonio no significa que sean más importantes que el resto de la ley, porque eran las tablas del pacto.

La Biblia afirma: «Y pondrás en el arca el testimonio que yo te daré» (Éxodo 25:16). «Y dio a Moisés, cuando acabó de hablar con él en el monte de Sinaí, dos tablas del testimonio, tablas de piedra escritas con el dedo de Dios» (Éxodo 31:18). «Y volvió Moisés y descendió del monte, trayendo en su mano las dos tablas del testimonio, las tablas escritas por ambos lados; de uno y otro lado estaban escritas» (Éxodo 32:15). «Y pondrás el altar de oro para el incienso delante del arca del testimonio, y pondrás la cortina delante a la entrada del tabernáculo» (Éxodo 40:5).

54) En Mateo 19:17-19 Jesús manda guardar los mandamientos y cita el decálogo. ¿Cómo se entiende?

Es interesante observar, mi querido lector que, luego de citar algunos mandamientos contenidos en el decálogo, en Mateo 19:19, Jesús menciona un mandamiento de Levítico 19:18 que no estaba dentro del arca sino fuera de ella.

Si el decálogo debía ser guardado porque Jesús citó mandamientos de él, también debía ser guardada la parte ceremonial, pues Jesús citó mandamientos que formaron parte de ella. En cuanto a la expresión «mandamientos de Dios» y a la afirmación de que cómo Cristo abolió la ley, entonces todo el mundo es salvo, responde la Palabra de Dios: «...a judíos [a quien fue dada la ley] y a gentiles [que desconocían la ley], que todos están bajo pecado» (Romanos 3:9).

Los mandamientos de los que habla Eclesiastés 12:13 no forman parte del decálogo, pero sí de la ley espiritual y perfecta, que se extiende a todas las acciones internas y externas de los hombres, y que nunca podrá ser cambiada ni aniquilada.

Esta ley moral es aquella que revela la voluntad de Dios en cuanto a los deberes de los hombres para con su Creador y para con su semejante, su prójimo, mejor de lo que lo hacen los diez mandamientos. En Lucas 10:33-37 está ejemplificada, y fue escrita inicialmente en el corazón y en la conciencia de los hombres para que estos, por el uso propio de sus facultades racionales y morales, pudieran llegar al conocimiento de todo su deber.

Con respecto a Romanos 4:15, destáquese que la Biblia afirma que antes de la ley ya existía el pecado, y que el pecado existe donde la ley no es conocida. Pero el conocimiento de la ley vuelve al pecado especialmente virulento, solo para condenar aún más al pecador. «Y si lo que no quiero, esto hago, apruebo que la ley es buena» (Romanos 7:16).

En la maravillosa dispensación de la gracia, Dios incluyó a todos los seres humanos bajo pecado, para usar con todos ellos misericordia. Ahora ya no es más la ley la que muestra la virulencia del pecado, sino el Espíritu Santo, que convence al mundo de pecado y nos guía a toda verdad.

La Biblia destaca lo siguiente:

- La ley contrasta con la gracia: Bajo esta, Dios confiere la justicia que bajo aquella él exigía. La ley elogia lo bueno, pero la gracia salva lo malo.
- La ley es, en sí misma, santa, justa, buena y espiritual.
- Ante la ley todo el mundo es culpable y, por lo tanto, ella es necesariamente un ministerio de condenación, muerte y maldición divina.

- Cristo se llevó la maldición de la ley, y redimió al creyente tanto de la maldición como del dominio de ella.
- La ley no justifica al pecador, ni tampoco santifica al creyente.
- El creyente se encuentra, a su vez, muerto para la ley y redimido de ella; de manera que no está «bajo la ley sino bajo la gracia».
- Bajo la nueva alianza de la gracia, el principio de obediencia a la voluntad de Dios opera en el interior del creyente. Lejos de encontrarse en la anarquía de la propia voluntad, el creyente está «en la ley de Cristo», y la nueva «ley de Cristo» es su deleite.

En resumen, la gracia es mucho más exigente que la ley. El verdadero creyente bajo la gracia es siempre un deudor tanto a Dios como a todas las personas.

55) ¿En qué sentido la ley de Dios es transitoria?

Querido lector, al presentar a Cristo como fin de la ley, el Nuevo Testamento cumple la profecía de Jeremías, que afirma:

He aquí que vienen días, dice Jehová, en los cuales haré nuevo pacto con la casa de Israel y con la casa de Judá. No como el pacto que hice con sus padres el día que tomé su mano para sacarlos de la tierra de Egipto; porque ellos invalidaron mi pacto, aunque fui yo un marido para ellos, dice Jehová. Pero este es el pacto que haré con la casa de Israel después de aquellos días, dice Jehová: Daré mi ley en su mente, y la escribiré en su corazón; y yo seré a ellos por Dios, y ellos me serán por pueblo. Y no enseñará más ninguno a su prójimo, ni ninguno a su hermano, diciendo: Conoce a Jehová; porque todos me conocerán, desde el más pequeño de ellos hasta el más grande, dice Jehová; porque perdonaré la maldad de ellos, y no me acordaré más de su pecado (Jeremías 31:31-34).

Comentando esta profecía, el autor de la Carta a los Hebreos registra: «Al decir Nuevo pacto, ha dado por viejo al primero; y lo que se da por viejo y se envejece, está próximo a desaparecer» (Hebreos 8:13).

El antiguo pacto estaba sujeto a ser invalidado por una de las partes pactantes: Dios o Israel. Es evidente que Dios fue fiel, mientras que los israelitas no; ellos transgredieron el pacto, lo invalidaron y violaron.

La Biblia afirma la transitoriedad de la ley con estas palabras:

«Y no como Moisés, que ponía un velo sobre su rostro, para que los hijos de Israel no fijaran la vista en el fin de aquello que había de ser abolido. Pero el entendimiento de ellos se embotó; porque hasta el día de hoy, cuando leen el antiguo pacto, les queda el mismo velo no descubierto, el cual por Cristo es quitado. Y aun hasta el día de hoy, cuando se lee a Moisés, el velo está puesto sobre el corazón de ellos» (2 Corintios 3:13-15).

El nuevo pacto se basa en la fe en Jesús y es incomparablemente superior al antiguo. En primer lugar, porque su religiosidad brota de un corazón perdonado y regenerado, independiente de sus impulsos exteriores. En segundo lugar, porque la voluntad divina, atestiguada antes en tablas de piedra, está ahora grabada en las tablas del corazón. En tercer y último lugar, porque el conocimiento de Dios, impartido ahora de un modo diferente de cómo se lo impartía en el antiguo pacto, en el Nuevo Testamento se convierte en una experiencia viva y profunda, definida por Pablo en esta frase: «Pero nosotros tenemos la mente de Cristo».

El pacto de la ley, por lo tanto, era transitorio. Los cristianos no estaban (nunca estuvieron ni están) obligados a su cumplimiento, razón por la cual el apóstol Pablo advierte: «Así que ya no nos juzguemos más los unos a los otros...». La nueva ley, bajo la cual están los creyentes, es la «ley del Espíritu de vida en Cristo Jesús» que nos libra «de la ley del pecado y de la muerte» (Romanos 8).

El mismo apóstol afirma a los corintios, refiriéndose a los gentiles: «...a los que están sujetos a la ley (aunque yo no esté sujeto a la ley) como sujeto a la ley, para ganar a los que están sujetos a la ley» (1 Corintios 9:20).

56) ¿Cuál era la finalidad de la Ley de Moisés a la luz del Nuevo Testamento?

Mi querido lector, tal vez en ningún otro pasaje de la Escritura el objetivo de la ley esté tan bien explicado como en la Carta a los Gálatas. El apóstol Pablo pregunta para qué es la Ley, y en seguida responde:

Fue añadida a causa de las transgresiones, hasta que viniese la simiente a quien fue hecha la promesa; y fue ordenada por medio de ángeles en mano de un mediador.

Y más adelante:

De manera que la ley ha sido nuestro ayo, para llevarnos a Cristo, a fin de que fuésemos justificados por la fe.

Aunque fue escrita para nuestro bien, la ley no consiguió justificar a nadie. Por el contrario, fue el blanco de muchas transgresiones y culpas que debían llevar a los hombres a conocer su propia miseria e impotencia y, partiendo de allí, humillarse delante de Dios, arrepentirse y ser salvos mediante la fe. Pero la ley no tenía poder para hacer eso. Dice la Biblia: «Y que por la ley ninguno se justifica para con Dios, es evidente, porque: El justo por la fe vivirá» (Gálatas 3:11).

Un teólogo británico expresó correctamente la finalidad de la ley, al afirmar que en cierto sentido ella era un instrumento perfecto enviado para revelar al hombre su desorden moral:

Si me pusiera delante de un espejo con mi ropa desarreglada, este me mostraría mi desprolijidad, pero no arreglaría mi ropa. Si yo pusiera sobre un muro torcido una plomada, esta mostraría lo torcido de la pared, pero no la arreglaría. Si yo saliera una noche oscura con una luz, esta me mostraría todos los obstáculos y dificultades que se encuentran en el camino, pero no los removería.

Además, ni el espejo, ni la plomada ni la luz crean los males que me muestran; ni los crean ni los alejan, solo los revelan. Lo mismo acontece con la ley: no crea el mal en el corazón del hombre, pero tampoco lo quita; solo lo revela con infalible exactitud.

La ley, por lo tanto, les sirvió a los israelitas como un tutor, un maestro, hasta que la fe llegara. Pero ahora que llegó la fe no estamos más sujetos al tutor.

Aun el apóstol afirma que la ley sinaítica, dada 430 años después de Abraham, no invalidó la promesa de Dios hecha a aquel patriarca: «Mas la Escritura lo encerró todo bajo pecado, para que la promesa que es por la fe en Jesucristo fuese dada a los creyentes» (Gálatas 3:22).

Cristo, el único que cumplió plenamente toda la ley mediante una obediencia perfecta, se convirtió en el «mediador de un nuevo pacto, para que interviniendo muerte para la remisión de las transgresiones que había bajo el primer pacto, los llamados reciban la promesa de la herencia eterna» (Hebreos 9:15).

Sirviéndose de dos palabras griegas: *anti*, que significa «contra» y *nomos*, que significa «ley», Lutero inventó el término «antinomismo», que quiere decir: contra la ley. Aunque el reformador alemán usaba ese neologismo con respecto a los demás, él mismo nunca se consideró un antinomiano. Lutero y otros reformadores dejaron bien en claro que, aunque fuésemos salvos solo por la fe en Cristo, una vez salvos habríamos de cumplir la ley. Por lo tanto, no practicamos buenas obras a fin de ser salvos sino porque somos salvos.

57) ¿Cuáles eran los dioses y los santos del paganismo?

Queridísimo lector, la principal diferencia entre el cristianismo y el paganismo radica en que en este los mediadores son muchos, mientras que en el cristianismo hay «un solo mediador entre Dios y los hombres, Jesucristo hombre» (1 Timoteo 2:5).

La mitología greco-romana enseñaba que había dioses mayores o superiores, y dioses menores o inferiores. Se creía que los superiores poseían todo el poder y los inferiores poderes limitados, y que servían de mediadores entre aquellos y los hombres. La característica principal del paganismo era que tenía una enorme cantidad de divinidades y un verdadero ejército de mediadores.

Lamentablemente, la Roma papal entró por el mismo camino del paganismo, y perdió su distinción cristiana al canonizar una larga lista de santos y constituirlos mediadores y abogados entre Dios y los hombres.

Aunque los católicos romanos no dieron a sus supuestos santos el nombre de dioses o semidioses, como la mitología greco-romana lo hacía, es innegable el hecho de que muchos hombres y mujeres muertos, cuyas almas según se creía estaban en el cielo, recibieron un verdadero culto religioso, semejante en muchos aspectos al de la mitología clásica, a su vez heredada del paganismo babilónico. En una evidente apostasía, el romanismo atribuyó a sus santos los mismos poderes de mediación que el paganismo confería a sus semidioses.

Entre los paganos, se creía en la posibilidad de que una persona fuera canonizada si se hacía notable por sus hechos, tales como invenciones, conquistas o cualquier otra gran realización que beneficiara al género humano, pudiendo entonces servir como intermediaria en favor de los hombres, junto con las divinidades superiores. Todos los filósofos paganos hablan de ello, tal como lo registró un historiador:

Los semidioses son inteligencias intermediarias por medio de las cuales nuestras oraciones y necesidades llegan al conocimiento de los dioses. Son mediadores entre los habitantes de la tierra y los del cielo. Ellos llevan nuestras oraciones y traen a la tierra los favores implorados; van y vuelven como portadores de las súplicas de los hombres, y de los auxilios de parte de los dioses.

Este era el credo del paganismo, que, en nada, salvo en el nombre, difiere del credo del romanismo en lo que concierne a la intercesión de los santos. Cuando la iglesia romana cree que entre los miembros de su congregación hay individuos tenidos por piadosos o ilustres, en razón de ciertos poderes milagrosos que tienen, sostiene que pueden ser canonizados y contados entre sus santos como mediadores entre Dios y los hombres. Cree que poseen influencia suficiente con Dios como para obtener de él los favores solicitados y que, por lo tanto, son competentes o idóneos para acoger nuestras oraciones y súplicas, según declaró el Concilio de Trento con estas palabras: «Los santos que reinan juntamente con Cristo ruegan a

Dios por los hombres; y es bueno y útil invocarlos humildemente y recurrir a sus oraciones, intercesiones y auxilios».

Así, podemos percibir que los comienzos del romanismo pagano y del romanismo papal son una y la misma cosa, no habiendo diferencia sino en los nombres de los objetos de invocación.

58) ¿Cómo fue que la iglesia de Roma se volvió tan poderosa?

A comienzos del siglo IV de la era cristiana, Constantino Magno decretó que nadie más sería molestado por pertenecer a la fe cristiana. A la iglesia le pareció una gran victoria, pero en realidad fue el comienzo de un proceso de paganización tan bien gestado en el infierno que hasta hoy intenta alejar a la iglesia romana más y más de la Biblia Sagrada.

Este proceso de paganización llegó tan lejos que el Concilio de Tolosa, en 1229, prohibió al pueblo en general, so pena de muerte, la lectura de la Biblia.

En tiempos de Constantino, el fin anhelado por la corte imperial era establecer una uniformidad en la religión. Así cuando se descubrió que muchos paganos se conformarían exteriormente con el cristianismo si se les permitía conservar en particular el culto a sus divinidades tutelares, les fue dado el permiso para ello, modificando los nombres de Júpiter a Pedro, y de Juno a María. De esa manera, los paganos supuestamente convertidos al cristianismo, continuaron adorando a sus antiguas imágenes luego de que estas fueran bautizadas con nombres cristianos.

Según Seymour, los escritos de aquellos tiempos ponen en evidencia lo siguiente:

Se cree que esa fue una medida muy sabia y un golpe de hábil política, que tendía a producir la uniformidad religiosa entre las masas ignorantes. La invocación de Juno se transformó en la de María; las oraciones dirigidas a Mercurio fueron entonces dirigidas a Pablo. No se logra entender cómo la simple sustitución de los nombres Mercurio o Apolo por los de Damián o Cosme, o los dos nombres de Minerva o Diana por los de Lucia o Cecilia, pueda cambiar el carácter esencialmente idólatra de la práctica.

Un pasaje de la Enciclopedia de Fosbroke nos informa acerca del mismo hecho con mayores detalles: «Los gentiles se deleitaban en las fiestas de sus dioses y no querían renunciar a ellas. Por eso Gregorio (Taumaturgo), que falleció en el año 265 y que era obispo de Neocesarea, instituyó fiestas anuales para facilitar su conversión. Fue así que las festividades cristianas sustituyeron a las bacanales y saturnales; los juegos de mayo sustituyeron a las florales (juegos en honor a Flora), y las fiestas de la virgen María, de San Juan Bautista y de diversos apóstoles tomaron el lugar de las solemnidades que se celebraban a la entrada del sol, según los signos del zodíaco, de acuerdo con el antiguo calendario juliano».

Sobre la veracidad de estas afirmaciones no puede caber la menor duda, pues aun hoy es evidente la coincidencia de algunas fiestas cristianas con las del paganismo.

La Biblia afirma que solo Jesucristo, como único mediador entre Dios y los hombres, puede perdonar pecados y conducir al hombre a su Creador. Él dijo: «Yo soy el camino, y la verdad y la vida; nadie viene al Padre si no es por mí» (Juan 14:6). Y Hechos 4:12 señala: «Y en ningún otro hay salvación; porque no hay otro nombre bajo el cielo, dado a los hombres, en que podamos ser salvos».

59) ¿Quiénes fueron los judaizantes?

Las herejías datan de los orígenes del cristianismo, siendo una de las primeras la de los judaizantes. Estos se oponían a la expansión del evangelio y, como no podían detenerlo, intentaban obligar a los cristianos a que guardasen los preceptos mosaicos.

El apóstol Pablo se opuso con vehemencia a ese movimiento espurio. Su Carta a los Gálatas es un triste testimonio de la forma en que los judaizantes lograron alejar a algunos nuevos creyentes del evangelio de la gracia hacia un legalismo muerto, denominado por Pablo «otro evangelio». «Estoy maravillado de que tan pronto os hayáis alejado del que os llamó por la gracia de Cristo, para seguir un evangelio diferente.» Y agrega: «Mas si aún nosotros, o un ángel del cielo, os anunciare otro evangelio diferente del que os hemos anunciado, sea anatema» (Gálatas 1:6-8).

Los judíos, acostumbrados a un formalismo tradicional durante siglos, al convertirse, tuvieron ciertas dificultades para admitir la doctrina bíblica de la justificación mediante la fe, según se las explicó el apóstol Pablo a los gentiles: «Porque por gracia sois salvos por medio de la fe; y esto no de vosotros, pues es don de Dios; no por obras, para que nadie se gloríe» (Efesios 2:8-9).

El pernicioso intento de unir la ley con la gracia resultó en prácticas anti bíblicas tomadas más tarde por algunas iglesias locales, posteriormente llamadas «iglesias irregulares», las que contribuyeron a la formación del catolicismo romano.

Con la propagación del cristianismo por todas partes, principalmente luego de las dos grandes derrotas de los judíos en el año 70 y en el 135 d.C., los judaizantes perdieron gran parte de su influencia. Se organizaron más tarde en pequeñas sectas, siendo la principal de ellas la de los ebionitas, o iglesia de los pobres, que subsistió hasta el siglo V.

En la era moderna, los sabatistas, surgidos a mediados del siglo XIX en los Estados Unidos, son en cierto sentido los continuadores de los antiguos judaizantes, debido a sus intentos de asociar los preceptos judíos con la fe cristiana, como por ejemplo el de guardar el sábado.

Sin embargo, querido lector, el nuevo pacto, sellado con la sangre de Jesús, es incomparablemente superior al antiguo, por los siguientes motivos:

Primero, su religiosidad, que brota espontáneamente de un corazón perdonado y regenerado, no depende de estímulos externos. Segundo, la voluntad divina, revelada en el pasado sobre tablas de piedra, ahora está gravada en las tablas de nuestro corazón. Tercero, se adquiere el conocimiento de Dios de un modo diferente del que era impartido en el antiguo pacto; en el nuevo pacto se trata de una experiencia viva y profunda, magistralmente definida por Pablo en esta frase: «Mas nosotros tenemos la mente de Cristo» (1 Corintios 2:16).

Por lo tanto, el pacto de la ley, hecho exclusivamente con los israelitas, fue transitorio. Los cristianos no están obligados a su cumplimiento, razón por la cual el apóstol Pablo advierte: «Por tanto, nadie os juzgue en comida o en bebida, o en cuanto a días de fiesta, luna nueva o días de reposo.» (Colosenses 2:16).

60) ¿Es bíblico el bautismo infantil?

Aún en los comienzos del cristianismo, luego de que el bautismo pasó a ser considerado un medio de salvación mediante la herética doctrina de la regeneración bautismal, surgieron otras prácticas anti bíblicas. Concluían que si el bautismo realmente lavaba los pecados debía llevarse a cabo lo más temprano posible. De allí el origen del bautismo infantil. Este, sin embargo, solo fue aceptado por algunas iglesias a fines del siglo IV.

Las doctrinas de la regeneración bautismal y del bautismo infantil provocaron, según J.M. Carril, la primera gran división del cristianismo, en el año 251, cuando las iglesias fieles se manifestaron contrarias a las que practicaban tales errores. Conviene resaltar que el cristianismo oficializado en Roma en el tiempo de Constantino no fue el que permaneció fiel a las doctrinas apostólicas sino el constituido por las iglesias irregulares. Los verdaderos cristianos, desde esa época, pasaron a ser doblemente perseguidos, tanto por el Imperio como por los falsos cristianos, o cristianos nominales, no regenerados.

A pesar de ser constantemente amenazada por los errores doctrinales, la iglesia creció sobremanera en los primeros tres siglos, llegando a preocupar a los líderes laicos del Imperio Romano. Y aún después de Constantino, continuó victoriosa a través de los siglos oscuros de la Edad Media, perseguida ferozmente por los falsos cristianos centralizados en las dos capitales del Imperio: Roma y Constantinopla.

Con respecto al bautismo, transcribo aquí para el lector la nota al pie de la Biblia Explicada, que muestra la diferencia entre el bautismo ordenado por Juan y el ordenado por Jesús:

- El primero pertenecía a la dispensación de la ley: se trataba de una ceremonia judía de purificación, usada también para recibir prosélitos, la cual fue practicada por Juan el Bautista, por sus discípulos y aún por los discípulos de Jesús, para recibir a los que se mostraran arrepentidos de sus pecados.

- El segundo, el bautismo cristiano, fue ordenado por Jesús luego de su resurrección. Esto es ya en la dispensación de la gracia, a la cual pertenece, y durará hasta que Cristo vuelva a arrebatar a su iglesia.
- El bautismo cristiano representa, principalmente, la muerte del bautizado al mundo (al sumergirse), y su resurrección para Dios: el nacimiento (al emerger).
- A la luz de la clara enseñanza de las Escrituras, el bautismo solo debe ser impartido a la persona que cree en el evangelio, se arrepiente de sus pecados, recibe a Jesús como su Señor y Salvador personal, y realmente muestra la disposición de vivir una nueva vida. ¿Cómo podría un niño recién nacido cumplir con tales requisitos?

Por otro lado, conviene destacar que el bautismo no salva. El pecador arrepentido debe ser bautizado siempre que sea posible, pero hay muchos casos en los que el convertido no tiene forma de recibir ese mandamiento de Jesús. El ladrón crucificado que se convirtió no fue bautizado, y hay otros tantos que recibieron a Jesús poco antes de morir que tampoco fueron bautizados; sin embargo, recibieron un bautismo más importante: fueron inmersos por el Espíritu Santo en la iglesia, como cuerpo de Cristo.

61) ¿Cómo realizaba el paganismo los sacrificios humanos?

Querido lector, dentro del sistema babilónico, el sol, la luna, los demás astros y la lluvia recibían culto. Muchos fundadores de las ciudades también fueron divinizados por los habitantes, como Asur, el padre de los asirios, y Nimrod, de Babilonia. Y para que los dioses parecieran reales les hacían imágenes que los representaban, adorando luego esas imágenes como dioses.

De este modo, el hombre se precipitó del monoteísmo original a un abismo de innumerables cultos idólatras politeístas, algunos de ellos indescriptiblemente viles y abominables, como la práctica nefasta de quemar vivos a bebés inocentes.

En Canaán, Tiro y Sidón, el más popular de todos los dioses era Baal (que quiere decir «señor»). Era considerado la fuente de la vida y de la fertilidad, y por eso todas las colinas y montañas eran dedicadas a los ídolos de Baal, especialmente en los pueblos agrícolas.

«En Sidón, ese dios era conocido como Baal Melkart. Lo consideraban el dios del fuego y del poder, siendo su símbolo un hacha de guerra. Su diosa y esposa se llamaba Asera... Baal Melkart era sinónimo de todas las formas de inmoralidad y desviación sexual, de materialismo y de lujuria. Cuando Jezabel fue escogida como novia de Acab, rey de Israel, ella determinó que habría de entregar a su marido y al pueblo de Israel como sacrificio a sus dioses.»

Excavaciones realizadas en Megido, que queda cerca de Samaria, sacaron a la luz que sobre el techo del templo de Acab, las ruinas de un templo de Astarté, había otra diosa de Siria y de Canaán, también esposa de Baal. Los templos de ambos comúnmente no se encontraban muy lejos.

A pocos metros del templo de Astarté había un cementerio, donde se encontraron muchos jarros que contenían despojos de niños sacrificados en aquel templo. Esto muestra lo que era el culto a Baal. «Los profetas de Baal y de Astarté eran asesinos oficiales de niños pequeños. Ello aclara la razón de la matanza de Elías, y nos ayuda a comprender por qué Jehú se mostró impiadoso hasta lograr el exterminio del baalismo.»

Sin embargo, la práctica del sacrificio de niños no es tan remota como parecería a simple vista. Algunos misioneros cristianos se enfrentan en la actualidad con templos que presentan escenarios semejantes en muchos países en los que el evangelio de Cristo no es conocido. En la Polinesia, por ejemplo, hay padres que han sacrificado a cinco, siete, diez y hasta diecinueve de sus hijos a los ídolos paganos. Y las mismas madres cuidaban el sacrificio: sus hijos recién nacidos.

En el ritual diabólico, los pobres e inocentes bebés morían de muchas maneras: enterrados vivos, ahogados con un paño mojado o mediante la rotura de todas sus articulaciones, una a una, comenzando por los dedos de las manos, luego de los pies, luego de los brazos, las piernas, y así sucesivamente. Si con todas esas torturas no morían entonces eran sofocados. Se trataba de una muerte lenta, llena de refinamientos de innombrable perversidad, teniendo por verdugos a las propias madres, ¡y a todo eso se lo llamaba heroísmo santo!

62) ¿La adoración a una virgen con un niño en brazos procede de la antigua Babilonia?

Querido lector, por más increíble que parezca, el culto a la virgen madre y al niño dios también tiene su origen en Babilonia.

De acuerdo con las leyendas que narran los comienzos de Babilonia y sus enseñanzas religiosas, Semíramis, la esposa de Nimrod, era hija de la diosa-pez Derceto y de un joven sirio. Luego del trágico asesinato de Nimrod, Semíramis, aun siendo virgen, dio a luz a Tamuz. En este hijo, según la propia Semíramis, había reencarnado su esposo.

Luego, Semíramis proclamó la divinidad de su marido, afirmando que, como su estimado hijo era el mismo padre reencarnado, ¡ella era la «madre de dios»! Y aún dijo que su hijo Tamuz había sido destinado a liberar a la raza humana del yugo tiránico del creador.

El sistema religioso de Babilonia tenía como objeto de culto al Supremo Padre, a la mujer como la Reina del Cielo y a su hijo. Los dos últimos eran realmente los únicos objetos de culto, ya que el Supremo Padre, según se creía, no intervenía en los asuntos de los mortales. De esas antiguas enseñanzas procedería, entonces, el culto a la virgen-madre y al niño dios.

En los días de Nimrod, ese «culto» mantenía subyugada a toda la especie humana, pues todos hablaban la misma lengua y eran un solo pueblo. Luego, cuando los pueblos se dispersaron, el culto babilónico se esparció hasta los confines de la tierra. Fue después de ese tiempo que Dios, pretendiendo traer al hombre hacia sí, escogió a Abraham para que representara al Verdadero Dios entre las naciones.

Confirmando los registros históricos y legendarios de Babilonia, la arqueología ha descubierto entre las ruinas de esa ciudad imágenes de una madre con un niño en su regazo, que son los objetos del culto pagano más antiguos. Algunas de esas imágenes pertenecen a una época que se aproxima a los dos mil años antes de Cristo.

Los mismos ídolos que representan a la madre y al hijo fueron también descubiertos en el Tíbet y en la China, lugares en los que tales imágenes eran adoradas siglos antes de la era cristiana. Se descubrió además que los mismos antepasados romanos habían adorado, entre otros dioses, a una virgen y a un niño en forma de Venus y de Cupido.

Los investigadores de las doctrinas babilónicas y de la influencia de esas doctrinas sobre las antiguas religiones afirman que la cuaresma, la pascua, la Navidad y otras celebraciones fueron instauradas por los fundadores de Babilonia. Estas celebraciones, vinculadas a determinadas estaciones del año, se practicaron muchos siglos antes de Cristo, pero con otros nombres.

La Navidad, por ejemplo, se celebraba en honor al nacimiento del hijo de Semíramis, Tamuz, y más tarde en honor al nacimiento del sol. La pascua era una fiesta en honor a la diosa Ishtar. El viernes santo era el día de lamentación y lloro por la muerte de Tamuz, a quien habían martirizado. Los idólatras israelitas de los días de Ezequiel cometieron la gran abominación de «llorar por Tamuz». El actual feriado religioso del 25 de marzo se celebraba en honor al nacimiento de Semíramis, y el día 8 de septiembre en memoria de su asunción.

63) ¿Qué clase de dios era Tamuz en el paganismo?

Mi querido lector, de la unión entre Nimrod y Semíramis nació Tamuz, pero con un detalle significativo: la «diosa» permaneció «virgen». Aquí se encuentra, tal vez, el primer intento satánico de darle un falso cumplimiento a la profecía bíblica relativa al nacimiento de Jesús de una virgen, anunciada siete siglos antes de Cristo.

Las figuras de la madre con su hijo en el regazo, comenzando por Semíramis y Tamuz, están presentes también en otras culturas, como Astarté y Baal, Afrodita y Eros, Venus y Cupido, Isis y Osiris, Isa e Ishwara, Cibeles y Dionisio, Fortuna y Júpiter, Irene y Pluto. En la Biblia del padre Mattos Soares, traducida de la Vulgata Latina, se registró la versión griega de Tamuz, que es Adonis.

Tamuz es el tipo de dios que muere y resucita, personificando las fuerzas vivas de la naturaleza. Muere junto con los calores estivales y resurge en la primavera. Según algunos, era conocido en Sumeria cerca de 3000 años antes de Cristo, pero aún aparece como hijo del matrimonio fundador de Babilonia, luego del diluvio. Su influencia penetró posteriormente en otras naciones y hasta en el mismo recinto del templo de Jerusalén:

Entonces él me llevó para la entrada de la puerta norte de la casa del Señor. Allá vi mujeres sentadas, llorando por Tamuz. Él me dijo: ¿Ves eso, hijo de hombre? Verás prácticas aún más repugnantes que esta. Él entonces me llevó para dentro del patio interno de la casa del Señor, y allí, a la entrada del templo, entre el pórtico y el altar, había unos veinticinco hombres. De espaldas al templo del Señor, y con los rostros vueltos al oriente, se postraban en dirección del sol. Él me dijo: ¿Viste eso, hijo de hombre? ¿Serán comunes esas prácticas repugnantes para la nación de Judá? ¿Deberán también llenar la tierra de violencia y continuamente provocarme ira? ¡Mira! ¡Están poniendo la rama cerca de la nariz! Por eso con ira los trataré; no los miraré con piedad ni los perdonaré. Aunque griten en mis oídos, no los oiré.

Comentando este texto, el Pontificio Instituto Bíblico de Roma afirma:

Parece que los veinticinco representantes de las veinticuatro clases sacerdotales se unían al sumo sacerdote, aunque el carácter sacerdotal de ellos no esté expresamente indicado. Aquellos que debían honrar al único Señor le daban la espalda en el santuario, a fin de mirar hacia el oriente y adorar al sol, que era una de las divinidades principales de los babilonios. Fue restaurado su culto, abolido por Josías (cf. 2 Reyes 23:11).

«Llevan la rama a la nariz»: Traducción común, aún incierta, según la cual el texto aludiría al rito usado en el culto solar de los

persas, de llevar ante su boca un pequeño mejunje de hierbas sagradas para no contaminar con la impureza del hálito la atmósfera del sol naciente. Con más probabilidad, es una alusión al rito de llevarse a la nariz una raíz desconocida, símbolo de la vida, como para aspirar la virtud mágica, rito expresado en la literatura y en los monumentos del antiguo Oriente.

Mi querido lector, nunca debemos olvidar que la Babilonia espiritual habita dentro del hombre natural. En todas las épocas hemos visto señales e indicios de estos sucesos satánicos.

64) ¿Qué tipo de influencia pagana existe en las fiestas navideñas?

El cristianismo originario de Roma avanzó tanto en su intento de cristianizar la navidad babilónica, que terminó consagrando hasta al mismo pino como símbolo navideño, sin desconocer, por cierto, que ese era el árbol preferido de Tamuz y que en la antigua Roma los ciudadanos colgaban máscaras de Baco, dios del vino, en los pinos para conmemorar la fiesta pagana «Saturnalia», cuya fecha coincidía con la del nacimiento del sol.

Esa tradición de los romanos y babilonios estaba presente en la antigua civilización egipcia, que consideraba la datilera como el árbol de la vida y lo llevaban a sus casas los días de fiesta, adornándolo con dulces y frutas para los niños.

Afirman conocedores en el tema, que la Biblia se refiere la navidad pagana cuando afirma: «Porque las costumbres de los pueblos son vanidad; porque leño del bosque cortaron, obra de manos de artífice con buril. Con plata y oro lo adornan; con clavos y martillo lo afirman para que no se mueva» (Jeremías 10:3-4).

Otro aspecto pagano de la Navidad es la fecha del 25 de diciembre, rechazada por muchos estudiosos de la historia y la cronología bíblicas. Aunque tenga importancia capital porque marca el inicio de la era cristiana, la fecha del nacimiento de Jesús aún no fue satisfactoriamente definida. Así, hasta el siglo III, en Egipto y Palestina el nacimiento de Jesús se conmemoraba el día 20 de mayo; y en otros lugares el día 6 de enero, o el 25 o 28 de marzo.

El emperador Aureliano estableció en el año 275 d.C. la conmemoración obligatoria de la navidad del Sol Invicto el día 25 de diciembre, fecha que fue adoptada por la iglesia romana a partir del año 336 para la conmemoración del nacimiento de Jesús, en reacción al paganismo.

Argumentan los entendidos que el nacimiento de Jesús probablemente haya sido entre la segunda mitad de marzo y la primera mitad de abril, cuando hace calor en Palestina, y no en diciembre, época en la que el fuerte frío desaconsejaría la iniciativa imperial de realizar el empadronamiento. Refuerza ese argumento el hecho de que los pastores estaban en el campo la noche del nacimiento de Jesús. Es posible que, debido al calor, los rebaños permaneciesen en el corral durante el día, a la sombra, y los apacentaran entonces a la noche.

Cabe aquí una rápida reflexión acerca de la conocidísima figura de Papá Noel. El nombre viene del francés, y literalmente significa «Padre Noel». Aunque algunos lo consideran solo una leyenda, se cree que existió de verdad, siendo uno de los descendientes de San Nicolás, que en el siglo IV fue obispo católico de Myra, una ciudad del Asia Menor, hoy Turquía. Su historia comienza en el 270 d.C., en Patras, ciudad cercana a Myra, y termina el 6 de diciembre del 342 d.C., cuando muere. Durante su vida hizo una peregrinación a Tierra Santa, ocasión en la que el navío en que viajaba no naufragó gracias a sus fervientes rezos, razón por la que se convirtió en el patrono de los marineros y pescadores.

Papá Noel, sin embargo, no fue conocido con ese nombre. Nunca vivió en el polo Norte, no vestía ropas de color rojo ni botas negras. Tampoco andaba en trineo ni llevaba en la espalda una bolsa con obsequios.

65) ¿Qué influencia ejerció Babilonia en las grandes religiones del Oriente?

La cristiandad no evangélica de nuestros días adoptó muchas enseñanzas extrañas a la fe cristiana, como la señal de la cruz en forma de T, que usaban los caldeos y egipcios en los misterios babilónicos;

la cabeza rapada; las monjas, que imitaban a las vírgenes vestales de Roma, también oriundas de la idolatría babilónica.

Nos impresiona saber que el sintoísmo japonés, como fragmento de la idolatría babilónica, posee por lo menos dieciséis puntos de contacto con el catolicismo romano: la adoración a las imágenes; las lenguas muertas en los rituales; las velas; el incienso; las misas por los muertos; el rosario de cuentas; las vanas repeticiones en la oración; el celibato de los clérigos; las monjas; la adoración de las reliquias; el sistema de mérito mediante penitencias; las curias sacerdotales; las procesiones; la adoración a los santos; la adoración a las flores; la adoración a Kwan Yin, la diosa de la gracia, que corresponde a María.

No obstante, mi querido lector, la más pura forma de idolatría babilónica no se encuentra en el Japón sino en el Tíbet. Cuando la impía Babilonia cayó, algunos de sus defensores llevaron su idolatría al Tíbet. «Visitantes modernos se sorprenden de que, aunque ningún misionero ha obtenido el permiso para entrar en el Tíbet en toda la historia de ese país, aun así, los tibetanos tienen agua bendita, incienso, adoración a una virgen y a un niño, monjes, monjas, monasterios y vestimentas clericales exactamente iguales a las del catolicismo romano.»

A fin de probar el origen babilónico del culto católico, Álvaro Reis (escritor brasileño) nos proporciona dos valiosos testimonios.

El primero, del padre Huc que viajó a Tartaria, al Tíbet y a la China. Y escribió lo siguiente:

La cruz, la mitra, la dalmática, la capa pluvial que el Gran Lama (sumo sacerdote o papa) viste cuando está de viaje o durante la celebración de cualquier ceremonia fuera del templo; el servicio de coros en dúo, la salmodia; los exorcismos; el incensario suspendido por cinco cadenas, que se puede abrir y cerrar a voluntad; las bendiciones pronunciadas; el rosario; el celibato; los eclesiásticos; los retiros espirituales; el culto a los santos; los ayunos; las procesiones; las liturgias; el agua bendita. En todo ello existen analogías entre los budistas y nosotros.

El segundo testimonio es el de James F. Clark, que registró lo siguiente:

Monjes budistas tomaban entonces (200 años a.C.), tal como ahora, los mismos votos de celibato, pobreza y obediencia que toman los miembros de todas las órdenes romanistas...

Rapaban sus cabezas, vestían la capa de fraile atada a la cintura con una cuerda, y mendigaban de casa en casa, llevando consigo un recipiente de madera para recibir arroz cocido. Los antiguos monasterios de la India contienen capillas y celdas para monjes. La estructura de esos monasterios muestra claramente que el sistema monástico de los budistas es demasiado antiguo como para ser la copia de los monasterios cristianos.

¡Estremece, mi querido lector, que tanta gente continúe siendo engañada en pleno siglo XXI, y practique una religión pagana pensando que está sirviendo a Cristo!

66) ¿En qué consiste la secta Hare Krishna?

De entre los libros sagrados de aquella religión pagana, el Bhagavad-gita de los Vedas, registra, según sus adeptos, las palabras habladas por Dios. Evidentemente, el paganismo babilónico, en su afán de confundir a los pueblos e imitar la religión verdadera, no podía prescindir de una falsa biblia; para ellos, la misma palabra de Krishna, dios omnisciente, omnipotente, todopoderoso, todo atractivo, el padre que da la semilla para que se reproduzcan todos los seres vivos, la energía sustentadora de toda la creación.

Prácticamente en todos los lugares donde la secta Hare Krishna se establece se producen incidentes entre sus líderes y la policía, que proceden mayormente de las quejas presentadas por padres cuyos hijos han abandonado su hogar y familia para irse tras la comunidad de la «conciencia de Krishna».

En todo el mundo son muchos los registros en las comisarías de las graves acusaciones de ex adeptos a la secta contra sus sacerdotes, como las presentadas por la joven norteamericana Susana Murphy, de 18 años, que desertó del movimiento por acusarlo de realizar prácticas inhumanas y hostiles hacia las mujeres: «En el templo de Boston se les da a las mujeres los restos de comida que dejan los hombres. A las mujeres se las alimenta como a perros».

En Río de Janeiro, el estudiante Mauro Antonio Guerra, ex Krishna convertido al evangelio, afirma en su testimonio que los monjes inducen a sus discípulos a dejar a los padres y a todos los que no son seguidores de aquella secta hindú.

La Asociación Internacional para la Conciencia de Krishna fue establecida en Occidente en 1966. Si no fuera por la violenta reacción que causó en todo el mundo, la «Asociación» difícilmente se habría destacado de entre los innumerables grupos orientales. A sus discípulos se los instruye en la sabiduría védica y se los involucra en la abundante mitología del hinduismo.

Krishna, el dios supremo del movimiento, es descrito como el reservorio de todo el placer. Aparece en la vasta literatura de la «Asociación» al lado de su esposa, la «consorte eterna» Srimati Radharani, que es el sumun del placer de él, o la potencia de él mismo en su interior. Los hare krishna creen en la reencarnación y enseñan que los animales, aun los insectos más despreciables, poseen alma inmortal como los seres humanos.

A fin de conocer mejor a su divinidad, los que recién se inician practican el ascetismo, que es también una costumbre pagana importada de Babilonia, y pasan por un verdadero proceso de lavado de cerebro. El devoto no come carne, pescado ni huevos; no toma té, ni café, ni alcohol; no fuma, no se droga, no juega ni mantiene relaciones sexuales fuera del matrimonio. En la búsqueda de la «pureza física y mental» cantan interminablemente el mantra, al son de pequeños tambores, repitiendo miles de veces por día: «Hare-Krishna», «Hare-Krishna».

Todo en la secta forma parte de un terrible proceso de despersonalización del ser humano, que queda así reducido a una «máquina de rezar» o a un «robot que repite mantras». Los adeptos así «renacidos» adoptan otro nombre (generalmente hindú) al bautizarse, y reniegan de sus propios padres, parientes y amigos más allegados, ¡considerándolos simplemente muertos o inexistentes!

67) ¿Qué relación existe entre las divinidades femeninas del pasado y la virgen María?

Querido lector, luego del diluvio, las fuerzas del mal gravitaban en torno de Babilonia, dando como resultado la torre de Babel y la confusión de las lenguas. Babel se convirtió en la sede de la gran apostasía. La dispersión, luego de la confusión de las lenguas, dio origen a las naciones, según Génesis 11:7-9.

Esa dispersión, además, se produjo cuando Satanás instauró en esos pueblos el virus de una doctrina que ha sido la fuente de todas las falsas religiones que se conocen en el mundo. Pues fue en Babilonia donde surgió el culto pagano inventado por Nimrod y Semíramis (quien afirmaba que había tenido a su hijo en estado virginal, y de quien ella también consideraba ser la prometida, «simiente de la mujer», en cumplimiento de Génesis 3:15).

Luego de que las naciones fueron esparcidas, según Génesis 11:1-9, Babilonia comenzó a ser el «trono de Satanás» hasta que Jerjes tomó la ciudad en el 487 a.C. El sacerdocio babilónico se vio obligado entonces a dejar Babilonia, estableciéndose en Pérgamo, que pasó a ser la sede del «culto» por algún tiempo.

Cuando Atalo, el pontífice y rey de Pérgamo, murió en el 133 a.C., la sede del sacerdocio babilónico fue entregada por él como herencia a Roma. Finalmente, el primer emperador romano se convirtió en la cabeza del sacerdocio babilónico, y Roma la sucesora de Babilonia. Los emperadores romanos continuaron sosteniéndolo por 400 años, hasta el 376 d.C., cuando el emperador Graciano lo rechazó como cristiano al percibir la naturaleza idólatra del culto babilónico.

Dos años más tarde, Dámaso, obispo de la iglesia de Roma, fue elegido para el oficio de sumo pontífice de la Orden Babilónica, y fue allí que Roma incorporó en la iglesia cristiana el sistema religioso de Babilonia. Así, el obispo de Roma, que más tarde llegó a ser el jefe supremo de la iglesia organizada, se convirtió también en el supremo pontífice de la Orden Babilónica.

Al poco tiempo, la doctrina babilónica comenzó a ser inapelablemente introducida en el seno de la organización religiosa cristiana a través del paganismo romano. Poco después de que Dámaso fuera nombrado sumo pontífice, los ritos de Babilonia comenzaron a hacerse evidentes. El culto se fue «babilonizando cada vez más», restauraron y adornaron los templos paganos y volvieron a realizar los rituales.

Los cambios producidos en la iglesia romana como resultado de esa unión no fueron repentinos. Entre las primeras alteraciones resultantes podemos destacar la introducción del culto a la virgen María, establecido en el 381 d.C.

En el culto babilónico, la mujer y el hijo eran los grandes objetos de adoración, pues no se adoraba al dios supremo por el hecho de que no tenía conocimiento de los asuntos de los seres humanos. Lo mismo sucede hoy en la iglesia romana, donde el culto al Rey Eterno e Invisible está prácticamente extinguido, mientras predomina la adoración a María, como «madre de Dios», y a su hijo.

En 1854, los obispos de todo el mundo cristiano, representantes de los puntos más distantes de la tierra, se reunieron en Roma y decretaron, con el protesto de solo cuatro de los participantes, que María, la «madre de Dios», había muerto, resucitado de entre los muertos y ascendido al cielo; por eso debía ser adorada en lo sucesivo como virgen inmaculada, «sin pecado concebida».

68) ¿Quién fue Baal, el dios que se menciona varias veces en el Antiguo Testamento?

La figura de Baal surge dentro de la religiosidad babilónica que estaba volcada hacia las fuerzas vivas de la naturaleza, las cuales terminaron siendo divinizadas. El sexo, por ser un medio de reproducción de la vida, desempeñó un importantísimo papel religioso, particularmente en Babilonia. La liturgia solo era la descripción de las relaciones sexuales entre los dioses, mediante las cuales, según los babilonios, todas las cosas vinieron a existir.

Dentro del sistema babilónico, el sol, la luna, los demás astros y la lluvia también recibían adoración. Los fundadores de las ciudades también fueron divinizados por los habitantes, como Asur, el padre de los asirios, y Nimrod, de Babilonia. Para que los dioses parecieran reales les hacían imágenes que los representaban, siendo después estas mismas adoradas como dioses. La Biblia lo menciona: «Y cambiaron la gloria del Dios incorruptible en semejanza de imagen de hombre corruptible, de aves, de cuadrúpedos y de reptiles» (Romanos 1:23).

De este modo, el hombre se precipitó del monoteísmo original a un abismo de innumerables cultos idólatras politeístas, algunos de ellos indescriptiblemente viles y abominables, como la práctica nefasta de quemar vivos a bebés inocentes.

En Canaán, Tiro y Sidón el más popular de todos los dioses era justamente Baal (que significa «señor»). Se lo consideraba la fuente de la vida y de la fertilidad, y por eso todas las colinas y montañas se dedicaban a los ídolos de Baal, especialmente en los pueblos agrícolas. Excavaciones realizadas en Megido, cerca de Samaria, descubrieron en la fachada del templo de Acab, ruinas de un templo de Astarté, otra diosa de Siria y de Canaán, también esposa de Baal. Comúnmente los templos de ambos no se encontraban muy distantes.

A pocos metros del templo de Astarté había un cementerio, donde se encontraron muchos recipientes que contenían despojos de niños sacrificados en ese templo. Ello muestra lo que era el culto a Baal. «Los profetas de Baal y de Astarté eran asesinos oficiales de niños pequeños. Esto aclara por qué Elías los mató, y nos ayuda a comprender por qué Jehú se mostró impiadoso hasta lograr el exterminio del baalismo.»

Sin embargo, la práctica del sacrificio de niños no es tan remota como parece. Los misioneros cristianos se enfrentan actualmente a tales escenas en los templos de muchos países donde el evangelio de Cristo no es aceptado.

En la Polinesia, por ejemplo, hubo padres que sacrificaron a cinco, siete, diez y hasta diecinueve hijos a los ídolos paganos. Y las mismas madres cuidaban el sacrificio: sus hijos recién nacidos.

En el ritual diabólico, los pobres e inocentes bebés morían de muchas maneras: enterrados vivos, ahogados con un paño mojado, o mediante la rotura de todas sus articulaciones, una a una, comenzando por los dedos de las manos, luego de los pies, luego de los brazos, las piernas, y así sucesivamente. Si con todas esas torturas no morían, entonces, eran sofocados. Se trata de una muerte lenta, llena de refinamientos de innombrable perversidad, teniendo por verdugos a las propias madres. ¡Y a todo eso lo llamaban heroísmo santo! Ese falso dios Baal recibió un culto especial en todo el mundo antiguo. En Israel, el Baal introducido por Acab en los días del profeta Elías, fue Melkart, de la ciudad fenicia de Tiro.

69) ¿Cuáles eran las divinidades de la antigua Babilonia?

Querido lector, podría citar a los dioses Marduk, Melkart y Camos, este último de Moab, como algunas de las muchas representaciones paganas que tenía Nimrod. Se dice que se adoraba al dios griego Centauro, representado por un caballo con cabeza de hombre y un arco en la mano, en memoria de Nimrod, que fue el primer cazador, y el primer hombre en usar un caballo para la caza y la guerra.

El famoso Nimrod, según la religión de la impía Babilonia, se casó con Semíramis, que es la diosa cuyo nombre aparece en la Biblia y en la literatura antigua como Astarté, Isis, Ishtar, Afrodita, Venus, Diana y otros. La imagen de esta última, en Éfeso, con su corona de torres en la cabeza, representaba a la mujer y era adorada como la diosa de la fortificación, por haber sido la primera en fortificar Babilonia con muros y torres.

Astarté es la misma Ishtar de Babilonia, la diosa de la estrella de la mañana, la Venus de la guerra y del amor. Como diosa del amor, Astarté patrocinaba la voluptuosidad y la fecundidad. Poseía una personalidad tan rica que muchas otras diosas acabaron fundiéndose en ella, de tal modo que la Biblia, al nombrar a todas las divinidades femeninas locales, habla de «astartes» en plural. «No obstante, la Escritura no desconoce que Astarté fue la diosa tipo, la reina del cielo, quien ejerció en todos los tiempos su poder seductor sobre el temperamento femenino.» En la Biblia se la cita en diversos pasajes (cf. Jueces 2:13; 10:6; 1 Samuel 7:3-4 y otros).

En el reinado de Darío, Persia tenía a Ahura-Mazda como la

divinidad suprema, en honor a quien se construyeron grandes templos. Ello no impidió que existieran otras divinidades, como el famoso Baal, siempre reclamando sacrificios humanos; Tamuz; Astarté (diosa de la luna, cuya imagen era ornamentada diariamente con joyas y vestidos nuevos, siempre blancos y transparentes). Esta poseía una corte de vírgenes que, por cierto, de vírgenes tenían muy poco.

Un historiador afirma que en el templo de la diosa «se realizaban festines orgiásticos, en los que los sentidos se satisfacían de las formas más extrañas. Ciertamente, los templos de los dioses persas, especialmente en Babilonia, eran auténticos prostíbulos». El rey Darío no pudo impedir que los persas continuaran las costumbres de Babilonia, principalmente las costumbres disolutas del Babel de la Biblia que contaminaba a sus vencedores, como los persas...» El historiador Otto Neubert escribió: «Las costumbres depravadas de Babilonia no encontraron nada igual; no se volvieron tradicionales en ningún otro pueblo».

Parece increíble, pero el *estriptis* moderno tiene su origen directamente en Babilonia, cuyo culto a la principal diosa consistía en una «magia erótica» de carácter empírico, parodia de un rito babilónico: la diosa Ishtar desvistiéndose. Este rito se llevaba a cabo mediante un *estriptis* en ciertos templos de Babilonia, pero con un valor sagrado: representaba la visita de la diosa a los infiernos.

«A medida que descendía a los círculos infernales, iba quitándose la ropa. Ese ritual danzante simbolizaba el amor, liberado gradualmente de sus apariencias y artificios, para explotar en el ser total, desnudo y puro... Muchas de las sacerdotisas llegan al espasmo durante la "ceremonia". Estos espasmos, que explotan en el fluido erótico, se localizan en diversos puntos del cuerpo...».

70) ¿Cómo era el culto a la reina del cielo en el Antiguo Testamento?

Querido lector, en muchas religiones antiguas se diseminó la costumbre de hacer tortas, tartas o pasteles en honor a los dioses. Estos alimentos, que se consumían en los rituales, tenían los símbolos o efigies de sus divinidades, siendo la principal de ellas la reina del cielo.

Conocida en Babilonia como Ishtar, la reina del cielo tuvo su culto en Jerusalén, instaurado durante el reinado de Manasés, bisabuelo de Joacim. Ya era conocido por los hebreos mucho antes de la época de Manasés, pues ellos la descubrieron como una de las principales divinidades de Canaán cuando conquistaron ese país.

Los fenicios la veneraban como patrona de Sidón y como protectora de sus embarcaciones, en cuyas proas ostentaban su efigie, en la que sostenía una corona en su mano derecha. Del mismo modo, algunos automóviles modernos la llevaban sobre la tapa del radiador. Flavio Josefo hace referencia a un templo de la reina del cielo, levantado por Hiram, siendo uno de sus sacerdotes el padre de la vil Jezabel, esposa de Acab, y responsable de la terrible idolatría que asoló a Israel.

En varios textos bíblicos se menciona el culto a la reina del cielo, especialmente en Jeremías 44:15-19, donde leemos lo siguiente en la versión italiana de monseñor Carlo Marcora:

Entonces, todos los que sabían que sus mujeres quemaban incienso a otros dioses, y todas las mujeres que estaban presentes, en gran número, y todo el pueblo que vivía en Egipto, y en la región de Patros, dijeron a Jeremías: ¡No prestaremos atención al mensaje que tú nos presentas en el nombre del Señor! Ciertamente haremos todo lo que dijimos que haríamos: ofreceremos incienso a la reina del cielo, y derramaremos ofrendas de bebidas para ella, tal como hacíamos nosotros y nuestros antepasados, nuestros reyes y nuestros líderes, en las ciudades de Judá y en las calles de Jerusalén. En aquella época teníamos abundancia de comida, éramos prósperos y nada sufríamos. Pero, desde que cesamos de ofrecer incienso a la reina del cielo y de derramar ofrendas de bebidas a ella, nada hemos tenido y hemos perecido a causa de la espada y del hambre. Y las mujeres agregaron: Cuando quemábamos incienso a la reina del cielo y derramábamos ofrendas de bebidas para ella, ¿creen que sería sin el consentimiento de nuestros maridos que hacíamos tortas con la imagen de ella y que derramábamos las ofrendas de bebidas?

Moffat traduce así el versículo 19 del texto citado: «Hacíamos tortas a su imagen». En la traducción del Centro Bíblico de San Pablo, Brasil, leemos: «Ofrecíamos tortas a su efigie». El mismo pensamiento aparece en la versión Autorizada en inglés, y en la italiana de Giovanni Luzzi.

En el ritual de adoración a la reina del cielo, que en realidad es la misma Semíramis, los que la veneraban le ofrecían humo sacrificial proveniente de la quema de resinas, maderas, especias o gomas. Derramaban licores o vinos en el lugar del sacrificio o frente a ella, y le preparaban tortas con su imagen o efigie como ofrenda. Como era la diosa de la fertilidad, es probable que las tortas ofrecidas a la reina del cielo estuvieran hechas con harina de trigo de las primeras cosechas.

71) ¿Qué diferencias hay entre un sacerdote, un brujo y un médium en las religiones animistas?

Querido lector, todas las religiones tienen personas sagradas como mediadores entre su deidad, el poder supremo y el pueblo. Tales mediadores hacen sus oraciones e interpretan la mente o la voluntad de la deidad.

En las religiones animistas los mediadores pueden ser sacerdotes, brujos, médiums, adivinos, chamanes, exorcistas, hechiceros u otros.

Algunas personas creen que el brujo es la persona que invoca maldiciones sobre los demás. Pero en realidad actúa en primer lugar como curandero, y en segundo lugar como adivino.

Como curandero proporciona remedios hechos de raíces, hojas y brotes de diversos árboles.

Pero si una enfermedad persiste por un tiempo prolongado, el brujo actúa como adivino o «cazador de brujas». Y tal vez empiece, entonces, a utilizar la brujería a fin de descubrir la causa del problema y así neutralizar los poderes malignos de la magia. Pero no es un malhechor. En cambio, el hechicero que practica magia negra, sí lo es.

Pocos animistas creen que la enfermedad es causada por bacterias, agua contaminada, la picadura de un insecto o problemas de origen orgánico. El primer pensamiento que ellos tienen es que una persona se enferma a causa de una brujería o de un espíritu maligno.

A continuación, les daré algunas definiciones:

El hechicero usa la magia para hacer un daño o destruir. La magia opera contra el sistema social y las leyes de la comunidad. A la magia negra se la usa para dañar, mientras que a la blanca se la utiliza para «ayudar».

El mago es aquel que recita frases monótonas, usa encantamientos y sortilegios para llevar a cabo su magia. No es un sacerdote ni un chamán.

El chamán es un sacerdote-médico que emplea la magia para curar a los enfermos o para adivinar aquello que está oculto. Es un médium que se destaca por el uso que hace del éxtasis. El chamanismo es una religión animista que se encuentra en el Asia septentrional, en Europa y entre algunos indios de América del Norte.

El médium es una persona a través de la cual otras personas intentan comunicarse con los espíritus de los muertos. En el África Central se cree que en el médium está encarnado el espíritu de un ancestro. En realidad, no es la presencia del fallecido, pues la Biblia afirma que los muertos no retornan a la tierra, sino que están esperando aún el juicio.

El sacerdote es el que está autorizado para realizar los deberes sagrados de una religión. Se lo considera una suerte de mediador entre el pueblo y su dios.

¿Alguna vez usted piensa qué sucederá después de la muerte? La mayoría de las personas comienzan a hacerse preguntas con respecto a la muerte cuando tienen alguna enfermedad terminal. El animista también. Cree que la vida futura es una continuación de su vida aquí en la tierra. Aun así, la calidad de vida del porvenir depende de lo bueno o lo malo que haya sido en esta vida. Su deseo es ser un espíritu bueno, a fin de poder bendecir a sus hijos y nietos. ¡Qué importante es llevar a esa gente la esperanza de recibir a Cristo!

72) ¿Es posible que exista un sincretismo entre el animismo y el cristianismo?

La respuesta, querido lector, lamentablemente es positiva. Este tipo de sincretismo surgió principalmente en el tiempo de las misiones modernas. Es la mezcla de varias creencias, y en el caso de los animistas, la mezcla entre la doctrina bíblica y las creencias y los rituales animistas.

Aún después de que un animista recibe a Jesús como su salvador personal, frecuentemente es tentado a fundir su nueva fe con su antiguo comportamiento animista, o con una nueva forma anti bíblica de cristianismo.

Externamente, estos miembros de las iglesias tal vez se asemejen a los cristianos, pero interiormente siguen viejas enseñanzas animistas o aún falsas doctrinas.

En algunos casos es difícil discernir la diferencia entre el agregado del animismo al cristianismo y el desenmascaramiento del animismo. Tal vez este haya quedado adormecido bajo una aceptación parcial del cristianismo. Pero luego comienza a revelarse. Una vez alguien dijo: «Si usted rasquetea a un cristiano se encontrará con un animista».

En el continente africano, las creencias y costumbres tradicionales frecuentemente vuelven a salir a la luz entre los pueblos tribales recién convertidos y los miembros de la iglesia que se levantan contra la fe. El resultado es la deserción de la filiación a la iglesia y la formación de un medioambiente de culto independiente.

El sincretismo no es solo la apostasía de algunas pocas personas infelices. A veces involucra congregaciones enteras. Los cristianos de las áreas donde se produce un sincretismo necesitan tomar con seriedad este problema, porque siempre se puede producir una deserción de los miembros de las iglesias que abandonan su doctrina eclesiástica.

Hay por lo menos cinco causas para que se produzca un sincretismo, de las cuales presentaré aquí por lo menos las dos primeras:

El profetismo: Muchos profetas que se nombran así ellos mismos, buscan el poder y una buena posición, y atraen a los miembros de las iglesias. Conocí a alguien así en la iglesia a la que pastoreo; se consideraba una persona muy importante y causó muchos problemas. Por sentirse con poco espacio para el ejercicio de su ministerio en mi iglesia, terminó aceptando la invitación de un pastor de la región, que actuaba como un «pescador de peceras», o sea, que, sin ningún respeto por sus colegas, invitaba a creyentes de otras iglesias a la suya.

Ese «profeta», al llegar a la nueva iglesia, fue considerado luego una especie de profeta-mentor de su nuevo pastor. Este, a su vez, se fue aislando más y más de los demás pastores, adoptó algunas doctrinas equivocadas y terminó perdiendo muchos creyentes que se fueron a otras congregaciones. Su iglesia, que llegó a ser la mayor de la región, hoy no existe más.

Las reivindicaciones mesiánicas: Otros alegan que han recibido una revelación especial de parte de Dios, según la cual cada uno asevera ser un mesías, o interpreta de modo errado el pasaje bíblico que afirma que somos participantes de la naturaleza divina, y por eso somos pequeños dioses. Eso nos recuerda la forma en la que Eva interpretó la tentación de Satanás: «Serán como Dios» (Génesis 3:5).

73) ¿Cuáles son las causas del sincretismo entre el animismo y el cristianismo?

Mi querido lector, como anteriormente tratamos el tema del profetismo y de las reivindicaciones mesiánicas, como dos de las causas de este tipo de sincretismo religioso, ahora proseguiremos con las otras tres.

Tercera causa: Los dones especiales de sanidad. Queda claro que los dones de sanidad son bíblicos, pero algunos líderes, especialmente en el África, han reivindicado el hecho de poseer grandes dones de sanidad. En algunas áreas, miles de personas han abandonado su fe cristiana bíblica por seguirlos. Estos, en general, forman nuevas comunidades en las áreas rurales y construyen cabañas o refugios hechos de ramas para sus reuniones.

Cuarta causa: Los ataques a las costumbres tradicionales. Algunos de los primeros misioneros creían que la tarea que Dios les daba era la de destruir los dioses y los fetiches de los paganos. No obstante, al condenar a tales fetiches y dioses, con frecuencia subvertían el sistema de seguridad del pueblo o su equilibrio social.

Considere, por ejemplo, la práctica de la poligamia, que era permitida según las leyes tradicionales de algunas comunidades. En realidad, generalmente, tener un gran número de esposas era una señal de riqueza y de prestigio. Los primeros misioneros, sin embargo, condenaron fuertemente la poligamia y de ese modo deshicieron muchas familias.

La poligamia tenía aceptación cultural, de modo que las personas que la practicaban ni siquiera buscaban justificar sus prácticas basándose en los textos bíblicos.

Siendo que la poligamia estaba profundamente arraigada en su cultura y no violaba las normas sociales, los pueblos tribales no creían que fuera necesario deshacer familias y conmocionar así la sociedad, a fin de acomodarse a las exigencias misioneras. El resultado fue que muchos se rebelaron contra la misión y se separaron de esta, a fin de establecer un sistema religioso compatible con sus propias creencias culturales.

Quinta causa: El sistema educacional. Pocas personas pensarían que la educación de las tribus primitivas no fuera una bendición. Antes de abrir escuelas pocas personas dejaban la iglesia; sin embargo, cuando la educación se puso al alcance de todos y la alfabetización mejoró, surgieron movimientos de independencia.

Por el hecho de poseer un mejor nivel educacional, algunas personas ambiciosas leían la Biblia en su propio idioma y la distorsionaban a fin de que encajara en sus creencias animistas o en otras creencias falsas.

Estos factores representan solo algunas pocas razones por las cuales las personas pueden desviarse del cristianismo o incorporar sus viejas creencias animistas a su mentalidad cristiana. Al actuar así anulan los efectos de su conversión y debilitan el testimonio de los que continúan siendo fieles a Jesucristo. Los misioneros y líderes cristianos de las regiones donde se produce el sincretismo deben estar en constante estado de alerta contra él.

74) ¿Quién fue el fundador del confucionismo?

La palabra Confucio proviene del término chino «Kung-fu-tzu», que significa «maestro Kung». Este es un apellido, y el título entero recibió la forma latina de Confucius de los misioneros jesuitas de la antigüedad.

Confucio fue parte de los «tiempos de los cien filósofos», en los siglos V y VI a.C. Vivió, por lo tanto, en la misma época que Lao-tzu, el taoísta, de Gautama; el Buda, de Mahavira; y el jaimista, pero algunos años antes que los filósofos griegos Platón y Aristóteles.

En los tiempos de Confucio, la situación política de la China estaba en caos durante la dinastía Zhou. Por muchos años, los políticos, sociólogos y filósofos propusieron fórmulas para la paz en la China, a fin de hacer nuevamente de ella una nación grandiosa.

Los taoístas proclamaban que tenían la respuesta a la actitud de «no esforzarse». Mientras esa enseñanza comenzaba a esparcirse en China, un joven brillante, de otra parte del país, comenzó a enseñar sus propuestas para lograr la paz.

Confucio nació en el 551 a.C. en el estado de Lu, que ahora es la provincia de Shandong, y era el menor de once hermanos. Su padre murió cuando él tenía tres años de edad y su madre resolvió que le daría la mejor educación posible.

Los libros estaban escritos en corteza de bambú y era difícil adquirirlos. Sin embargo, él estudió mucho y aprendió todo lo que pudo sobre la historia, poesía y música de la antigua China. Al llegar a los quince años, resolvió que sería un estudioso y un profesor. Se casó a los diecinueve años y fue padre de un hijo, pero su matrimonio terminó en divorcio.

Confucio se interesaba por temas como el de gobernar bien, y obtuvo un empleo público. Se cercioraba de que los funcionarios fueran honestos y cultos, y en breve su sistema se volvió famoso.

Sin embargo, debido a sus ideas revolucionarias y a los celos de los demás, tuvo que dejar su cargo. Y resolvió ser profesor en vez de administrador. Así, iba de estado en estado enseñando sus creencias: que el gobierno debía ser sabio y honesto.

La pobreza vivida en su infancia lo llevó a sentir simpatía por los pobres y a ayudar a los estudiantes que luchaban contra las dificultades. Su escuela privada creció de tal forma que llegó a tener 3000 estudiantes. Las materias que se enseñaban incluían: historia, poesía, literatura, política, ciencias naturales y música.

En la utilización de preguntas y argumentos se asemejaba a Sócrates. Según la tradición, Lao-tzu y Confucio se confrontaron bastante entre ellos. Los discípulos de cada sistema decían que su respectivo líder era más sagaz que el otro.

Confucio pasó sus últimos años enseñando y compilando algunos de los textos clásicos chinos. Murió en el 479 a.C., y hubo luto general entre todos sus discípulos. Al morir aumentó la veneración hacia su persona y, con el correr de los años, fue considerado un dios.

Durante la dinastía Han, cerca del 220 a.C., el emperador Han Wu, fue persuadido por un estudioso confucionista a que proclamara al confucionismo como la ideología oficial de la China. Fue un gran paso para la unificación del país.

75) ¿Cómo se desarrolló el confucionismo?

Por más de 2000 años las enseñanzas de Confucio tuvieron gran efecto en una cuarta parte de la población mundial. En sus comienzos, el fundador creía que había sido un fracaso, y cuando murió solo setenta hombres eran sus discípulos.

También sufrieron la oposición de los taoístas que esparcieron sus enseñanzas al mismo tiempo.

Otros oponentes fueron los legalistas y los mohistas, que alegaban que podían ofrecer una mejor forma de gobierno.

Durante los siglos III y IV a.C., Mencio y HsunTzu hicieron mucho por expandir las enseñanzas de Confucio. Mencio vivió del 372 al 289 a.C., y las leyendas chinas indican que su vida fue muy semejante a la de Confucio. Sus enseñanzas están registradas en el libro que lleva su nombre.

Confucio no se interesaba por la religión y escribió muy poco con respecto a los dioses. Su propósito era fortalecer la enseñanza confuciana con respecto a la bondad de los seres humanos.

Mencio creía que la razón por la que algunas personas no parecen buenas es por causa del medio ambiente. Con un medio ambiente correcto es posible que todas las personas sean buenas. Según Mencio, el medio ambiente social adecuado debía ser un sistema feudal que tuviera al pueblo en su corazón. Se oponía a la guerra, pero creía que el pueblo tenía derecho a rebelarse contra un sistema opresor.

HsunTzu fue otro confucionista famoso. No era, sin embargo, tan ortodoxo como los otros dos. Aun así, tuvo un fuerte impacto en el país. Negaba que el hombre fuera básicamente bueno. Creía que las personas nacían malas pero que podían hacerse buenas a través de un entrenamiento.

Las leyes, la educación y las restricciones eran necesarias porque hacían sobrevivir a la sociedad. Esto, a su vez, exigía aún más rituales. Agregándose a ello su creencia de que los espíritus eran fuerzas impersonales, tenemos al más laico de todos los antiguos estudiosos confucionistas.

En contraste con la historia caótica de la era anterior, la dinastía Han fue más ordenada. Surgió, por lo tanto, la necesidad de estudiosos entrenados; y los seguidores de Confucio llenaron esas vacantes.

En el 136 a.C. se les encargó a ciertas personas que contribuyeran con la educación de la juventud china. Durante la dinastía Song, las analectas se convirtieron en el principal libro didáctico del sistema escolar, y así continuó hasta la República China en 1912.

La veneración por Confucio aumentó durante la dinastía Han. Se erigían templos y se realizaban ceremonias por toda la China. En el transcurso de los siglos, las imágenes de Confucio y los sacrificios a él fueron, algunas veces, removidos y luego restaurados.

Con la llegada de la República Popular China se abandonaron estas prácticas. En 1934, el día del cumpleaños de Confucio fue proclamado feriado nacional. Los confucionistas afirman con confianza que ni el comunismo ni ningún otro régimen conseguirá expulsar de la China al confucionismo.

Capítulo 6

LA DEFENSA DE LA FE

76) ¿Hay alguna evidencia de que existió el arca de Noé?

El explorador norteamericano John Libi, acompañado de otras personas, escaló en 1954 el monte Ararat, que se encuentra a 5165 metros de altura, junto a las fronteras de Turquía, Irán y Rusia. Su objetivo: localizar el arca de Noé.

En su impresionante relato, Libi alega que la expedición, a pesar de los muchos obstáculos, fue altamente compensadora, pues tuvo el arca delante de sus ojos a una distancia de solo 60 metros. Se encuentra enclavada en la vertiente sudoeste del sector turco de la montaña, parcialmente enterrada y cubierta de hielo.

Son muchos los testimonios acerca de la existencia de algo semejante, por su aspecto, a un gran navío, en las cumbres heladas del Ararat.

En 1917 un piloto ruso afirmó haber notado los restos de un extraño y enorme barco, justo en la región señalada por Libi y otros exploradores, como el sitio en donde se encontraba el arca de Noé.

En cuanto al diluvio, es bueno recordar que entre las aparentes dificultades presentadas por la narración del hecho se destacan su carácter global y la gran cantidad de agua que se necesitaba para cubrir todas las montañas, aún las más elevadas, a fin de que el juicio divino alcanzase a toda la tierra.

Dice la Biblia que el segundo día de la creación había aguas que estaban «debajo de la expansión» y aguas «sobre la expansión» (Génesis 1:7), siendo las de abajo las que se encuentran en la tierra, como los mares, lagos y ríos. Y las aguas que están sobre la expansión serían una gran lente de hielo que protegía la tierra de las perjudiciales radiaciones cósmicas. Fueron estas las aguas que cayeron, alterando profundamente el sistema aerotelúrico, provocando la desaparición de los grandes reptiles antediluvianos.

En cuanto a la posibilidad de que esas aguas hayan cubierto los montes más altos, informan los científicos que la altitud mediana de la superficie de la tierra es de solo 800 metros por encima del nivel del mar, mientras que la profundidad media de todos los océanos es de 4.000 metros, siendo la tierra, por lo tanto, un planeta acuoso, con aproximadamente el 71% de su superficie cubierta por aguas.

Agréguese a esos datos la realidad de que la superficie de la tierra, antiguamente, era menos accidentada que hoy. Así que seguramente no existían antes del diluvio montañas como la del Himalaya, ni tal vez cadenas montañosas como la de los Andes o los Alpes.

Para que el mundo pudiese albergar a los grandes animales de los que habla la historia, la tierra debía estar despojada de cualquier montaña alta capaz de formar una barrera física o climática. Si eliminásemos todas las irregularidades de la superficie de la tierra, tanto encima como debajo del agua, de modo que no hubiese en ninguna parte depresiones o cavidades, no se vería la tierra. Los océanos cubrirían el globo entero en una profundidad de aproximadamente 250 metros.

En cuanto a la posibilidad de que se produjeran transformaciones topográficas, la historia presenta innumerables ejemplos. En agosto de 1883 el volcán Perbuatan, de la isla de Krakatoa, explotó y provocó el hundimiento de la mayor parte de la isla que tenía anteriormente un área de 40 kilómetros cuadrados. En 1950, en la

India, un terremoto transformó la configuración de cordilleras enteras en la región del Himalaya. Y, más recientemente, los tsunamis del 26 de diciembre de 2004 alteraron la geografía de algunos países del sudoeste de Asia.

77) ¿En qué sentido los cementerios fósiles se relacionan con un diluvio global?

Es muy cierto, querido lector, que las excavaciones arqueológicas realizadas en diversas partes del mundo han acumulado pruebas de la existencia de un gran diluvio global. Al respecto, el columnista Dalton Ramos Maranhão escribió en un periódico de San Pablo, Brasil:

Véase, por ejemplo, la existencia de enormes cementerios fósiles encontrados en todo el mundo. Casi sin excepción parecería que fueron sepultados súbitamente; sin embargo, hoy en día no ocurre nada semejante. Es de público conocimiento que los pocos peces que mueren de modo natural son casi inmediatamente devorados por otras criaturas. No se acumulan en el fondo de los océanos o de los ríos. Sin embargo, los lechos de fósiles de peces encontrados se extienden por kilómetros en todas direcciones y contienen enterrados cardúmenes enteros, por millones. Presentan toda la apariencia de haber sido enterrados vivos y con cierta rapidez, en un gran cataclismo general que abarcó a todo el globo.

Lo mismo se puede decir de los grandes depósitos de reptiles fosilizados en otras partes del mundo, como en las Montañas Rocosas y en las Colinas Negras; los admirables lechos de elefantes, en Siberia; los lechos de caballos, en Francia; los lechos de hipopótamos, en Sicilia; y la acumulación de organismos marinos que probablemente formen la mayor parte de los depósitos estratificados del mundo, indicando una catástrofe mundial. De ninguna otra manera se podría explicar la súbita extinción de los dinosaurios y de los grandes mamíferos del pasado.

¿Y los depósitos de elefantes o mamuts de Siberia? Literalmente, millones de esos animales fueron sepultados en los actuales desiertos de aquella región e islas del Norte. Los científicos afirman que

esos animales murieron ahogados, aunque se sabe que los elefantes son grandes nadadores y pueden nadar durante mucho tiempo. Lo mismo ocurre con los rinocerontes, que ahora son tan extraños en Siberia, así como los elefantes. Evidentemente vivían en aquella región, donde el clima era caliente y la vegetación abundante, encontrada aún en el estómago de animales fosilizados.

F. C. Hibben escribió acerca de los fósiles de Siberia:

Existen evidencias de perturbaciones atmosféricas de violencia sin igual. Tanto mamuts como bisontes fueron desgarrados y esparcidos a lo largo del paisaje como si fuesen paja o hilachas, siendo que algunos de ellos pesaban varias toneladas.

Cuanto más se examinan los cementerios de fósiles, más evidente se hace la historicidad del diluvio bíblico, que fue global y ocasionó un cambio drástico en el clima de la tierra. Algunos de los millones de animales encontrados en el norte extremadamente frío están tan bien preservados que la carne, cuando se descongela, sirve para la alimentación, ¡aún después de haber pasado tantos miles de años! Todo lleva a creer que tales animales pastaban tranquilamente en un clima cálido cuando fueron alcanzados por una repentina catástrofe, pues ninguna otra explicación satisface al buen sentido del investigador honesto. Ni la muerte natural, ni el ahogamiento por medios comunes, ni la muerte por enfermedad. Solo cabe la narración bíblica.

78) ¿Era lo suficientemente grande el arca de Noé como para albergar a tantos animales?

La Biblia describe al arca como una enorme caja flotante, sin proa ni popa, pues estaba destinada solo a flotar sobre las aguas. Medía 300 codos de largo, por 50 de ancho y 30 de altura, lo que corresponde en metros a aproximadamente, 135 metros de largo por 22,50 de ancho, por 13,50 de altura. ¡Era tan grande que recién hace poco tiempo se lograron construir navíos mayores!

Tenía tres pisos: uno inferior, luego el segundo y el tercero. Aún si se hubieran destinado 2.830 metros cúbicos de espacio para el almacenamiento de víveres y el alojamiento de Noé y su familia, sobraban 36.800 metros cúbicos de espacio útil, ¡lo que equivale a una capacidad de 480 vagones de ganado, de esos que aún hoy andan sobre las vías del ferrocarril!

Según los informes de los científicos, de las aproximadamente 3000 especies de animales clasificadas por los zoólogos, solo cerca de 300 incluyen algunas de tamaño mayor al del caballo. Unas 2200 no eran mayores que un conejo. Así que Noé tuvo que cuidar de pocos animales grandes, ya que los animales marinos estaban fuera del arca. Por otro lado, las especies bíblicas introducidas por Noé en el arca, no son las mismas que hoy clasifican los científicos, porque todas las clases posibles de cruzas de la familia canina, por ejemplo, podían descender de un único par. Con ese criterio, queda claro que la capacidad del arca era más que suficiente para albergar a todos los números representativos de cada «género» de animal terrestre.

El profesor Antônio Neves de Mesquita, luego de realizar varias expediciones destinadas a localizar el arca de Noé, se preguntaba: «¿Sería ello necesario para la confirmación del hecho histórico del diluvio?» Y su respuesta fue:

Ciertamente no. El hecho está confirmado no solo en Génesis sino también por todas las leyendas y folclore de las naciones antiguas. Es un hecho totalmente confirmado. Y, para corroborar esas informaciones, la arqueología ahora dice que en Macedonia se encontró una capa uniforme de arena, luego de una de escombros con restos de la última civilización caldea y, bajo esta, otra capa de una civilización anterior bastante desarrollada. ¿De qué capa se trataría? ¿Qué río o mar habría podido interferir entre la primera y la última civilización? Los sabios no tienen dudas. Esa capa representa la arena que dejó el diluvio, que no solo inundó toda esa **área,** *sino que produjo, de forma natural, una tremenda erosión, arrastrando y arrasando todas las elevaciones. Entonces, cuando las aguas bajaron quedó en el fondo esa capa de arena. Y encima de ella se construyó la civilización sumeria y acadia, como nos relata Génesis capítulo 11.*

La Biblia hace muchas referencias al diluvio, tanto en el Antiguo como en el Nuevo Testamento, afirmando que el motivo de esa catástrofe fue el pecado. Jesús, al referirse al tiempo de su regreso, dijo: «Como fue en los días de Noé, así también será en los días del Hijo del Hombre. Comían, bebían, se casaban y se daban en casamiento, hasta el día en que entró Noé en el arca, y vino el diluvio y los destruyó a todos... Así será el día en que el Hijo del Hombre se manifieste» (Lucas 17).

79) ¿Es posible que una ballena engulla a un hombre entero?

Mi querido lector, la palabra utilizada como pez en el libro de Jonás significa monstruo marino o simplemente pez, pudiendo ser tanto una ballena como un pez. Jesús, con su incuestionable autoridad, selló la veracidad de la narración de Jonás al ver en ella una figura de su muerte y resurrección.

No es difícil demostrar la posibilidad natural de que se repita la experiencia de Jonás, porque son muchos los hechos que hoy se conocen.

En febrero de 1891 el navío ballenero Estrella del Oriente se encontraba a la altura de las Islas Falkland (o Islas Malvinas), cuando el vigía señaló la presencia de un gran cachalote. Inmediatamente dos barcos partieron en dirección al gran cetáceo, munidos de arpones. El mamífero, en un solo movimiento, giró uno de los barcos y dos hombres cayeron al agua. Uno de ellos se salvó, pero el otro desapareció. La persecución al cachalote no se interrumpió a causa del dramático incidente. Luego de algunas horas de lucha, el cetáceo sucumbió. Su cuerpo fue arrastrado al costado del navío, y la tripulación se dio a la tarea de quitarle la grasa. El trabajo duró todo el día.

Al día siguiente, al levantar el estómago del cachalote, grande fue la sorpresa de los pescadores al notar que en el interior de su estómago había un ser vivo, que daba señales espasmódicas de vida. Así que abrieron la parte que se movía, y James Bartley, el pescador que había desaparecido, se encontraba allí, inconsciente.

Rápidamente, y llenos de alegría, lo subieron a un barco e hicieron todo lo posible para que se recuperara, teniendo gran éxito.

Durante algunos días Bartley deliró y no podía pronunciar palabras inteligibles. Pero, luego de tres semanas recuperó las fuerzas y la razón, y pudo entonces narrar lo que le había sucedido.

Dijo recordar la sensación del golpe de la cola que precipitó el barco al agua. Luego sintió que se deslizaba en una sustancia lisa que parecía moverse y que lo hacía avanzar. Se dio cuenta, entonces, que había sido tragado por el gran cetáceo y se sintió aterrorizado. Estaba seguro de que respiraba, pero el intenso calor y la inmovilidad forzada hicieron que perdiera los sentidos, los que recuperó varios días después del salvataje. Su piel jamás adquirió el color natural, pero su salud no sufrió ningún problema como consecuencia de esa extraordinaria aventura. Durante el tiempo en que se encontró en el estómago del cachalote la piel de su cuerpo fue afectada por la acción de los jugos gástricos, quedando de un color blanco grisáceo.

Ese hecho es una respuesta a los escépticos, que creen imposible que alguien pueda permanecer vivo en el vientre de una ballena, alegando, además, que la ballena posee una garganta muy pequeña como para devorar a una persona. Sin embargo, los hechos están a la vista, atestiguando que también las ballenas pueden engullir y retener a una persona durante días, pues hay cachalotes que miden hasta 25 metros de largo.

Este caso tuvo gran repercusión en el momento en que ocurrió, pero siempre es bueno recordarles a los escépticos y olvidadizos estas verdades. El capitán del Estrella del Oriente relató acerca de otros casos en los que no era raro que furiosas ballenas devoraran hombres muertos o vivos, pero que esa era la primera vez que había visto a una víctima salir viva después de tal experiencia.

80) ¿Habrá sido realmente una ballena el animal que engulló al profeta Jonás?

Existen pruebas de que una ballena puede engullir vivo y entero a un ser humano, y este ser retirado con vida del estómago del animal días después. Pero veamos ahora lo que sucedió con un pez, y no con una ballena.

En 1912, el capitán Charles H. Thompson, de Miami, Florida, Estados Unidos, un día que estaba pescando en alta mar avistó desde su yate de treinta toneladas las aletas de un enorme monstruo, que golpeaban las olas. Ayudado por tres hombres, arrojó el arpón al mar y logró ponérselo al pez. Durante treinta y nueve horas el enorme monstruo marino arrastró tras de sí el bote, sin detenerse en ningún momento. El yate a vapor intentó retenerlo, a pesar de que a veces se asustaban a causa de la velocidad a la que el monstruo nadaba.

Los cuatro hombres, con ayuda de cinco arpones, lograron arponar a este gigante de los mares y le dispararon cincuenta y una balas. Cuando finalmente lograron capturarlo, el yate se acercó y los hombres lanzaron el ancla del barco dentro de los enormes maxilares del monstruo. Pero no fue sino un momento de tregua después de 39 horas ininterrumpidas de remolque. Este, con un rápido golpe de cola aplastó la rueda del timón y la hélice del yate a vapor, así que un remolque, también a vapor, arrastró al monstruo durante ochenta millas aproximadamente, hasta Miami. Allí, con la ayuda de un poderoso guinche, fue izado sobre el muelle, donde con un último movimiento de cola derribó la casa donde estaban las oficinas del muelle y le partió la pierna a un hombre.

He aquí algunas de las características de este singular pez: su peso era de 13.620 kg., el largo de 13,68 m., y el ancho, o espesor, de 2,50 m. La garganta medía 77 cm de altura por 95 cm de ancho. Las balas apenas le habían perforado la piel, que era de 7,5 cm de espesor. En el interior de su vientre encontraron un pez de 681 kg y un gran calamar. Así que un hombre podía entrar perfecta y cómodamente dentro de su estómago. Una fotografía muestra al pez con un hombre acostado en la garganta y otros dos sentados entre sus maxilares, como si estuvieran sobre una cama de red.

¡Ese monstruo podía devorar fácilmente a diez personas como Jonás! El gobierno de los Estados Unidos envió hombres especializados para que embalsamaran su piel. Se necesitaron 10 barriles de formol. Luego de haberlo fijado a costillas de acero, lo izaron sobre la punta de un buque a vapor para que quedara para su exposición. Se trata de un verdadero pez y no de un mamífero o ballena. Los peritos, al examinar su esqueleto, declararon que aún era un pez muy joven.

Querido lector, existieron también otros hechos parecidos. En 1955 los periódicos japoneses relataron que habían encontrado el cuerpo de un joven de 13 años, vestido con una camisa y pantalones, dentro de un gran pez capturado cerca de la ciudad de Nagasaki.

Sin embargo, lo que convierte a la experiencia del profeta en algo admisible y admirable es la intervención de Dios, que planeó todo, preparando y guiando aquella extraña conducción a fin de mostrarle al profeta y a todos nosotros que el Señor Dios Todopoderoso no desiste tan fácilmente de sus sublimes propósitos de buscar, perdonar y salvar.

Nuevamente en las playas de Palestina, Jonás tomó el rumbo cierto y predicó en la gran ciudad de Nínive, que se arrepintió y fue salva. ¡El amor de Dios es capaz de proezas extraordinarias!

81) ¿Por qué el siete es el número clave en la Biblia?

Ante todo, mi querido lector, quisiera citar aquí al profesor J.J. Von Allmen, el cual, entre otras cosas, dijo lo siguiente acerca de este número clave de la Biblia:

El número 7, con sus múltiplos, es una de las cifras más importantes de la aritmología bíblica. Primordialmente, indica la totalidad o plenitud tanto del bien como del mal: María Magdalena, poseída por 7 demonios, fue víctima de la «total» posesión satánica. El 7 indica el máximo o un número límite, pero no un número real: siete hombres tuvieron una misma mujer; siete mujeres se unieron a un solo hombre; se lamenta una madre de siete hijos; una nuera como Rut vale más que siete hijos. El maligno, para engañar mejor a los santos, usa la cifra 7, que tiene como segunda acepción simbólica la virtud de expresar la plenitud y la totalidad divinas. Así, siete es la cifra de la creación y de la salvación, donde bien se ve la importancia del 7 para las solemnidades pascuales.

Sin embargo, el número siete, como número de la perfección, está también contenido en la estructura del mismo texto sagrado de una manera maravillosa, solo descubierto recientemente. El Dr. Ivan Panin, ateo ruso residente en los Estados Unidos, gran matemático y conocedor de las lenguas hebrea y griega, comenzó a estudiar un día los originales de la Biblia, por mero interés literario. En la medida en que los iba leyendo, notó la presencia del número siete en todo el texto hebreo. Al cambiar la letra por número, aparecía siempre el siete, o un múltiplo de este. Recurrió al texto griego, y allí encontró el mismo fenómeno. ¡Se hallaba ante un gran misterio que habría de cambiar totalmente el rumbo de su vida!

Para tener una idea del descubrimiento del Dr. Panin, solo en la oración sacerdotal de Jesús (Juan 17) hay, en el griego, 490 palabras (70x7), 2079 letras (297x7), 1162 vocales (166x7), 917 consonantes (131x7), 98 verbos (14x7), 70 conjunciones (10x7), 49 preposiciones (7x7), 126 pronombres (18x7), 70 adverbios y artículos (10x7), 49 pronombres que se refieren a Cristo (7x7), 91 palabras que se refieren a la Trinidad (13x7), 7 al Padre y 7 al mundo.

Juntamente con otros dos conocedores del griego, el Dr. Panin intentó escribir un texto con similares características. Trabajaron durante trece semanas, logrando solo componer una frase, y luego desistieron completamente. Tales investigaciones llevaron al Dr. Panin a abandonar el ateísmo y a convertirse al evangelio, volviéndose fiel discípulo de Cristo.

Veamos algunas otras de las interesantes características numéricas: Del primer libro de la Biblia al último, el «siete» es por lejos el número con mayor evidencia. Doy algunos ejemplos:

- El sábado era el séptimo día.
- En Egipto hubo siete años de abundancia y siete de escasez.
- Cuando la ciudad de Jericó fue tomada, el pueblo y siete sacerdotes, tocando siete trompetas, dieron siete vueltas alrededor de la ciudad.
- Cada séptimo año el suelo de Israel no debía ser cultivado ni sembrado.

- A Salomón le llevó siete años construir el templo, y, luego de concluido, hizo una fiesta que duró siete días.
- Naamán se lavó siete veces en el Río Jordán.

Querido lector, es imposible evaluar en este limitado espacio la gran importancia que tiene el número siete, razón por la cual volveremos al tema en otra ocasión.

82) ¿Por qué el número siete es tan frecuente en la Biblia?

Quisiera compartirles algunas informaciones acerca de la presencia del siete en las Escrituras. En el libro de Apocalipsis este número tiene un lugar preponderante. Se habla de siete iglesias, siete candelabros, siete sellos, siete trompetas, siete tazas, siete truenos, siete estrellas, siete montes, siete puntas, y otros. En todo el Apocalipsis, el número siete aparece más de 50 veces.

Recientemente se descubrió que este mismo número también aparece de un modo misterioso y peculiar subyacente en los textos hebreos en el Antiguo Testamento, y de los textos griegos en el Nuevo Testamento. Ello significa que no se ven ni se pueden descubrir con la simple lectura del texto. Los «siete» están curiosamente fuera del alcance visual de los lectores del hebreo y del griego.

Durante todos estos siglos, miles y miles de personas han leído y estudiado los textos originales hebreos y griegos de la Biblia, pero no se dieron cuenta de estas extrañas ocurrencias del número siete; ni siquiera notaron su presencia. Miles de estos «siete» están profundamente escondidos en el texto, y solo a través de una investigación y de un conteo especial se los puede descubrir. ¡Están extraña y sorprendentemente escondidos de todas las maneras concebibles en las letras, las palabras, las frases, los párrafos y pasajes, tanto en el hebreo como en el griego!

He aquí los hechos extraordinarios de la existencia de los «siete» escondidos en los textos originales de la Biblia. Estos descubrimientos maravillosos son «descubrimientos numéricos», pues se refieren a números y nos permiten observar con nuestros propios ojos una demostración científica de la inspiración verbal de la Biblia.

Observemos algunos de estos hechos numéricos, antes de ver cómo prueban científicamente que la Biblia es un libro sobrenatural inspirado por Dios.

Examinemos el libro de Génesis, capítulo 1, versículo 1: El número de palabras hebreas en este versículo es exactamente 7. El número de letras en estas siete palabras es un múltiplo de 7, exactamente 28, o 4 x 7. Cada «hecho» numérico, o «siete», que aparece en la estructura del texto está designado por ciertas «características».

Continuemos observando algunas otras:

Las primeras tres de las siete palabras contienen el sujeto y el predicado de la frase. Estas tres palabras fueron traducidas como: «En el principio creó Dios». El número de letras de estas tres palabras hebreas es exactamente 14, o 2 x 7. Las últimas cuatro de las siete palabras contienen el complemento directo de la frase, y fueron traducidas como «los cielos y la tierra». El número de letras de estas últimas cuatro palabras es 14, o 2 x 7. Estas cuatro palabras forman un complemento con dos elementos: el primero, «los cielos», y el segundo, «y la tierra». El número de letras de cada elemento es 7.

Las tres palabras principales de este versículo de 7 palabras son: «Dios», el sujeto de la oración; y «cielos» y «tierra», el complemento. El número de letras de estas tres palabras, en hebreo, es exactamente 14, o 2 x 7; y en las cuatro restantes, también 14. La palabra más corta está en el medio. El número de letras de esa palabra y de la palabra de la izquierda es exactamente 7, como también el de la derecha.

Los ejemplos que citamos son solo algunos de los muchos otros «factores numéricos» que pueden ser descubiertos solo en las primeras palabras de la Biblia.

83) ¿Cuál es la importancia de los factores numéricos de la Biblia ligados al número siete?

Esos factores numéricos son una prueba de la inspiración divina de las Escrituras. Veamos estos factores en el texto griego, al comienzo del Nuevo Testamento.

Los primeros 17 versículos del Evangelio de San Mateo forman un conjunto natural y lógico, pues tratan de un asunto especial, la genealogía de Cristo, y comprenden dos secciones principales: I) versículos 1-11, y II) versículos 12-17. Cada sección contiene curiosísimas características numéricas en la estructura de los respectivos textos. Examinemos algunas:

El número de vocablos griegos empleados en los primeros 11 versículos no son ni 48, ni 50, sino exactamente 49, o 7 x 7. Continuando, el número de letras en las 49 palabras es exactamente 266, o 38 x 7. En estas 266 letras, el número de vocales es exactamente 140, o 20 x 7, y el número de consonantes es de 126, o 18 x 7. En las mismas 49 palabras, el número de las que comienzan con vocal es exactamente 28, o 4 x 7, y el de las que comienzan con consonante 21, o 3 x 7. En los 49 vocablos, el número de los que son sustantivos es exactamente 42, o 6 x 7. El número de los que no son sustantivos es 7. De los 42 sustantivos de los primeros once versículos, el número de nombres propios es exactamente 35, o 5 x 7. El número de sustantivos comunes es 7. El número de letras griegas en estos 7 sustantivos comunes es 49, o 7 x 7. Es fantástico notar que solo en estos 7 sustantivos comunes hay más de veinte características numéricas. El número de veces en que los 35 nombres propios aparecen es 63, o de 9 x 7, siendo 28, o 4 x 7 los nombres masculinos, y 7 los nombres femeninos. El número de veces que los 28 nombres masculinos aparecen es exactamente 56, o 8 x 7.

En los referidos primeros 11 versículos, se menciona a tres mujeres: Tamar, Raab y Rut. El número de letras griegas de estos tres nombres es exactamente 14, o 2 x 7. Solo una ciudad es mencionada en este pasaje: Babilonia, cuyo número de letras en griego es 7. De los 49 vocablos griegos referidos, el número de los que aparecen más de una vez es exactamente 35, o 5 x 7, y de los que aparecen una sola vez, 14, o 2 x 7. El número de los que aparecen de una única forma es exactamente 42, o 6 x 7, y 7 aparecen en varias formas. Estos «siete» quedan, naturalmente, fuera de observación de un simple lector del texto griego. Se encuentran escondidos por debajo del texto, y solo pueden ser descubiertos por medio de pacientes investigaciones y cálculos. Podríamos ejemplificar, con muchos otros pasajes, las mismas características; sin embargo, el espacio no lo permite.

Veamos solo uno más. El último pasaje del Evangelio de San Marcos, capítulo 16, versículos 9-20.

Las siguientes son solo cuatro de más de cien características numéricas: el número de vocablos griegos de estos doce versículos es exactamente 98, o 14 x 7. El número de letras en los 98 vocablos es exactamente 553, o 79 x 7. En estas 553 letras, el número de vocales es 294, o 42 x 7. De los 98 vocablos griegos, el número de los usados por Cristo al dirigirse a sus discípulos es exactamente 42, o 6 x 7, y los restantes, 56, u 8 x 7. Este pasaje no muestra sino extraordinarias características numéricas en su conjunto, y aún más, características dentro de otras características, y aún otras dentro de estas. ¡Es realmente maravilloso!

Capítulo 7

DOCTRINAS BÍBLICAS

84) ¿Qué es la iglesia?

Una de las definiciones bíblicas de iglesia es la que se encuentra en 1 Timoteo 3:15: «(...) iglesia del Dios viviente, columna y baluarte de la verdad». Se puede ampliar esta definición con las palabras que la misma Biblia usa para describir a esa institución y a sus miembros, y también por las ilustraciones que tenemos de ella en todo el Nuevo Testamento.

La palabra griega *ekklesia* significa una asamblea de personas llamadas hacia afuera, tanto en sentido local como general. Tal como aparece citada en el texto de 1 Timoteo, la referencia es a toda la iglesia, presente tanto en el tiempo como en el espacio; mientras que en Hechos 13:1, por ejemplo, el término se restringe a solo una ciudad.

Con respecto a sus miembros, la Biblia usa términos como: hermanos, creyentes, santos, elegidos, discípulos, cristianos y los del Camino. Estas palabras califican a la iglesia como:

- Un pueblo que constituye una nueva sociedad o hermandad espiritual, en la cual son abolidas todas las divisiones que separan a la raza humana. Entre hermanos desaparecen las barreras raciales, culturales, sociales, económicas y de sexo. Afirma la Escritura que en la iglesia «no hay griego ni judío (...) siervo ni libre, sino que Cristo es el todo, y en todos» (Colosenses 3:11).

- Un pueblo que cree en la persona del Señor Jesucristo como el Hijo unigénito de Dios y que, por lo tanto, cree también en todo lo que Él enseñó y realizó.
- Un pueblo separado del mundo y dedicado a servir a Dios.
- Un pueblo elegido y escogido para ejercer aquí en la tierra un trabajo importante, que es el de proclamar el evangelio a toda criatura, lo cual tendrá su recompensa, pues ese pueblo escogido tiene un destino glorioso.
- Un pueblo que, como discípulos (aprendices), se está preparando siempre para servir mejor al Señor, sujetándose a los ministros puestos en la iglesia por el propio Cristo con el propósito de edificar a su pueblo.
- Un pueblo que tiene como modelo supremo de palabra y conducta a la bendita persona de Cristo, y que por eso es llamado cristiano.
- Finalmente, un pueblo que tiene una manera especial de vivir, diferente de aquella que el mundo adopta, y que por eso es llamado *pueblo del Camino*.

En cuanto a las ilustraciones que la Biblia usa para la iglesia deseo destacar aquí las principales, que son: el cuerpo de Cristo, la vid y sus ramas, el templo de Dios y la novia de Cristo. Hay también en 1 Pedro 2 expresiones que indican el carácter de la iglesia, como «linaje escogido, real sacerdocio, nación santa, pueblo adquirido por Dios» que ahora ha alcanzado misericordia. Espero, más adelante, mencionar algunas de esas figuras.

En una definición más reducida, podemos encontrar en las diferentes denominaciones actuales algunas otras características de la iglesia, que pueden ser: renovada o pentecostal (debido a su énfasis en la doctrina del Espíritu Santo), bautista (que enfatiza el bautismo en las aguas), metodista (que posee métodos), presbiteriana, congregacional, episcopal y otras (debido a su forma de gobierno).

85) ¿Puede la iglesia ser perfecta aquí en la tierra?

Desde su nacimiento, hace dos milenios, la iglesia ha sido el más eficiente instrumento de resurgimiento social, cultural, moral y espiritual de la raza humana, con sus hospitales, orfanatos, escuelas, asilos y templos. En ese sentido, nada puede rivalizar con ella.

Para destacar solo uno de esos aspectos, por influencia de la iglesia y del mensaje que ella predica, Beethoven, Mozart, Bach, Haydn y tantos otros produjeron bellísimas composiciones musicales que el mundo tanto aprecia. Bach, por ejemplo, colocaba siempre al comienzo de su composición la frase «Para la gloria de Dios». ¡Una vez alguien hizo una observación incisiva al preguntar por qué comunistas y ateos no producían sinfonías!

A pesar de que Jesús afirmó que edificaría su iglesia y que las puertas del infierno no prevalecerían contra ella, aún la vemos imperfecta, y lo será en tanto sea una iglesia militante. Esa imperfección fue predicha tipológicamente en las Escrituras. Cuando Dios habló a Moisés acerca de la celebración de la fiesta del Pentecostés, le dijo que el pueblo debía ofrecer al Señor dos panes leudados (Levítico 23:17).

¿Por qué la levadura está presente justamente en la fiesta que prefigura el nacimiento de la iglesia, si ese elemento apunta siempre a la impureza y a la corrupción? ¿Cuántos movimientos, que surgieron fuertes y bíblicos, al poco tiempo fueron alejándose de la verdad, desviándose de su doctrina y corrompiéndose?

En relación a la religión, dijo Andrés Suares que la vida de esta es la herejía, y agrega: «Es la fe la que hace que existan los heréticos. En una religión muerta no hay herejías» (Paulo Ronai, Diccionario Universal de Citações [Diccionario Universal de Citas], Editora Nova Fronteira, Rio de Janeiro, 1985, p. 434).

A la luz de este concepto de Suares, el ecumenismo del Consejo Mundial de Iglesias ya nació moribundo, pues, aunque afirme creer «en nuestro Señor Jesucristo como Dios y salvador, de acuerdo con las Escrituras y que, por lo tanto, procure cumplir su vocación para la gloria de Dios, Padre, Hijo y Espíritu Santo», en la práctica niega complemente tal confesión de fe.

Para dejar aquí un solo ejemplo, durante la asamblea de esa organización realizada en Nueva Delhi, en 1961, la oración de bendición para uno de los cultos fue: «Cristo, nuestro verdadero Dios, por la intercesión de su purísima Madre, siempre virgen María; de nuestro Padre entre los santos, Juan Crisóstomo, arzobispo de Constantinopla; de los santos mártires Paramounus, Filoumenes y Faidre, a quienes está dedicado este día, y de todos los santos, tendrá misericordia de nosotros y nos salvará, pues él es bueno y ama a la humanidad. Amén».

Las herejías datan de los orígenes del cristianismo, y sus causas pueden ser: a) el desconocimiento de la Biblia; b) la creencia de que la Biblia sola es insuficiente para nuestra fe; c) la rebelión consciente contra la verdad a causa de intereses espurios. Esta última actitud fue la que adoptaron Balaam, Abner, Jeroboam, y muchos otros.

86) ¿Es insuficiente la Biblia en términos de fe?

Querido lector, muchos grupos heréticos han surgido a causa de la creencia que la Biblia no es la completa revelación de Dios. La característica básica de esos grupos es que juntan la Biblia con su propia literatura, a la que generalmente le dan el mismo valor, o aún superior a la de la misma Palabra de Dios, como el caso de las obras de Ellen White, Russel y Joseph Smith.

¿Por qué los reformadores del sigo dieciséis, salidos del catolicismo romano, afirmaron los principios de sola fe, sola gracia, sola Escritura? Porque notaron cuánto se había alejado el romanismo de la Biblia y cuánto había asimilado muchas doctrinas paganas.

A partir del momento en que se admite que la Biblia es insuficiente en cuestiones de fe y de práctica, se admite también su falta de autoridad. Esta es otra fuente de herejías.

En el caso del catolicismo romano, la autoridad oscilaba de las Escrituras a la iglesia, de la iglesia al concilio, y de este al papa, quien fue considerado infalible en 1870. Pero ese tipo de errores se produce también a nivel de los grupos minoritarios, como en el caso de Jim Jones, que llevó al suicidio a 913 de sus seguidores en 1978; y el de David Koresh, que tuvo un fin parecido: el suicidio de 80 de sus seguidores. En ambos casos la autoridad final era la del líder.

Actualmente, algunas comunidades cristianas están admitiendo nuevas revelaciones supuestamente divinas. Un miembro de una de esas iglesias, al saber que yo formaba parte de una comisión traductora de la Biblia, me preguntó si había en esa nueva traducción muchas revelaciones nuevas. Para él, la revelación contenida en la Biblia ya es anticuada.

El gnosticismo (del griego *gnose*, que significa conocimiento, ciencia) es otro ejemplo en el que se le une algo más a la Biblia, en este caso, la filosofía. El apóstol Pablo se preocupaba ante la presencia de gnósticos en la iglesia de Colosas (Colosenses 1:9-23), y el apóstol Juan se refirió a ellos en su primera Epístola: «y todo espíritu que no confiesa que Jesucristo ha venido en carne, no es de Dios; y este es el espíritu del anticristo, el cual vosotros habéis oído que viene, y que ahora ya está en el mundo» (1 Juan 4:3).

Diciéndose poseedores de un profundo conocimiento espiritual, los gnósticos redujeron el cristianismo a un sistema filosófico, al basar sus pretensiones en una interpretación perversa de 1 Corintios 2:6-8: «Sin embargo, hablamos sabiduría entre los que han alcanzado madurez; y sabiduría, no de este siglo, ni de los príncipes de este siglo, que perecen. Mas hablamos sabiduría de Dios en misterio, la sabiduría oculta, la cual Dios predestinó antes de los siglos para nuestra gloria, la que ninguno de los príncipes de este siglo conoció; porque si la hubieran conocido, nunca habrían crucificado al Señor de gloria».

Los gnósticos se oponían a la simplicidad de la fe cristiana. Se consideraban pensadores profundos e intentaban explicar, mediante sus filosofías, los misterios de la creación y el problema del mal. Para ellos había tres tipos de personas: los instruidos o espirituales, que eran ellos mismos; los cristianos comunes, en quienes se equilibran la materia y el espíritu; y finalmente los paganos, o materialistas, en los cuales el espíritu está subyugado por la materia.

87) ¿Qué significa, según la Biblia, ser una nueva creación?

Es importante notar que Jesús le habló del nuevo nacimiento justamente a una persona ejemplar: Nicodemo. El nuevo nacimiento no depende de la voluntad humana, ni de su instinto, ni de su origen. La Biblia dice que el nuevo nacimiento viene de Dios.

Las Escrituras han producido en todos los países y en todas las épocas un tipo de carácter peculiar que es diferente del carácter del hombre común no tocado por Dios, o no nacido de nuevo. Ese nuevo carácter es el que la misma Escritura llama nueva creación, una persona realmente nacida de nuevo que puede cambiar el destino de toda su descendencia.

Me gustaría ilustrar esa diferencia examinando la vida de dos personas que vivieron en la misma época, sujetas a circunstancias similares. Una de ellas aceptó el evangelio y fue transformada; la otra no lo aceptó y vivió una vida impía.

El nombre del primero es Jonathan Edwards, que nació en 1703. Su abuela, Elizabeth Tuttle, era una mujer alta, bella y autoritaria; pero poseedora de una gran debilidad moral. Se divorció de su marido a causa de adulterio y de otras inmoralidades. El mal parecía estar en su sangre: una de sus hermanas asesinó a su propio hijo, y uno de sus hermanos asesinó a su propia hermana.

El abuelo de Jonathan tuvo seis hijos de una segunda esposa, cinco varones y una mujer. Sin embargo, ninguno de sus muchos descendientes superó el nivel de la mediocridad, excepto Jonathan, que se convirtió a Cristo, se transformó en una nueva criatura, y se casó con una joven, también convertida.

En el año 1900 se pudo comprobar lo siguiente: De los 1394 descendientes de Jonathan Edwards: 13 fueron rectores de universidades, 65 profesores universitarios, 3 senadores de los Estados Unidos, 30 jueces, 60 médicos, 100 abogados, 75 oficiales del ejército y de la marina, 100 predicadores y misioneros, 60 escritores preeminentes, 1 vicepresidente de los Estados Unidos, 80 se desempeñaron en funciones públicas en diversas áreas, 295 se graduaron en universidades, y de entre ellos varios fueron gobernadores de estados y embajadores en países extranjeros.

Max Jukes, conocido ateo norteamericano, nació en Nueva York aproximadamente en 1720. Se casó con una joven también impía. Y según estudios del 1900, de sus 1200 descendientes se pudo constatar que: 130 fueron criminales confesos, 60 ladrones, 7 cometieron asesinatos, 440 se enfermaron como consecuencia de una vida descontrolada, la mitad de las mujeres fueron prostitutas, 310 murieron en la miseria, y 100 fueron alcohólicos.

La descendencia de Max Jukes ha costado a la nación norteamericana decenas de millones de dólares, mientras que la de Jonathan Edwards solo ha traído honra y riqueza a aquella patria.

Quisiera concluir destacando que una persona renacida en Cristo Jesús es templo del Espíritu Santo, y este, al asumir el control pleno de la vida, produce lo que la Biblia llama fruto del Espíritu, que es: «Amor, gozo, paz, paciencia, benignidad, bondad, fe, mansedumbre, templanza; contra tales cosas no hay ley» (Gálatas 5:22-23).

88) ¿Qué es la dispensación de la promesa?

La dispensación de la promesa comienza con Abraham, en excelentes circunstancias. En primer lugar, Dios lo escogió como el tronco de una raza especial para el cumplimiento de su plan. En segundo lugar, prometió que vendría el Mesías a través de la descendencia del patriarca. En tercer lugar, prometió que le daría la tierra de Canaán en herencia eterna a la familia de Abraham, como base de su futuro trabajo misionero mundial. Y, en cuarto lugar, le prometió que se revelaría al mundo a través de él y de su descendencia:

«Y estableceré mi pacto entre mí y ti, y tu descendencia después de ti en sus generaciones, por pacto perpetuo, para ser tu Dios, y el de tu descendencia después de ti. Y te daré a ti, y a tu descendencia después de ti, la tierra en que moras, toda la tierra de Canaán en heredad perpetua; y seré el Dios de ellos» (Génesis 17:7-8).

La historia de Israel es el fiel relato del cumplimiento de las profecías bíblicas con respecto a ese pueblo singular desde el pacto que Dios hizo con Abraham durante la dispensación de la promesa, según Génesis 12:1-4. En ese pacto, Dios prometió hacer de Abraham un gran pueblo. Esa promesa se cumplió de tres maneras distintas:

En primer lugar en Ismael, que es el padre de los árabes y de Esaú. En segundo lugar, en su posteridad natural, que sería como «el polvo de la tierra» (Génesis 13:16), o sea los hebreos. Finalmente, en su posteridad espiritual, que sería como «las estrellas del cielo»; esto abarca a todos los hombres de fe, sean judíos o gentiles.

La bendición divina en la vida de Abraham se revela tanto en el plano material como en el espiritual. Su nombre se encuentra entre aquellos de los personajes más importantes de la historia universal, especialmente en el judaísmo, el cristianismo y el islamismo.

La grandeza de Abraham se debe a las características de su dignidad: dejó su hogar y a sus amigos para atender el llamado de Dios; cedió a Lot el derecho de escoger la tierra; derrotó a los reyes despojadores de Sodoma; le dio el diezmo de todo a Melquisedec; rechazó recibir obsequios por los servicios prestados; y se dispuso a ofrecer a Dios a su único hijo, Isaac.

«Bendeciré a los que te bendijeren, y a los que te maldijeren maldeciré» (Génesis 12:3). Esta profecía se cumplió rigurosamente a lo largo de los siglos, particularmente en la dispersión y restauración de Israel. Los pueblos que persiguen a los judíos fracasan, mientras que los que los protegen prosperan.

Esta profecía se cumplió en muchos pueblos. Un buen ejemplo es el de Inglaterra, que prohibió la entrada de los judíos a Palestina cuando ellos más necesitaban escapar de la policía nazi en Europa. Y luego perdió su imperio.

Brasil tomó partido por los enemigos de Israel a comienzo de los años setenta, a causa del petróleo árabe, y en poco tiempo vio su milagro económico transformarse en una de las mayores deudas externas del mundo.

Finalmente, países perseguidores de los judíos, como Irak e Irán, han pagado un alto precio. Hasta mediados de 1984 la guerra entre ambos ya había registrado cerca de un millón y medio de bajas, entre muertos y heridos; y recientemente Irak fue casi destruido por completo. Existen muchos otros ejemplos en la historia antigua y reciente, entre los que se encuentra Rusia.

89) ¿Qué diferencia existe entre el reino de Dios y la iglesia?

Querido lector, existe una gran diferencia entre el reino de Dios y la iglesia. El término «reino», aunque aparece en distintos textos, y tiene distintas connotaciones, no puede ser aplicado a la iglesia. He aquí nueve razones:

- En primer lugar, la Biblia habla de herederos del reino, pero en ningún lugar de la Escritura leemos que haya herederos de la iglesia.
- En segundo lugar, habla acerca de la posibilidad de que recibamos el reino, pero no dice nada acerca de la posibilidad de que recibamos la iglesia.
- En tercer lugar, habla acerca de ancianos, mensajeros o siervos de la iglesia, pero en ningún lugar menciona a ancianos del reino.
- En cuarto lugar, la palabra «basilea», traducida como «reino», aparece 162 veces en el Nuevo Testamento, estando 158 veces en singular y solo cuatro veces en plural, al referirse a reinos de este mundo. Por otro lado, la palabra «ekklesia» aparece 115 veces, y de ellas 36 está en plural y 79 en singular; siendo el significado de todas «iglesia» o «iglesias». Solo en Hechos de los Apóstoles, capítulo 19, versículos 32, 39 y 41 aparece como «asamblea» o «ayuntamiento».
- En quinto lugar, en las Escrituras habla de «hijos del reino», pero no encontramos nunca la frase «hijos de la iglesia».
- En sexto lugar, términos como «cuerpo», «edificio», «columna y baluarte de la verdad», que aparecen en Efesios, Colosenses y 1 Timoteo, no son nunca aplicables a «reino».

- En séptimo lugar, el gran privilegio de los miembros de la iglesia, como participantes del «llamamiento celestial» es el de reinar con Cristo en la tierra, o sobre la tierra, mientras que aquel reino será sobre todos los «reinos debajo del cielo».
- En octavo lugar, el apóstol Pablo escribió desde la prisión a las iglesias de Éfeso, Filipos y Colosas, diciéndoles que aun estando aquí y ahora en el mundo debían esperar el «premio del supremo llamamiento de Dios en Cristo Jesús», mientras que el reino, en el sentido de reinado de Cristo, no está aquí en la tierra ahora porque el Rey no está aquí. «Aún no vemos todas las cosas sujetas a él».
- En noveno lugar, el reino es el gran objetivo de las profecías del Antiguo Testamento, mientras que la iglesia, especialmente en las llamadas Cartas que Pablo escribió desde la prisión, no es el objetivo de la profecía. Por el contrario, fue mantenido en secreto hasta que llegara el tiempo de su revelación.

Al terminar la parábola de los labradores malvados, Jesús hizo hincapié en que el reino de Dios sería quitado de Israel y dado a un pueblo que diese frutos del reino, concluyendo con la declaración de que quien cayese sobre la principal piedra del ángulo, que era él mismo, sería despedazado. Así, por el hecho de haber rechazado a su Mesías, los judíos fueron literalmente despedazados en las dos guerras que lucharon contra los romanos, en la del 67 al 70, y luego en la del 132 al 135 d.C., en las que millones de ellos perecieron. Y desde entonces han estado esparcidos por todo el mundo.

Cada colonia israelita que aún existe fuera de Israel es debido al cumplimiento de la profecía de Jesús.

90) ¿Cómo entender que Jesús es el camino, la verdad y la vida?

Al presentarse como el camino, la verdad y la vida, Jesús afirmó que era el modelo supremo de vida para todos los pueblos de todas las épocas.

Encontramos pasajes en las Escrituras acerca del «camino que conduce a la vida»; del «camino al Lugar Santísimo»; del «camino nuevo y vivo»; del «camino de la verdad»; del «camino recto»; y del «camino de la justicia»; pero el Camino, sin ningún calificativo, en referencia a Jesús, incluye y supera a todos los demás.

Al emitir estas palabras acerca de sí mismo, Jesús estaba reuniendo en su persona todo el plan de Dios para la salvación del ser humano. Al presentarse como el camino, la verdad y la vida estaba encarnando en él mismo todas las promesas bíblicas, desde los libros de Moisés, los Salmos, los profetas hasta todas las figuras del Antiguo Testamento.

Como el camino, en singular, Jesús excluyó cualquier otro medio para que el hombre se pudiera encontrar con Dios a fin de ser salvo. Por mejores que parezcan los recursos de los que disponen las religiones del mundo, aun las que predican acerca del amor, la caridad y la fraternidad, jamás podrán jamás conducir a un solo ser humano a la salvación, porque existe un solo camino para llegar a Dios.

Muchas religiones humanas, aun algunas que se dicen cristianas, no pasan de ser oscuros laberintos en los cuales los hombres se pierden. Las cárceles e institutos correccionales están llenos de criminales que fueron buenos religiosos. Lampião, Antônio Silvino y otros bandidos decían ser religiosos y gozaban aun de la protección de ciertos obispos.

Las palabras de Jesús excluyen también de la salvación eterna a los que solo aceptan teóricamente las enseñanzas de la Biblia. Estar en el camino es mucho más que ser simplemente religioso, pues implica estar en Cristo, viviendo la vida de él y teniendo los mismos sentimientos que él tenía. Pablo afirma: «Cristo vive en mí» (Gálatas 2:20).

La segunda experiencia del creyente, luego de encontrarse en el camino, es poseer la bendita certeza de estar en la verdad. Ahora tiene el testimonio del Espíritu Santo, que testifica a su espíritu que es un hijo de Dios. Sabe que fuera de Cristo solo existen mentiras. La revelación de la verdad en el corazón del creyente lo llena de profunda alegría, que lo impulsa a anunciar a los demás las verdades eternas del evangelio.

Finalmente, el Hijo de Dios dice que Él es la vida, la verdadera fuente de la vida eterna. Ya antes había dicho: «Y no queréis venir a mí para que tengáis vida» (Juan 5:40). «(...) yo he venido para que tengan vida, y para que la tengan en abundancia» (Juan 10:10). Estando en el camino y teniendo la bendita certeza de que está en la verdad, el creyente descubre en Cristo un glorioso río de vida abundante que jamás se agota. Percibe que puede beber a voluntad de esa fuente sanadora, y que su vida realmente adquiere significado. Puede decir, entonces, como dijo un joven que se convirtió del comunismo a la fe cristiana: «El cristianismo es una vida para vivir aquí en la tierra, y es la única vida que vale la pena vivir».

Pero, por otro lado, si el camino nos da la idea de caminata, de acción, la verdad apela a nuestro intelecto. Y la vida, a su vez, es la plenitud que le da sentido tanto a nuestras acciones como a nuestro intelecto.

91) ¿Qué significa vivir en el reino de Dios?

El reino de Dios es nuestro verdadero hogar; nuestra verdadera patria. En ese reino estamos todos hermanados bajo los cuidados paternales de un Dios que es amor, y que ya nos bendijo con toda clase de bendición espiritual en Cristo Jesús (Efesios 1:3).

Al ser Dios nuestro amoroso Padre, su gobierno sobre nosotros es absoluto y su voluntad soberana. La voluntad del Padre es «buena, agradable y perfecta», y nosotros la cumplimos a través del amor. «El amor de Cristo nos constriñe», afirma el apóstol Pablo. Cantar de los Cantares habla de ese amor divino: «Me llevó a la sala del banquete, y su bandera sobre mí es amor... Las muchas aguas no podrán apagar este amor, ni lo ahogarán los ríos».

Como hijos de Dios, solo lo obedecemos de verdad cuando lo amamos. Dijo Jesús: «El que me ama, mi palabra guardará; y mi Padre le amará, y vendremos a él, y haremos morada con él. El que no me ama, no guarda mis palabras; y la palabra que habéis oído no es mía, sino del Padre que me envió» (Juan 14:23-24).

Permítame ilustrarlo. Mi cuñado y yo nos encontrábamos conversando en la sala de visitas de su estancia, cuando él levantó sus ojos hacia el campo y comentó que era tiempo de traer el ganado al corral. Mis sobrinos, que estaban lejos, al oír al padre salieron sigilosamente, y minutos después los vimos llevar el ganado al corral. Mi cuñado no les había dado ninguna orden; solo reveló una necesidad, un deseo. De esa misma forma el Padre celestial gobierna soberanamente. Su reino es totalitario.

La palabra totalitarismo adquirió una connotación negativa a raíz de las dictaduras crueles que causaron mucho sufrimiento a grandes regiones de la población mundial (y aún lo causan), provocando conflictos de índole global, como la última gran guerra de 1939-1945. Sin embargo, la Biblia, cuando habla acerca del gobierno de Dios afirma con toda claridad que ese gobierno es total, de orden absoluto, penetrando así en nuestro orden relativo.

El totalitarismo del reino de Dios abarca el pasado, el presente y el futuro. Su reino siempre es total. Cuando Jesús, hablando de Abraham, dijo que aquel patriarca había visto su día, o sea, el día del Mesías, sus oyentes no entendieron nada. De hecho, Abraham, en la condición de amigo de Dios, tuvo la revelación de que el Mesías vendría, y por la fe vio ese día, posiblemente en la figura del cordero sustituto de Isaac, en el Monte Moriah.

Pero la Biblia no menciona solo a Abraham como alguien que tuvo el privilegio de «ver» los tiempos futuros. El autor de la Carta a los Hebreos dice que los héroes de la fe del Antiguo Testamento vieron lo prometido «de lejos, y creyéndolo, y saludándolo, y confesando que eran extranjeros y peregrinos sobre la tierra» (Hebreos 11:13).

Esos hombres y mujeres de fe vivieron en la dimensión del reino de Dios. Dentro de ese reino «vieron» una patria mejor, y la desearon y buscaron, viviendo como extranjeros en este mundo.

92) ¿Es posible relacionar Salmo 23:1 con Mateo 6:33?

Sí. El Salmo 23 comienza diciendo: «El Señor es mi pastor, nada me faltará», y Mateo 6:33 afirma que debemos buscar el reino de Dios en primer lugar y que todas las demás cosas nos serán añadidas.

Mateo Hopers tradujo la segunda parte de Mateo 6:33 como: «y todas estas cosas os serán dadas como rotura». La idea es que todo aquello que consideramos esencial para la vida, como la ropa, el alimento y el calzado, en realidad no es tan esencial. El cristiano puede vivir sin esas cosas.

David, en el mencionado salmo, concuerda con ese pensamiento, cuando afirma: «El Señor es mi pastor; yo no deseo nada» (Traducción de la versión King James autorizada). Otras traducciones dan la misma idea: «tengo todo lo que necesito», «nada me falta», «no necesito nada». ¿Será realmente eso lo que afirma David? ¿Tienen sus palabras respaldo en las Escrituras?

Veamos estos pasajes: «Jehová es la porción de mi herencia, y de mi copa» (Salmo 16:5). «Jehová es la fortaleza de mi vida» (Salmo 27:1). Asaf dijo lo mismo: «¿A quién tengo yo en los cielos sino a ti? Y fuera de ti nada deseo en la tierra. Mi carne y mi corazón desfallecen; mas la roca de mi corazón y mi porción es Dios para siempre.» (Salmos 73:25-26). Jeremías, en Lamentaciones, dice a coro con los salmistas: «Mi porción es Jehová, dijo mi alma, por tanto, en él esperaré» (3:24).

¿Qué nos quieren decir estos siervos de Dios del pasado cuando declaran *Jehová es mi porción?* Están dando testimonio de que el Señor es todo lo que necesitan; que en él están completos. David Livingston registró esa verdad en su diario. Un poco antes de ser encontrado muerto de rodillas, en el interior del África, un amigo de él le había insistido en que volviese a Inglaterra, pero el misionero dijo que aún quedaban muchas aldeas que debían ser alcanzadas con el evangelio. Y permaneció en el África. En su diario encontraron estas palabras: «Mi Jesús, mi Rey, mi todo.»

En la experiencia de los apóstoles y mártires tenemos la confirmación de la tremenda verdad acerca de que el reino es tan completo que donde él actúa es el cielo, y donde él no actúa es el infierno. Ese reino divino puede traer el cielo a un calabozo, como sucedió con Pedro, Pablo, Silas, Bunyan y tantos otros, y hasta a una hoguera. John Huss, al ser quemado vivo, cantó mientras pudo; y, luego, impedido de continuar a causa de la humareda, oró hasta entregar su espíritu.

Por otro lado, donde el reino no actúa es el infierno. Hay creyentes que viven un verdadero infierno porque desconocen la plenitud del reino de Dios en su vida. A veces tienen todo, pero se sienten vacíos. El reino puede llevar el cielo a una choza, y su ausencia puede hacer que reine el infierno en un palacio.

93) ¿Qué significa experimentar la voluntad de Dios?

Según Romanos 12:1,2, el resultado de la entrega y de la transformación es el experimentar la voluntad de Dios, lamentablemente desconocida por muchos cristianos. Supe de una hacendada, antiguo miembro de la iglesia, que al oír un fuerte llamado a entregarse totalmente a Dios, confesó: «Temo que si lo hago Dios me quite todas mis vacas».

Hay muchos creyentes que reaccionan del mismo modo. No logran comprender de qué manera la voluntad de Dios puede ser buena, agradable y perfecta. Para ellos una vida enteramente sumisa a Dios sería insoportable. Algunos temen que Dios los envíe a las naciones muy pobres o a las hostiles al evangelio. Esa fue la experiencia de Pablo: «Y hallé que el mismo mandamiento que era para vida, a mí me resultó para muerte».

No obstante, la voluntad de Dios es *buena* por el hecho de que trae a nuestra vida solo lo que es esencialmente bueno. Dios, siendo bueno, nada puede hacer por nosotros y en nosotros que no sea bueno. Pablo y Silas estaban bien en el centro de la voluntad de Dios aun cuando soportaron azotes, humillaciones y prisión por causa del evangelio. Por eso cantaban himnos y oraban. Y el propósito de Dios de permitir que sufrieran fue bueno en todo sentido, pues así nació la bendecida iglesia de Filipos, que tanto ayudó a los apóstoles en la propagación del evangelio.

El segundo aspecto de la voluntad de Dios es que ella es *agradable*. Rechaza todo lo que es arbitrario y oscuro, y desea solo lo que goza de la eterna complacencia divina. Pero «agradable» aquí no solo se refiere a Dios, pues los que se someten a su voluntad se dan cuenta de que esta les resulta agradable también. A una anciana, que había vivido una bendecida vida de sumisión a la voluntad de Dios, le preguntaron qué haría si al llegar a la puerta del cielo le bloquearan la entrada. Y ella respondió: «Levantaría mis brazos y rodearía el cielo, alabando a Dios por la maravillosa vida que me permitió vivir aquí en la tierra».

El tercer aspecto de la voluntad divina tiene que ver con que es *perfecta*. Esa perfección viene del hecho de que todo lo que Dios desea hacer refleja su carácter perfecto. Como él jamás nos engaña, podemos descansar confiando en que al final todo saldrá bien. José, aunque fue vendido como esclavo, llevado ante Potifar por la esposa de este, y arrojado a prisión, vio finalmente todos sus sueños cumplidos. El suntuoso Templo de Salomón, totalmente destruido por el fuego, dio lugar a un santuario de gloria mucho mayor. ¡El viernes santo, lleno de vergüenza, de dolor y de aparente derrota, terminó en la radiante mañana de la resurrección! «Las aflicciones del tiempo presente no son comparables a la gloria que en nosotros ha de manifestarse.»

Hudson Taylor fue, sin duda, uno de los más exitosos misioneros enviados a la China durante el siglo diecinueve. Predicó el evangelio a los chinos a tal punto que experimentó una profunda transformación en su propia vida cristiana. En una larga carta a su hermana Broomhall, narra las tremendas dificultades por las que pasó al haber vivido de acuerdo con la voluntad de Dios, hasta que descubrió que el secreto de una vida cristiana victoriosa no estaba en intentar imitar a Cristo sino en permitir que Cristo viviese en él.

94) ¿Puede el cristiano sentir nostalgia del cielo cuando nunca estuvo allí?

Alguien dijo que la armonía del sonido es la música; que la armonía de las líneas es la escultura; que la armonía de los colores es el arte; y que la armonía de la bondad es la comunión con Dios y con los hombres. Pero el cristiano puede agregar a todo ello que la armonía de la vida entera es el reino de Dios.

Querido lector, algunos teólogos hasta cuestionan la letra de ciertos himnos que hablan de tener nostalgia del cielo, como, por ejemplo: «De la linda patria estoy muy lejos... Tengo de Jesús nostalgia». Alegan que no se puede sentir nostalgia de un lugar en el que nunca se ha estado.

Pero lo cierto es que, al convertirse, una persona comienza a experimentar una relación tan real con sus nuevos hermanos, con Jesús y con el Padre celestial que se vuelve un verdadero miembro de la gran familia de Dios, presente en el cielo y en la tierra. Son fuertes los vínculos que unen a los miembros de esa familia. Todos tienen sus nombres escritos en un solo libro de la vida, y grabados en el pectoral del único sumo sacerdote. Todos hablan el mismo lenguaje. El Espíritu Santo, aunque en diferente medida, habita en el corazón de todos. Y todos tienen un mismo Padre, de quien son hijos por adopción, por lo que Jesús, aun siendo el Hijo unigénito del Padre, no se avergüenza de reconocer a esos hijos por adopción como sus propios hermanos.

Yo era aún muy joven cuando soñé que había sido arrebatado, y en el sueño corría por lindos y floridos prados, al son de cristalinos riachos y de una música celestial tan sublime que jamás había oído algo parecido, ni siquiera en las más bellas obras y sinfonías de Beethoven, Mozart, Bach, Handel y otros. Al despertar, me sentí embargado por una profunda tristeza al darme cuenta de que todo había sido solo un sueño. ¡Cómo me habría gustado que hubiera sido verdad! Luego de aquella experiencia, el mundo y todo lo que había en él me parecieron extremadamente faltos de gracia, y extraños. Me sentía como un pájaro fuera de su nido. Me identifiqué con las palabras que Jesús dijo de sus discípulos al orar al Padre: «No son del mundo, como tampoco yo soy del mundo» (Juan 17:16).

Cuando recibimos el reino de Dios, y nos movemos en él, ese comienza a ser nuestro verdadero hogar, aquel en el que nuestra vida está «escondida con Cristo en Dios». Somos extranjeros en cualquier otro lugar en el que estemos.

Florence Kinsley, misionera en el África, decía siempre que al morir deseaba que Susi, el pequeño niño negro que tanto la había servido en África, y que ahora estaba con el Señor, le abriese la puerta del cielo cuando ella llegara. Partió a la eternidad en un hospital de Canton, Ohio, víctima de un terrible cáncer. La enfermera le tomó el pulso y dijo que había fallecido. Entonces el pastor se inclinó y le dijo al marido: «Hermano Kinsley, no la deje partir sin que dé testimonio».

El marido se inclinó y susurró al oído de aquel cuerpo sin vida: «Florence... Florence... Florence...» De repente, ella movió los ojos, se comenzó a incorporar sobre el brazo derecho y miró hacia arriba. No vio a su marido, ni a su pastor, ni a la enfermera. Pero con labios débiles pronunció estas palabras: «Susi, abre la puerta. Llegué al hogar. Gracias a Dios estoy en casa».

95) ¿Cómo se puede resumir la misión de Jesús aquí en la tierra?

El Hijo de Dios recibió de José, por revelación divina, un nombre conocido por el pueblo israelita, pues del año 35 al 63 d.C. nada menos que cuatro sumos sacerdotes llamados Jesús, pontificaron en Jerusalén. El historiador Flavio Josefo, haciendo foco en acontecimientos de aquella misma época, menciona veinte personajes con ese mismo nombre.

El sentido del nombre «Jesús», que significa ayudar y salvar, fue reforzado y ampliado a través del anuncio angelical: «porque él salvará a su pueblo de sus pecados» (Mateo 1:21). Como un niño judío más entre los otros, Jesús no tenía nada que no tuvieran sus semejantes, excepto que crecía «en sabiduría, y en estatura, y en gracia para con Dios y los hombres» (Lucas 2:52), con miras a su divina misión de «buscar y salvar lo que se había perdido».

La salvación que trajo y llevó a cabo Jesús, es definitivamente personal e histórica, de allí su distinción de las «salvaciones» mitológicas y cosmológicas concebidas por la filosofía greco-romana, como la de la «salvación nacional» tan ardientemente aspirada por Israel mientras se encontraba bajo el yugo del imperio romano. De hecho, en esas circunstancias, la palabra salvadora de la cruz sonaba como una deslumbrante locura a los oídos helénicos, al mismo tiempo que escandalizaba y enfurecía al judaísmo ortodoxo, encerrándolo en un mesianismo distorsionado de la palabra profética.

Los «salvadores» o «dioses salvadores» existían en gran número y en diversos lugares en el antiguo paganismo. A cada tipo de peligro le correspondía un «salvador» especialista: Dagon, de los filisteos, presidía la vida de los peces; Ceres, diosa romana (Deméter para los griegos), «salvaba» la agricultura y las buenas cosechas; Atenas o Palas Atenea, de los griegos (Minerva para los romanos), protegía las artes y las ciencias; Bubona, de los egipcios, era la salvadora o conservadora de los bueyes; Esculapio, de los griegos y romanos, salvaba a los enfermos y resucitaba a los muertos; Fauno, de los latinos, salvaba a los rebaños de los lobos.

La lista sería extensa solo si mencionáramos a los principales «salvadores» que resultaron evidentes en el pasado, y que todavía hoy son invocados en muchas partes del mundo. Aún ciertas religiones paganas e idólatras, rotuladas como cristianas, conservan y veneran a «salvadores», «patrones» y «hacedores de milagros» con las más diversas finalidades: casamenteros o celestinos, protectores de ciegos, cuidadores de ciudades, y otros fines. Ignorando o menospreciando a Aquel a quien pertenece el dulce y soberano título de Salvador.

La Biblia habla acerca de la persona de Cristo y del carácter singular de su salvación, que es incomparablemente superior al de todas las actividades salvadoras de todos los «dioses» de la mitología y de la misma religión mosaica: «Por lo cual puede también salvar perpetuamente a los que por él se acercan a Dios» (Hebreos 7:25).

A fin de salvarnos, Jesús tomó nuestros pecados sobre él mismo, los llevó al Calvario y allí los clavó en la cruz. «Mas él herido fue por nuestras rebeliones, molido por nuestros pecados; el castigo de nuestra paz fue sobre él, y por su llaga fuimos nosotros curados» (Isaías 53:5).

96) ¿Existe algún otro medio de justificación fuera del cristianismo?

No existe, mi querido lector. Muchas religiones presentan los más diversos medios para justificar al ser humano, pero esas religiones jamás lograrán su cometido. A los hombres no les fue concedida por Dios ninguna autoridad para justificar a sus semejantes. Millones de personas están completamente fuera del plan divino de salvación solo por procurar justificarse según los planes ideados por Satanás.

¡Realmente muy triste! Millones y millones, totalmente engañados por las falsas religiones que saturan a la sociedad moderna, gastan su dinero y su tiempo, y aún su misma salud, sin obtener el menor provecho espiritual.

Existe solo un medio de justificación, y es el que señala la Santa Biblia. Pero esta, antes de tratar el tema de nuestra justificación habla acerca de nuestra verdadera condición ante los ojos de Dios: «No hay justo ni aún uno... todos están bajo pecado... todos pecaron... la paga del pecado es muerte».

Cuando Adán y Eva pecaron, cosieron ramas de higuera para hacer delantales que pudiesen cubrir sus cuerpos. Dios, sin embargo, sustituyó esa ropa inadecuada por otra mucho mejor, hecha de piel de ovejas. En ese simple relato vemos esbozada la figura del plan divino de la justificación, que tuvo su origen en Dios, quien quiere y puede justificar al hombre. Sin embargo, este no puede justificarse a sí mismo, porque le faltan los medios necesarios. Así como Dios no aceptó la ropa que se hicieron Adán y Eva, tampoco acepta las vestiduras de la auto justificación, basadas en buenas obras y sacrificios sin sentido.

Jesús dejó el tema bien claro cuando narró la parábola de las bodas reales, enfatizando que la única condición para ser admitido en la fiesta era llevar la vestimenta nupcial proporcionada gratuitamente por el rey para la ocasión, sin mérito alguno por parte del invitado (Mateo 22:1-14).

La parábola de las bodas refleja lo que registró Isaías acerca de la única solución para nuestro pecado: «cuando el Señor lave las inmundicias de las hijas de Sion, y limpie la sangre de Jerusalén de en medio de ella, con espíritu de juicio y con espíritu de devastación. Y creará Jehová sobre toda la morada del monte de Sion, y sobre los lugares de sus convocaciones, nube y oscuridad de día, y de noche resplandor de fuego que eche llamas; porque sobre toda gloria habrá un dosel, y habrá un abrigo para sombra contra el calor del día, para refugio y escondedero contra el turbión y contra el aguacero» (Isaías 4:4-6).

«¿Podremos acaso ser salvos? Si bien todos nosotros somos como suciedad, y todas nuestras justicias como trapo de inmundicia; y caímos todos nosotros como la hoja, y nuestras maldades nos llevaron como viento. Nadie hay que invoque tu nombre, que se despierte para apoyarse en ti; por lo cual escondiste de nosotros tu rostro, y nos dejaste marchitar en poder de nuestras maldades» (Isaías 64:5c-7).

Al afirmar que solo Dios puede *lavar* y *limpiar* al hombre, la Biblia revela la condición impuesta a los que desean apropiarse de la justificación. Dice el apóstol Pablo: «Concluimos, pues, que el hombre es justificado por fe sin las obras de la ley» (Romanos 3:28). «Porque por gracia sois salvos por medio de la fe; y esto no de vosotros, pues es don de Dios; no por obras, para que nadie se gloríe. Porque somos hechura suya, creados en Cristo Jesús para buenas obras, las cuales Dios preparó de antemano para que anduviésemos en ellas» (Efesios 2:8-10).

97) ¿En qué sentido el amor cumple la ley de Dios?

Querido lector, la más gloriosa verdad bíblica que ilustra la salvación únicamente por gracia divina, salió de los labios de Cristo: «Separados de mí nada podéis hacer» (Juan 15:5b). Con esta afirmación el Señor estaba abonando la doctrina de la gracia, según la cual Dios mismo planeó y consumó en la cruz la salvación eterna, sin ninguna contribución de nuestra parte, a no ser el ejercicio de la fe. «Porque de tal manera amó Dios al mundo, que ha dado a su hijo unigénito, para que todo aquel que en él crea no se pierda, mas tenga vida eterna» (Juan 3:16).

Esa misma verdad se encuentra también en el mensaje angelical a los pastores de Belén: «Y en la tierra paz, buena voluntad para con los hombres» (Lucas 2:14).

La buena voluntad descendió de Dios a los hombres; no subió de los hombres a Dios. En la entrevista con Nicodemo, el Señor nos enseña acerca de la necesidad de nacer de nuevo, expresión semejante a nacer de arriba abajo, que fue el modo en que se rasgó el velo que separaba el Lugar Santo del Santísimo en el templo de Jerusalén. Tanto la expresión «de nuevo» como «de arriba abajo» indican que el nuevo nacimiento viene de lo alto: del cielo a la tierra (Juan 3:7; Mateo 27:51).

98) ¿Cómo puede ser Jesús al mismo tiempo Dios y hombre?

La principal fuente de información con respecto a Jesús es la Biblia. En el Antiguo Testamento Cristo fue prometido como Dios y como hombre. Leemos en Isaías 7:14: «He aquí que la virgen concebirá, y dará a luz un hijo, y llamará su nombre Emanuel», que quiere decir "Dios con nosotros"».

El mismo profeta, refiriéndose al Mesías, escribió: «Porque un niño nos es nacido, hijo nos es dado, y el principado sobre su hombro; y se llamará su nombre Admirable, Consejero, Dios Fuerte, Padre Eterno, Príncipe de Paz». Como se puede percibir, algunos de esos nombres solo se pueden aplicar a Dios.

Cuando Adán y Eva pecaron Dios prometió enviar la «simiente de la mujer», el Mesías, y desde entonces a lo largo de los siglos repitió esa consoladora promesa, siempre agregando más y más informaciones acerca del carácter y de la misión del Mesías. Y cuando se aproximaba la época en que la «simiente de la mujer» debía manifestarse para aplastar la cabeza de la serpiente (Satanás), Dios cumplió otras innumerables profecías, haciendo grandes cambios en la vida social, política y cultural del mundo. En esa época excepcional, llamada en las Escrituras «la plenitud de los tiempos», vino el Señor Jesús.

En cuanto a la encarnación del Verbo, la propia Biblia la llama gran misterio, que solo puede ser aceptado por la fe y según la gracia de Dios. Pablo habla de Cristo como poseedor de dos naturalezas, al decir: «Acerca de su Hijo, nuestro Señor Jesucristo, que era del linaje de David según la carne, que fue declarado Hijo de Dios con poder (...)» (Romanos 1:3-4). En la genealogía de Cristo en el libro de Mateo, la palabra «engendró» se repite 39 veces, pero se la omite en el v. 16: «...y Jacob engendró a José, marido de María, de la cual nació Jesús, llamado el Cristo». Aquí, como en toda la Biblia, no leemos que Jesús fue engendrado por voluntad de hombre.

Lucas aclara este misterio cuando registra las palabras del ángel Gabriel a María: «El Espíritu Santo vendrá sobre ti, y el poder del Altísimo te cubrirá con su sombra; por lo cual también el Santo Ser que nacerá, será llamado Hijo de Dios». Volviendo a Mateo, el ángel dijo: «José, hijo de David, no temas recibir a María tu mujer, porque lo que en ella es engendrado, del Espíritu Santo es». El Mesías sería la simiente de la mujer, y no del hombre.

Dios y hombre en una sola persona. Jesucristo es la figura más importante de la historia de la humanidad. Hace casi dos mil años fue más que vencedor. Lutero escribió estas palabras: «Fuera de Cristo desconozco salvación o consuelo, camino o apoyo, consejo o vereda. En esta verdad permanezco y mediante ella avanzo, por cuanto este es el verdadero camino y puente, más firme y cierto que cualquier edificio de piedra o de hierro. ¡Sería más fácil deshacer el cielo y la tierra que admitir que ella falla o engaña!»

Jesús, el bendito Salvador, se despojó de su gloria celeste y se vistió como campesino. Por amor a nosotros se hizo pobre. Durmió en un pesebre de alguien, viajó en un bote prestado, cabalgó en un asno ajeno y fue sepultado en la tumba de José de Arimatea. ¡Tal era su pobreza! Todos fallaron, ¡pero él jamás falló! Es el perfecto Salvador, el amoroso Señor, el poderoso Cristo.

99) ¿Cuánto duró la dispensación de la Ley?

Querido lector, la dispensación de la Ley fue establecida entre Dios e Israel en medio de grandes señales y prodigios. Ningún otro pueblo, en toda la historia del hombre, experimentó condiciones más favorables que Israel. Hubo una visible manifestación de la presencia de Dios en Egipto, en el desierto, en la travesía del Mar Rojo y en el Sinaí. Dice la Biblia: «Y el ángel de Dios que iba delante del campamento de Israel, se apartó e iba en pos de ellos; y asimismo la columna de nube que iba delante de ellos se apartó y se puso a sus espaldas, e iba entre el campamento de los egipcios y el campamento de Israel; y era nube y tinieblas para aquéllos, y alumbraba a Israel de noche, y en toda aquella noche nunca se acercaron los unos a los otros» (Éxodo 14:19-20).

Dios sanó las enfermedades de Israel y les dio las riquezas de Egipto; les habló de forma audible y les hizo revelaciones; les proporcionó un completo código de leyes y les hizo muchas promesas. Y, finalmente, les dio el evangelio.

El deseo de Dios al darles el pacto de la ley era, en primer lugar, probar a los israelitas para ver si lo obedecían. En segundo lugar, producir una completa destrucción de las razas de los gigantes mediante la espada de Israel, en virtud de los pecados de esos pueblos que ya habían colmado la paciencia de Dios. En tercer lugar, traer al Mesías al mundo a través de un linaje adámico puro, en cumplimiento de Génesis 3:15. Y, en cuarto lugar, la ley tenía el propósito de establecer un sistema de sacrificios que mostrase, en sus más mínimos detalles, la hediondez del pecado y la necesidad de la muerte expiatoria del Mesías.

La dispensación de la Ley cubre el largo período del Sinaí al Calvario, y en ella todos los hombres son condenados por haber pecado. La nación de Israel no soportó las pruebas a las que fue sometida bajo la ley, y rompió su compromiso de Éxodo 19:8, consciente de su solemne juramento: «Todo lo que Jehová ha dicho, haremos. Y Moisés refirió a Jehová las palabras del pueblo». Por eso vinieron los juicios de los cautiverios asirio y babilónico.

La ley fue totalmente cumplida por Jesús. Él nació bajo la ley a fin de cumplirla en lugar de todos los israelitas, que tenían el deber de observarla. Jesús, al tomar el lugar del trasgresor, clavó la ley en la cruz, pues era transitoria. Dijo Dios: «Haré cesar todo su gozo, sus fiestas, sus nuevas lunas y sus días de reposo, y todas sus festividades» (Oseas 2:11).

Mi querido lector, observe lo que el apóstol Pablo escribió a los creyentes de Colosas: «Anulando el acta de los decretos que había contra nosotros, que nos era contraria, quitándola de en medio y clavándola en la cruz, y despojando a los principados y a las potestades, los exhibió públicamente, triunfando sobre ellos en la cruz. Por tanto, nadie os juzgue en comida o en bebida, o en cuanto a días de fiesta, luna nueva o días de reposo, todo lo cual es sombra de lo que ha de venir; pero el cuerpo es de Cristo.» (Colosenses 2:14-17).

100) ¿Cuáles son las diferencias entre las dispensaciones de la gracia y de la ley?

El establecimiento de la dispensación de la gracia se produjo en la «plenitud de los tiempos», cuando, en todas partes, resultaba evidente la falencia de la filosofía, de la religión y de la política en sus esfuerzos por mejorar la vida humana. Un retrato de esa época nos lo presenta Benjamín Scott:

«Es imposible describir toda la miseria moral de una religión (pagana) cuyos dioses eran perversos, dados al vino, fratricidas, prostitutas y asesinos, y cuyos templos eran burdeles y antros de los peores vicios, llegando algunos a ser tolerados solo fuera de las ciudades. Sus espectáculos (las horribles pugnas de gladiadores y escenas impuras) ni el jefe del cuartel los podía presenciar. Sus procesiones eran cortejos de indecencias. No era raro que sus altares se tiñeran de sangre humana.

«Sus fiestas, las célebres bacanales y saturnales, cuyo ritual era el vicio, y cuyos sacerdotes y sacerdotisas... (Debemos bajar un telón para esconder sus simples funciones sacerdotales).

«En el templo de Augusto el casamiento había caído en desuso. Si existía, era solo para que la mujer se volviera esclava. La esposa debía trabajar; las concubinas y cortesanas eran amigas de su señor. Pero todo ello no era sino el cuadro más negro.

«No existía ni un solo vicio que provocara la extinción de los cananeos o que hiciera venir fuego vengador del cielo sobre las ciudades de la planicie que no ensuciara el retrato que la historia registra de casi todos los emperadores, estadistas, poetas y filósofos de la Roma Antigua y de la Grecia Clásica.

«La lepra moral corrompía todo y a todos. La crueldad imperaba tanto como la sensualidad. La esclavitud era universal. Sócrates era una excepción» (Vitruvio, I.7).

Es en este mundo tenebroso que Jesús se manifestó como la luz del mundo, con la más pura de todas las doctrinas: la fe cristiana, anunciada con autoridad y confirmada con grandes señales y prodigios, inclusive por los discípulos y apóstoles.

En la dispensación de la gracia, el propósito divino es salvar a todo aquel que cree en Jesús, tanto judíos como gentiles, y llamar fuera del mundo a ese pueblo especial para formar así su iglesia: «Porque de tal manera amó Dios al mundo, que ha dado a su Hijo unigénito, para que todo aquel que en él cree, no se pierda, mas tenga vida eterna. (...) Y esta es la vida eterna: que te conozcan a ti, el único Dios verdadero, y a Jesucristo, a quien has enviado» (Juan 3:16; 17:3).

La dispensación de la gracia comenzó con la muerte expiatoria de Jesús, y terminará con el arrebatamiento de la iglesia. En todo ese período, los israelitas como nación fueron cortados, puestos de lado, hasta que entre la «plenitud de los gentiles».

La causa del rechazo temporal de Israel fue porque se rehusaron a creer en el Mesías, aunque habían sido preparados para la fe durante siglos. Por rechazar a Jesús y perseguir a la iglesia, los judíos fueron dejados de lado y las buenas nuevas de salvación se proclamaron a los gentiles.

101) ¿El creyente realiza la obra de Dios porque es salvo, o para ser salvo?

Querido lector, cuando se hacen obras porque uno es salvo, son obras vivas, por fe; pero cuando se hacen obras para ser salvo se trata de obras muertas, de la carne.

Algunos religiosos afirman que «fuera de la iglesia no hay salvación». Otros dicen que «fuera de la caridad nadie se salvará». Y aún hay cristianos judaizantes que enseñan que «sin la observancia de la ley nadie será salvo».

A pesar de sus aparentes divergencias, todos estos grupos tienen algo en común. Sus principios caracterizan la religión humana basada en obras. Desde el punto de vista profético, cada uno de esos dogmas desempeña hoy su parte en el cumplimiento de la profecía bíblica: «(...) en los postreros tiempos algunos apostatarán de la fe, escuchando a espíritus engañadores y a doctrinas de demonios; por la hipocresía de mentirosos que, teniendo cauterizada la conciencia, prohibirán casarse, y mandarán abstenerse de alimentos (...)» (1 Timoteo 4:1-3).

Las expresiones «espíritus engañadores», «prohibirán casarse» y «mandarán abstenerse de alimentos» hacen una clara alusión profética a los tres movimientos religiosos mencionados.

No debe sorprendernos que la apostasía esté hoy tan en evidencia. Estamos en la época en que los lobos devoradores se visten de ovejas, se infiltran en el rebaño de Dios y desde allí atacan a sus víctimas. Jesús nos previno acerca de esos falsos maestros y profetas, y dijo que si podían aún engañarían a los escogidos.

Desde que la salvación que viene de Dios fue consumada por Jesucristo en el Calvario, la religión de los hombres se basa en el principio anti bíblico de que debemos hacer algo para Dios. Esa es la característica más evidente de toda falsa secta, rotulada o no de cristianismo.

La palabra de Dios es clara cuando afirma: «Porque por gracia sois salvos por medio de la fe; y esto no de vosotros, pues es don de Dios; no por obras, para que nadie se gloríe» (Efesios 2:8-9). Al morir Jesús en el madero, el velo del templo se rasgó de «arriba abajo», expresión que corresponde a la que fue usada por el Señor en el diálogo con Nicodemo: «Os es necesario nacer de nuevo».

En una de sus obras, Stanley Jones menciona que el escocés Thomas Chalmers, antes de convertirse en un gran predicador, durante ocho años predicó sobre los mandamientos, y obtuvo escasos resultados. Así que decidió cambiar su mensaje: al recibir a Cristo como su Señor y Salvador personal, pasó de hablar de la ley a hablar de Cristo. Más adelante, Chalmers escribió: «Solo después de haber exhortado a mis oyentes a aceptar la ofrenda del perdón gratuito, a través de la sangre de Cristo, supe cuáles eran las reformas que debía hacer, anteriormente el objetivo supremo de mis primeras predicaciones. Predicar a Cristo es el único medio eficaz para hablar de moralidad».

Fue como resultado del cambio que se produjo en la vida de Chalmers que también se produjo un cambio en el énfasis en su ministerio (de la ley a la gracia), y así él imprimió la moral cristiana en el alma de Escocia.

Cuando la Biblia afirma que la Ley de Moisés es imperfecta para salvarnos, por el hecho de no haber logrado perfeccionar nada, nos muestra que la persona de Cristo en nosotros es el único medio para vivir una vida cristiana victoriosa. Como dijo el apóstol Pablo: «Con Cristo estoy juntamente crucificado y ya no vivo yo, mas vive Cristo en mí (...)» (Gálatas 2:20).

102) ¿Qué diferencia hay entre el reino de Dios y la iglesia?

La palabra «reino», aunque se la usa dentro de diferentes contextos en la Biblia y se le dan diferentes connotaciones, no puede ser aplicada a la iglesia. He aquí algunas de las razones de esa imposibilidad:

En primer lugar, la Biblia habla de herederos del reino, pero en ningún lugar dice herederos de la iglesia.

En segundo lugar, leemos acerca de la posibilidad de recibir el reino, pero no de recibir a la iglesia.

En tercer lugar, habla acerca de ancianos, mensajeros o siervos de la iglesia, pero no dice en ninguna parte ancianos del reino.

En cuarto lugar, la palabra «basilea», traducida como «reino», aparece 162 veces en el Nuevo Testamento, estando 158 veces en singular y solo cuatro en plural, al referirse a los reinos de este mundo. Por otro lado, la palabra «ekklesia» aparece 115 veces, y de estas 36 están en plural y 79 en singular, cuyo significado es «iglesia» o «iglesias». Solo en Hechos 19:32, 39, 41 aparece como «asamblea» o «ayuntamiento».

En quinto lugar, leemos «hijos del reino», pero no encontramos nunca «hijos de la iglesia».

En sexto lugar, términos como «cuerpo», que aparece en Efesios 1:23; 4:4,16; 5:30, y en Colosenses 1:24; «edificio» en Efesios 2:21; y «columna y baluarte de la verdad» en 1 Timoteo 3:15, nunca se pueden aplicar a «reino».

En séptimo lugar, el gran privilegio de los miembros de la iglesia, como participantes «del llamamiento celestial» (Hebreos 3:1; Apocalipsis 20:4-6), es el de reinar con Cristo sobre la tierra, o encima de la tierra, mientras que aquel reino será sobre todos los «reinos debajo de todo el cielo» (Daniel 7:27).

En octavo lugar, la iglesia de las cartas escritas desde la prisión por Pablo (Efesios, Filipenses y Colosenses) está aquí y ahora en el mundo, esperando el «premio del supremo llamamiento de Dios en Cristo Jesús» (Filipenses 3:14), mientras que el reino, en el sentido de gobierno de Cristo, no está aquí porque el Rey no está: «(...) todavía no vemos que todas las cosas le sean sujetas» (Hebreos 2:8).

En noveno y último lugar, el reino es el gran objeto de las profecías, mientras que la iglesia no es el objeto de la profecía. Al contrario, fue mantenida en secreto hasta que llegara el tiempo de su revelación.

Jesús se refirió al reino de Dios como un lugar al que se puede entrar, como si se tuviera que cruzar la frontera de un país, siendo el pasaporte para ello el tener un espíritu semejante al de un niño (Marcos 10:15). Afirmó también que, mediante el nuevo nacimiento, se puede ver el reino de Dios (Juan 3:3). Es como si la conversión nos abriese los ojos a las bellezas espirituales de la nueva vida en Cristo.

La proclamación de ese reino fue la prioridad tanto de Juan el Bautista como de Jesús.

El ministerio de Juan duró poco en virtud de su prisión y martirio, pero tan pronto como Herodes el tetrarca silenció la «voz del que clama en el desierto» (Isaías 40:3), Jesús comenzó inmediatamente a proclamar, en Galilea, el mismo elocuente mensaje: la llegada del reino.

103) ¿Cómo se recibe el reino de Dios?

Recibir el reino implica dar algunos pasos, como sucede en el inicio de una relación de amistad entre dos personas. Un conocido evangelista internacional sugiere estos cinco:

- La etapa de acercamiento. Es la etapa experimental. La persona no tiene la certeza de querer entregarse por completo a la otra persona. Es la fase del sí y el no.
- La etapa en la cual se toma la decisión de entregarse al otro: la fase de la decisión.
- La persona toma la decisión: entrega realmente su interior a la otra persona.
- Habiéndose entregado, ahora está listo para recibir una respuesta de la otra parte. Hay un intercambio: él pertenece a aquella persona, y ella le pertenece a él. Son uno.
- Hay un ajuste continuo y mutuo de mente a mente, de voluntad a voluntad, y de ser a ser a lo largo de los años. La amistad se desdobla.

Quisiera detenerme en dos de esos pasos: el *acercamiento* y la *decisión*.

El acercamiento o conflicto mental: Esta etapa puede durar mucho tiempo o solo unos minutos. Como pastor, conozco personas que aun después de pasados diez años no han superado esa etapa, y sé de otras que lo han hecho rápidamente, en un culto. La razón por la que en algunos casos ese acercamiento es lento se debe a la duda.

En el caso de una amistad humana, puede haber duda en ambos, pero cuando se trata de una amistad con Dios, nunca sucede porque de parte de él no existe duda alguna. Todo fue hecho y está perfectamente preparado. Como dijo Jesús: «Vengan, pues ya está todo listo». Y cuando exclamó en la cruz «consumado es» estaba poniendo punto final a la obra redentora. De parte del Hijo, del Padre y del Espíritu Santo no había nada más que hacer. Ahora todo depende de nosotros.

Lamentablemente, como todas las religiones enseñan que los hombres deben buscar a Dios, algunas personas creen que lo mismo sucede con el cristianismo bíblico. Sin embargo, lo que la Biblia enseña es que el pecador no puede encontrar a Dios pues siempre está huyendo lejos de Él. Sin embargo, puede ponerse en el camino de Dios para ser hallado por Él.

La decisión: El segundo paso es el de la decisión o crisis emocional. En esta etapa usted sabe que ya no se puede seguir resistiendo al llamado del amor de Dios; que el conflicto íntimo en el que usted vive, exige algo de su parte.

En esa etapa de la decisión usted puede experimentar una gran perturbación. Toda su vida puede verse confrontada con las exigencias del evangelio. Así como ante la llegada de Jesús el rey Herodes «se turbó, y toda Jerusalén con él», también puede ocurrirle a usted cuando Jesús golpea la puerta de su vida.

El evangelio nos trastorna para luego repararnos. Sus padres podrán oponerse a su decisión; su futuro o actual cónyuge podrá amenazarlo con terminar la relación; sus amistades podrán abandonarlo. Todo eso y mucho más podrá presionarlo a decirle «no» a Cristo. Pero el profundo anhelo de su alma clamará más alto y lo llevará realmente a decidirse por el «sí».

104) ¿En qué consiste la entrega de nuestra vida a Jesús?

La entrega, querido lector, es la fase de consumación de todo un proceso de acercamiento, conflicto y decisión. Finalmente, usted se entrega a Él; le pertenece a Él.

En muchos casos la persona que entrega verdaderamente su vida a Cristo enfrenta tremendas batallas espirituales. Podrá ver su hogar transformado en un infierno, ser desheredado por sus padres, perder el novio (o la novia), y otras cosas. Hay países en los que tal decisión puede significar aún la muerte. En la China, por ejemplo, es común que los ministros pregunten a los nuevos creyentes, antes del bautismo, si están dispuestos a morir por su fe, y muchas veces es este el precio que se paga por entregar la vida a Cristo.

En las palabras de Jesús hay una linda figura: «De cierto, de cierto os digo, que, si el grano de trigo no cae en la tierra y muere, queda solo; pero si muere, lleva mucho fruto» (Juan 12:24). La vida descendió a este mundo perdido en la persona de Jesús, a fin de llevarnos del reino de las tinieblas al reino de su maravillosa luz. Pero, ¿cómo es que la vida asciende de un nivel al otro? Solo a través de la entrega.

Ilustrémoslo con los reinos de la naturaleza. En primer lugar, el inferior es el mineral, luego el reino vegetal, luego el animal, y por encima de este se encuentra el reino humano. El Reino de Dios sería el quinto y último, el que está por encima. La única chance que tiene la vida de elevarse es aferrándose al reino inmediatamente superior. ¿Cómo se produce eso?

Observemos una linda flor, blanca y perfumada, desarrollándose en un feo lodazal. La flor lanza su semilla, que se sumerge totalmente en el charco. La vida inferior del charco para poder elevarse al nivel superior del reino de la flor se debe aferrar a aquella semilla y entregarse por completo a ella. A partir de allí se inicia todo el proceso de transformación, y así la vida del reino mineral (inferior) asciende al reino vegetal (superior).

El reino del hombre, a su vez, se ha transformado en un charco de lodo a causa del pecado. David, al ser salvo, percibió en qué triste condición había estado: «Me hizo sacar del pozo de la desesperación, del lodo cenagoso» (Salmo 40:2a). El pecado trajo tinieblas y muerte a ese reino humano, perdiendo así su belleza y la imagen y semejanza de la divinidad. El ser humano descendió tanto que terminó más abajo que el reino animal (inferior), volviéndose peor que las bestias feroces, peor que la creación animal.

Pero fue precisamente a ese degradado reino humano, alienado de Dios, al que Jesús vino. Como aquella rama que Moisés lanzó en las aguas de Mara a fin de sanarlas (Éxodo 15:23-25), así fue lanzado Jesús a las profundidades de la muerte: «El Verbo se hizo carne, y habitó entre nosotros» (Juan 1:14).

¡He allí la chance de ascender del reino humano al reino divino! De la misma manera que la vida del reino mineral para poder ascender debe entregarse a la vida del reino vegetal, que descendió hacia él, así también nosotros debemos entregar sin reservas nuestra vida a la simiente del Reino de Dios, Jesús, y dejar que los procesos vitales de ese Reino superior operen libremente en nosotros. Solo así nuestra vida inferior entrará en la nueva dimensión de la vida superior: el reino de Dios.

105) ¿Cómo entender que Jesucristo es Dios y hombre a la vez?

La principal fuente de información con respecto a Jesús son las Sagradas Escrituras. En el Antiguo Testamento, Cristo fue una promesa (Isaías 7:14; 9:6). Al leer estos pasajes podemos percibir que el Mesías no podía ser solo hombre, ni solo un gran profeta, porque los nombres Padre Eterno, Consejero, Dios Fuerte y Príncipe de Paz, solo se pueden aplicar a Dios.

Cuando nuestros primeros padres pecaron, Dios prometió que enviaría la «simiente de la mujer», el Mesías, y desde entonces a lo largo de los siglos repitió esa consoladora promesa, siempre agregando nuevas informaciones acerca de su carácter y de su misión. Y cuando se acercaba el tiempo en que la «simiente de la mujer» debía manifestarse para aplastar la cabeza de la serpiente (Satanás), Dios cumplió otras innumerables profecías, haciendo grandes cambios en la vida social, política y cultural del mundo. En esa época excepcional, llamada en las Escrituras «la plenitud de los tiempos», vino Jesús.

En cuanto a la encarnación del Verbo, la misma Biblia llama grande a este misterio (1 Timoteo 3:16), que solo puede ser aceptado por la fe y la gracia de Dios. Pablo habla de Cristo como poseedor de dos naturalezas (Romanos 1:3-4).

En la genealogía de Cristo en Mateo, la palabra «engendró» se repite 39 veces, pero se la omite en el v.16. Aquí, como en toda la Biblia, no leemos nunca que Jesús fue engendrado por voluntad de hombre. Lucas y Mateo aclaran ese misterio. Es buena su insistencia en cuanto a que el Mesías sería de la simiente de la mujer y no del hombre, pues es este el que transmite el pecado por medio del esperma.

Dios y hombre en una sola persona. Jesucristo es la figura más importante de la historia de la humanidad. Hace casi dos mil años fue más que vencedor. Lutero escribió estas palabras:

«Fuera de Cristo desconozco salvación o consuelo, camino o apoyo, consejo o vereda. En esta verdad permanezco y mediante ella avanzo, por cuanto este es el verdadero camino y puente, más firme y cierto que cualquier edificio de piedra o de hierro. ¡Sería más fácil deshacer el cielo y la tierra que admitir que ella falla o engaña!»

Por otro lado, el Nuevo Testamento presenta a Jesús no solo como una verdadera vida humana, sino como la vida humana verdadera. Tuvo madre humana, creció y se desarrolló normalmente como niño, adolescente y llegó a la madurez. Experimentó las emociones y los sentimientos comunes a todos los hombres: amor, tristeza, indignación, compasión. Fue «tentado en todo, a nuestra semejanza, pero sin pecado». No solo comió y bebió, sino que conoció el hambre, la sed y el cansancio. Su humanidad fue la más elevada y la más santa que este mundo vio jamás.

¿Y qué en cuanto a su divinidad? La Biblia dice: «En el principio era el Verbo, y el Verbo era con Dios, y el Verbo era Dios» (Juan 1:1). Jesús coloca su propia autoridad en paralelo con la autoridad de Dios el Padre, habla con la autoridad del Padre y llega aún a decir: «El que me ha visto a mí, ha visto al Padre» (Juan 14:9).

106) ¿Es posible probar, a través de la Biblia, que Jesús realmente resucitó?

Todas las enseñanzas bíblicas que constituyen la base del cristianismo están tan estrictamente ligadas entre sí que es imposible negar una de ellas sin negar las demás. Y en esa cadena doctrinaria se destaca la de la resurrección de Cristo.

Los profetas afirmaron que el Mesías nacería de una mujer, que sería Dios, que moriría y que resucitaría. El Señor Jesús afirmó acerca de sí mismo que era el Mesías, que era Dios, que moriría y que resucitaría al tercer día.

Los discípulos de Cristo afirmaron que era el Mesías, que era hombre y Dios, que había muerto y luego resucitado al tercer día. Dijeron además que él, luego de su resurrección, estuvo con ellos durante 40 días, y que fue visto una vez por aproximadamente 500 personas, muchas de las cuales aún vivían en el tiempo en que el apóstol Pablo escribía a los Gálatas, entre el 55 y el 60 d.C.

Para la iglesia, la resurrección de Cristo se impone como una verdad bíblica absolutamente necesaria. Los que la niegan, niegan un eslabón imprescindible en la cadena doctrinaria que constituye el plan de Dios para la salvación; niegan la divinidad de Cristo, su segunda venida, la razón de ser de la misma iglesia y, finalmente, niegan la misma autoridad de la Biblia.

De entre las diversas razones por las que podemos creer en la resurrección de Cristo está la misma prueba de la tumba vacía. Stanley Jones comenta:

Pocos días luego de la muerte de Él (Jesús), los discípulos acusaron a los líderes de Jerusalén de ser los responsables de su muerte, y lo hicieron públicamente. ¿Por qué no podían aquellos líderes ir directamente a la tumba y mostrar que allí estaba el cuerpo de Jesús? Para ellos, eso hubiera resuelto todo. Sin embargo, no lo hicieron. ¿Por qué?

Si hubieran reiterado la débil respuesta acerca de que los discípulos habían robado el cuerpo de Jesús mientras los soldados dormían, todo hubiera sido simple. ¿Cómo podían los discípulos haber robado el cuerpo sin que nadie los hubiera visto, o sin que nadie denunciara el hecho? Había entre ellos muchos que dudaban. ¿Acaso ellos no divulgarían el terrible secreto del robo, acusando a los discípulos de engañadores?

A lo largo de los siglos nada apareció. Además, ¿alguna vez los discípulos actuaron como personas que habían ocultado un secreto culposo, apoyados en una mentira? ¿Parecían arrebatadores de cuerpos, o gente que vivía de cadáveres? Si así hubiera sido, sus rostros de hipócritas y tramposos los hubieran condenado.

Y más aún: el secreto culposo acabaría carcomiendo sus mensajes. Tales mensajes morirían para los oídos del mundo, y la mentira también. Sin embargo, por el contrario, aquellos hombres se mostraban radiantes e irresistibles. Cuando los perseguían se alegraban y reían; cantaban mientras estaban encadenados; y caminaban a la muerte sonriendo. ¿Por qué? ¿Se trataba de un misticismo, de una mentira? Sin dudas, los misticismos nunca producen aleluyas, y ningún cadáver jamás producirá vidas transformadas. Lo semejante produce algo semejante» (Stanley Jones, O Caminho, Imprensa Metodista, Sao Bernardo do Campo, 1988, p. 317) [Stanley, Jones,

El Camino, Imprenta Metodista, Sao Bernardo do Campo, 1988, p. 317].

107) ¿Hasta qué punto la muerte fue vencida por Cristo?
Acerca de la muerte, la gente se hace muchas preguntas. ¿Por qué niños felices y sonrientes son aplastados por avalanchas, o resultan víctimas de guerras injustas y sin sentido que ellos no provocaron? ¿Por qué el patriarca Abraham murió en su dichosa vejez, mientras que otros miles son implacablemente aniquilados por la muerte en el despertar de la vida?

En la Biblia y en la historia encontramos varios ejemplos de hombres y mujeres llenos de valor que saludaron con alegría su hora final, pero también existen innumerables relatos en los que personas no menos valientes presenciaron en la hora de su partida una catástrofe aterradora. Veamos algunos de esos casos:

«Padre, en tus manos entrego mi espíritu, pues tú me redimiste, Dios de la verdad», dijo Martín Lutero poco antes de morir. El Dr. Jones le susurró al oído: «Reverendo padre, ¿desea mantenerse firme del lado de Cristo y de las doctrinas que ha predicado? ¿Resisten estas las agonías de la muerte?» «¡Sí, sí, mil veces sí!», exclamó Lutero. Y, girando hacia un costado, durmió en el Señor.

Por otro lado, el pensador Voltaire luchó desesperadamente contra la muerte. Preso de la angustia y del pavor, el famoso filósofo, oró implorando misericordia, oró blasfemando contra Dios, y falleció diciendo: «Iré al infierno». Fue una muerte tan terrible que su enfermera le dijo: «Aunque me dieran todo el oro de Europa, no aceptaría presenciar la muerte de un infiel como este».

Simeón, luego de ver a Jesús en el templo, alabó a Dios, diciendo: «Ahora, Señor, despides a tu siervo en paz, conforme a tu palabra; porque han visto mis ojos tu salvación» (Lucas 2:29-30). Judas Iscariote, movido por un profundo remordimiento, arrojó dentro del templo las treinta monedas de plata por las cuales había traicionado al Hijo de Dios, y «salió, y fue, y se ahorcó».

En toda la Escritura la muerte se presenta siempre como un enemigo que fue derrotado por Cristo. Ahora, a la luz de la victoria obtenida por él en el Calvario, esta muerte niveladora, igualitaria y objeto de pánico para los paganos, no es más temida por los creyentes. Para estos la muerte fue vencida. Por esa razón los creyentes de los primeros siglos no especulaban con respecto a la resurrección de Jesús y de los muertos.

Por el hecho de que Cristo venció a la muerte, el creyente ya no le tiene temor. La resurrección de Cristo garantiza la resurrección final y definitiva de todos los creyentes. La Biblia dice que el mismo Señor descenderá de los cielos, y los muertos en Cristo resucitarán primero. Luego nosotros, los que estuviéramos vivos, seremos arrebatados con ellos en las nubes, para el encuentro con el Señor en los aires. Y así estaremos para siempre con el Señor.

La Biblia enseña también que debemos buscar la salvación mientras vivamos aquí, pues cualquier «recurso» posterior, como misas, rezos, velas o promesas, de nada valdrán. Teniendo a Cristo entronizado en el corazón, el creyente finaliza aquí sus días aguardando la resurrección de su cuerpo espiritual, semejante al de su Salvador.

Querido lector, para los que viven la nueva vida en Cristo Jesús, la muerte ya perdió todo su pavor.

108) ¿Qué significa la palabra «orden» en el texto de 1 Corintios 15:23?

Este texto bíblico mencionado arriba dice: «Pero cada uno en su debido orden: Cristo, las primicias; luego los que son de Cristo, en su venida.»

La expresión «los que son de Cristo» equivale a la primera resurrección, que comprenderá a la iglesia, a los convertidos durante la tribulación y a los santos del Antiguo Testamento. La segunda resurrección se producirá al final del Milenio, y de ella formarán parte todos los impíos de todas las épocas.

El profeta Daniel habla de estas dos resurrecciones, al afirmar que «muchos de los que duermen en el polvo de la tierra serán despertados, unos para vida eterna, y otros para vergüenza y confusión perpetua» (Daniel 12:2).

Aunque se hayan producido resurrecciones en el Antiguo Testamento, así como durante el ministerio terrenal de Jesús y de los apóstoles, y aún hoy sucede, ninguna de ellas se puede comparar con el tipo de resurrección que comenzó con Cristo como las primicias.

Por lo tanto, la próxima resurrección que se producirá, será la de la iglesia, en ocasión del arrebatamiento, cuando el mismo Señor descenderá de los cielos y los muertos en Cristo resucitarán primero. Luego de la resurrección de la iglesia, se producirá la de los mártires de la tribulación, y siete años más tarde la de los santos del Antiguo Testamento, en el período que transcurre entre el final de la gran tribulación y el comienzo del milenio.

El apóstol Juan afirma que oyó una voz del cielo que decía: «Bienaventurados de aquí en adelante, los muertos que mueren en el Señor. Sí, dice el Espíritu, descansarán de sus trabajos, porque sus obras con ellos siguen» (Apocalipsis 14:13). Juan vio que delante de él había «una nube blanca en la cual estaba sentado alguien semejante a un hijo de hombre. Tenía una corona de oro en su cabeza y una hoz afilada en su mano». Entonces salió del santuario otro ángel, que clamó en alta voz a aquel que estaba sentado sobre las nubes: «Mete tu hoz, y siega; porque la hora de segar ha llegado, pues la mies de la tierra está madura. Y el que estaba sentado sobre la nube metió su hoz en la tierra, y la tierra fue segada». Después Juan vio «como un mar de vidrio mezclado con fuego; y a los que habían alcanzado la victoria sobre la bestia y su imagen, y su marca y el número de su nombre, en pie sobre el mar de vidrio, con las arpas de Dios» (Apocalipsis 15:2).

La segunda resurrección se producirá luego del milenio. Apocalipsis afirma que el remanente de los muertos no volvió a vivir hasta que se completaron los mil años. «Y vi un gran trono blanco y al que estaba sentado en él, de delante del cual huyeron la tierra y el cielo, y ningún lugar se encontró para ellos» (Apocalipsis 20:11).

Delante del trono, Juan vio a los muertos, grandes y pequeños, de pie ante el trono, y los libros fueron abiertos, inclusive el de la vida. Y los muertos fueron juzgados de acuerdo con lo que habían hecho, según lo que estaba registrado en los libros.

Afirma el profeta de Patmos que «el mar entregó los muertos que había en él; y la muerte y el Hades entregaron los muertos que había en ellos; y fueron juzgados cada uno según sus obras. Y la muerte y el Hades fueron lanzados al lago de fuego. Esta es la muerte segunda. Y el que no se halló inscrito en el libro de la vida fue lanzado al lago de fuego» (Apocalipsis 20:13-15).

109) ¿Cuál es el significado del número 666?

Es interesante saber que Van Impe, uno de los más conocidos estudiosos de las profecías bíblicas de los Estados Unidos, menciona que más de treinta grandes empresas y otras organizaciones importantes usan abiertamente el número 666 con el propósito de ampliar sus negocios. ¿Por qué será que ese número se está volviendo tan popular en nuestros días? ¿Será la popularidad del 666 una señal más de los tiempos?

Dentro del ocultismo, en general, y principalmente en la filosofía de la Nueva Era y en la cábala hebrea, el seis equivale al nueve, por ser el inverso de este.

El número siete, a su vez, es considerado un número misterioso, como representante del aspecto espiritual de la vida, y también como un símbolo de la fe cristiana por el hecho de ser el número de Neptuno en la astrología, que viene a ser el regente de Piscis, símbolo del cristianismo.

El número nueve, al contrario del siete, representa la vida material en toda la tierra, razón por la que se considera que no perecerá y será el fin de todas las cosas.

Existen muchas razones extrañas que llevan a los ocultistas de la Nueva Era a adoptar ese número como símbolo de la vida terrena: un gran año sideral dura 25.920 años (2+5+9+2+0 = 18 [1+8 = 9]); el ritmo normal de la respiración es de 18 veces por minuto, que termina en 9; el ritmo cardíaco normal es de 72 latidos por minuto, que termina en 9, o de 4320 latidos por hora, que termina en 9.

Al cero, por el hecho de hacer más poderoso a cualquier número al que se le añada, se lo considera el número del poder, por ser el número del más poderoso de todos los planetas, Plutón, que rige a Escorpio. El cero también es considerado el número de la eternidad.

El número uno representa al Dios Creador, como la causa primera. Si juntamos el número del Creador con el número de la eternidad hasta llegar al millón (1.000.000), y lo dividimos por el número espiritual, siete, nos dará 142.857, que se conoce desde la antigüedad como el número sagrado, por el hecho de que, sumadas sus cifras entre sí, dan como resultado 27 (1+4+2+8+5+7 = 27), que a su vez corresponde al nueve (2+7 = 9), que representa en el ocultismo el número de la vida material en este mundo.

Partiendo del principio de que el nueve es indestructible, por el hecho de que siempre da como resultado nueve cualquiera que sea el número por él multiplicado, y también porque la suma de todos los números de nuestro sistema numérico (1+2+3+4+5+6+7+8+9 = 45 = 9) da como resultado nueve, concluyen los adeptos a la Nueva Era que la vida material es indestructible por sí misma, lo que significa que no precisamos necesariamente morir.

Aplicando esa gematría al 666 de Apocalipsis, encontramos el 18 (6+6+6 =18), que a su vez nos lleva al mismo nueve (1+8=9), como el número sagrado de la eternidad dentro de la filosofía de la Nueva Era. Así entonces existe una íntima relación de la Nueva Era con el Anticristo de la Biblia.

Deseo agregar que el valor de las letras griegas de la palabra latino (latinos) también da 666: L=30, A=1, T=100, E=5, I=10, N=50, 0=70, y S=200. Ese hecho refuerza la relación entre las bestias del Apocalipsis, el antiguo imperio romano y la iglesia católica.

110) ¿A cuál de las bestias del Apocalipsis se refiere al número 666?

Querido lector, la bestia del mar será el último César gentil, el último gobernador de los tiempos de los gentiles, mientras que la bestia de la tierra, el Anticristo, será un israelita, pues difícilmente los religiosos judíos admitirían un Mesías que no fuese de la misma sangre de ellos.

La manifestación del Anticristo será una consecuencia de la apostasía que está dando cuenta de buena parte del cristianismo en estos últimos tiempos. Vivimos en una época en la que muchos se preguntan: «¿Y qué de la promesa de su venida? Desde que los antepasados murieron todo continúa como desde el principio de la creación».

Luego del arrebatamiento, el Anticristo será el jefe religioso de todos, inclusive de los cristianos nominales que queden en la tierra, mientras que el poder político estará en las manos del imperio romano restaurado y de su jefe, la bestia del mar, que recibirá directamente del diablo el poder, el trono y gran autoridad. En ambas bestias el poder será espiritual, aunque la segunda utilice ese poder para fortalecer al líder político del imperio (la primera bestia).

El dominio del Anticristo se extenderá a todos los pueblos, pues ejercerá todo el poder de la primera bestia en nombre de ella: «y hace que la tierra y los moradores de ella adoren a la primera bestia» (Apocalipsis 13:12). Después será reconocido como el Mesías y gobernará en Jerusalén, sentado en el mismo templo.

Al venir al mundo en nombre de su Padre, Jesús correspondió tan poco a los deseos de los judíos que estos lo rechazaron. Pero cuando el Anticristo venga en su propio nombre, Israel lo recibirá, porque será un hombre (seguramente un israelita) según el corazón de ellos. Sin embargo, en medio de la septuagésima semana de años, el Anticristo mostrará su verdadero carácter, apostatando públicamente también del judaísmo. Entonces el remanente fiel de Israel huirá de Jerusalén, porque se desencadenará contra ellos una persecución terrible.

Aunque algunos estudiosos de la escatología bíblica entienden que el falso profeta no es el Anticristo, sino que solo lo representa, parece claro que la función de la segunda bestia es servir a la primera, como subordinada a esta.

La presencia del seis en el número del Anticristo sugiere que ese líder espiritual será un producto refinado del secularismo religioso de los últimos tiempos, como fue otrora Balaán. Aquel falso profeta del pasado confundía los asuntos espirituales y morales con intereses materiales.

En la Biblia el siete es el número clave que indica perfección espiritual. La filosofía de la Nueva Era, entretanto, no enaltece al número siete sino al nueve, que es también el número de Marte, el planeta de la guerra, regente de Aries. Adolf Hitler era de Aries, y fue llamado por los ocultistas: el Señor de la Gran Guerra.

Es flagrante la asociación del número nueve con prácticas ocultistas y paganas. El catolicismo romano tiene su novenario, con sus nueve días de rezos. La masonería, que se basa en la astrología, posee la orden de los nueve caballeros templarios, para cuyo funcionamiento se usan nueve rosas, nueve luces y nueve golpes. La alquimia identificaba con el número nueve al dragón rojo, y este, en la Biblia, simboliza al mismo Satanás.

111) ¿En qué consistió la caída del hombre y en qué la justicia de Cristo?

El tercer versículo de la Biblia narra el inicio de la restauración de la tierra y la creación de los seres vivientes, teniendo al hombre como corona de todo, formado del polvo de la tierra y revestido de la imagen y semejanza divinas.

En los capítulos 2 y 3 del Génesis se afirma que el Señor Dios colocó al hombre en el jardín del Edén y le dio permiso para comer del fruto de todos los árboles, con excepción del fruto del árbol del conocimiento del bien y del mal. Adán recibió de Dios los motivos y las condiciones necesarias para prestar plena obediencia y mantenerse en comunión con él. A través de la obediencia voluntaria del hombre, Dios podría deleitarse en todas sus obras.

Sin embargo, el hombre prefirió desobedecer. A través de la serpiente, Satanás persuadió a Eva de que comiera del fruto prohibido; y esta, después de prestarle oídos, le dio también a su marido.

Los trágicos resultados de esa desobediencia hicieron del mundo un valle de lágrimas, lleno de desesperanza, angustia y sufrimiento. Miserablemente esclavizada por Satanás y sus demonios, la raza humana ha sufrido las tristes consecuencias del pecado, pues este la mantiene espiritualmente muerta, o sea, separada de Dios.

La Biblia dice acerca de los hombres que no hay ni un solo justo, y que todos están bajo pecado. De esa ley divina ningún ser humano queda excluido. Todos pecaron y por eso todos necesitan ser libres del pecado. En esto consiste la justificación: ser libres de la culpa. Transformándose en injustos a causa del pecado, los hombres necesitan revestirse de justicia.

Cuando Adán y Eva pecaron cosieron ramas de higuera, para hacerse delantales con los cuales cubrirse. Dios, sin embargo, sustituyó esas inadecuadas ropas por otras mejores: pieles de oveja. Las hojas de la higuera no resisten el calor del sol y fácilmente se resecan y se parten. En cambio, la piel de los animales, obtenida mediante el derramamiento de sangre inocente, puede resistir el calor más fuerte del sol. Las primeras indican la inadecuada e impotente justicia humana, mientras que las segundas hablan de la perfecta y satisfactoria justicia de Cristo.

Al afirmar que solo Dios quiere y puede justificar al hombre, la Biblia revela la condición impuesta a los que desean apropiarse de la justificación. Dice el apóstol San Pablo: «Concluimos, pues, que el hombre es justificado por fe, sin las obras de la ley» (Romanos 3:28). «Porque por gracia sois salvos por medio de la fe; y esto no de vosotros, pues es don de Dios; no por obras, para que nadie se gloríe. Porque somos hechura suya, creados en Cristo Jesús para buenas obras, las cuales Dios preparó de antemano para que anduviésemos en ellas» (Efesios 2:8-10).

Bíblicamente, la fe salvadora no consiste en la aceptación y observancia de unos cuantos dogmas, hechos, ceremonias y mandamientos, sino en la aceptación de Cristo como Salvador personal, mediante su obra redentora en la cruz del Calvario. Dice la Biblia que Cristo resurgió para nuestra justificación. Toda la justicia de Dios fue satisfecha en él, que se hizo maldición y pecado por nosotros.

112) ¿Qué características debe tener el Mesías para ser aceptado por los judíos?

Los judíos de los días de Jesús, por el hecho de estar viviendo bajo el opresivo y represivo imperio romano, terminaron viendo las profecías mesiánicas desde un punto de vista muy particular. Creían que el Mesías, como poderoso guerrero, conquistaría a esos indeseables invasores y establecería definitivamente el reino de David, inaugurando así una nueva era de paz, prosperidad y grandeza. Como otros israelitas que vivieron en épocas anteriores bajo otros dominadores, los judíos de los días de Jesús también tenían una comprensión del reino de Dios muy limitada por las circunstancias adversas en las que vivían.

El Antiguo Testamento, sin embargo, haría una presentación diferente del Mesías. El profeta Isaías señaló que el Mesías vendría como un niño: «Porque un niño nos es nacido, hijo nos es dado; y su principado será sobre sus hombros», y mencionó que esa venida sería como una piedra asentada en Sión, «piedra probada, angular, preciosa, de cimiento estable».

Más adelante, el mismo profeta habló de Cristo como el siervo sufriente, que daría su vida en la cruz en rescate por nuestra alma. Setecientos años después, cuando las esperanzas del pueblo ya se desvanecían en virtud de tantas guerras opresoras, Juan el Bautista, como una «voz del que clama en el desierto», se presentó con la noticia de que las promesas de Dios estaban listas para cumplirse. Y los exhortó, diciendo: «Arrepentíos, pues el reino de los cielos se ha acercado».

Los evangelios nos muestran cómo Jesús fue, poco a poco, modificando la idea de Reino que ellos tenían, pasando del aspecto material al espiritual. El Nuevo Testamento nos muestra, también, que Jesús, a través de su vida, enseñanzas, muerte y resurrección, estableció la base sobre la cual ese reino de Dios, tanto en su sentido espiritual como escatológico, podría volverse realidad aquí sobre la tierra.

Alguien ha dicho que el Reino de Dios es una gran sociedad espiritual que trasciende todas las distinciones terrenales, y que está por sobre todas las organizaciones políticas. Una sociedad cuyos miembros tienen su ciudadanía en los cielos, pero cuya área de acción presente es el mundo actual, y esos miembros están unidos en el sublime propósito de realizar la voluntad del Altísimo.

Jesús también habló del Reino como de un lugar al que se puede entrar, así como al cruzar la frontera de un país, siendo el pasaporte un espíritu semejante al de un niño; y afirmó además que mediante el nuevo nacimiento se puede ver el reino de Dios. Es como si la conversión nos abriese los ojos hacia las bellezas espirituales de la nueva vida en Cristo.

La proclamación de ese Reino fue la prioridad tanto de Juan el Bautista como de Jesús. El ministerio de Juan duró poco, en virtud de su prisión y martirio, pero cuando Herodes el tetrarca, silenció la «voz del que clama en el desierto», Jesús comenzó a proclamar en Galilea el mismo elocuente mensaje.

Sin ejercer dominio político sobre ninguna provincia, y sin la menor intención de venir a ejercerlo en su ministerio terrenal, la predicación de Jesús se volcó, en primer lugar, hacia el arrepentimiento y la conversión como condición única para que el gobierno de Dios llegara a la vida de las personas.

113) ¿En qué sentido el reino de Dios siempre crecerá?

Según profetizó Isaías, el reino de Dios es el único que siempre crecerá: «Lo dilatado de su imperio y la paz no tendrán límite». Evidentemente, el profeta hablaba del reinado milenial del Mesías. Pero aún en el presente, el reino de Dios está siempre en crecimiento, según lo que el mismo Señor Jesús dijo: «Y será predicado este evangelio del reino en todo el mundo, para testimonio a todas las naciones; y entonces vendrá el fin» (Mateo 24:14).

La gran importancia del reino de Dios reside en que precede y sucede a la era de la iglesia, e incluye a todos los seres morales e inteligentes que se sujetan voluntariamente a Dios, sean ángeles, iglesia, o los santos de dispensaciones pasadas y futuras; y que Dios, el Padre, de un modo maravilloso inaugurará un nuevo día ante nuestros ojos.

Fue ese reino el que Juan el Bautista, Jesús y sus discípulos anunciaron, y que llegó a la tierra a través de la iglesia. Vino de forma progresiva, avanzó a lo largo de los siglos pasados y continuará avanzando hasta su consumación, que se producirá al final del milenio, cuando Cristo habrá puesto a todos sus enemigos debajo de sus pies, y entonces entregará el reino a su Padre.

Cuando Jesús dijo a los israelitas que el reino de Dios sería quitado de ellos y entregado a una nación que diese frutos, se estaba refiriendo a la iglesia (1 Pedro 2:9). Es interesante notar que Jesús usó el verbo en futuro, pues en aquel tiempo la era de la iglesia aún sería más adelante. Esa era llegó con el rechazo final del Mesías, que marcó el fin de una época y el inicio de otra. Pedro, al hablar de la iglesia como partícipe del reino de Dios, usó el verbo en presente: «Vosotros sois linaje escogido, real sacerdocio, nación santa, pueblo adquirido...»

La profecía mesiánica del Salmo 118 dice que el Salvador, como piedra angular, sería rechazado por los edificadores, los judíos; que Jesús, como la luz del mundo, moriría como víctima de la fiesta, atado a los extremos del altar, lo que señala a la cruz; y, finalmente, con el rechazo del Mesías por parte de Israel, Dios Padre inauguraría el día de la gracia, en el cual nos regocijaríamos y alegraríamos.

Pero la presencia del reino de Dios hoy en el mundo, por medio de la iglesia, no se produce en un sentido pleno sino restricto. Por eso Jesús afirmó que «el reino de Dios no viene con apariencia visible». Aunque restricto, son bien visibles las poderosas señales de ese reino en la conversión y transformación de vidas, en los milagros de sanidad de enfermos, en la liberación de oprimidos por el diablo y en la resurrección de los muertos.

Cuando Felipe predicaba a los samaritanos, las multitudes estaban «oyendo y viendo las señales que él hacía. Porque de muchos que tenían espíritus inmundos salían estos dando grandes voces; y muchos paralíticos y cojos eran sanados; así que había gran gozo en aquella ciudad» (Hechos 8:6b-8).

El reino de Dios, por lo tanto, está siempre acompañado de las manifestaciones del poder activo de Dios en el corazón y el cuerpo del hombre.

La perpetuidad del reino no podría estar mejor expresada que en este texto: «Al único y sabio Dios, nuestro Salvador, sea gloria y majestad, imperio y potencia, ahora y por todos los siglos. Amén» (Judas 1:25). La gloria, la majestad, el dominio y el poder del reino de Dios es «ahora y por todos los siglos».

114) ¿El reino de Dios es una persona o un orden?

Realmente, querido lector, Jesús habla del reino como de un orden, y en Juan 14:6 la referencia es hacia su persona. Leemos que en el comienzo de su ministerio «recorrió Jesús toda Galilea, enseñando en las sinagogas de ellos, y predicando el evangelio del reino, y sanando toda enfermedad y toda dolencia en el pueblo» (Mateo 4:23). Y en otra ocasión vemos que Jesús hace una invitación: «Venid a mí todos los que estáis trabajados y cargados, y yo os haré descansar. Llevad mi yugo sobre vosotros, y aprended de mí, que soy manso y humilde de corazón; y hallaréis descanso para vuestras almas; porque mi yugo es fácil, y ligera mi carga» (Mateo 11:28-30).

¿Cómo conciliar ambos pasajes? ¿Puede ser el reino de Dios al mismo tiempo un orden y una persona? Orden aquí tiene el sentido de jerarquía, confraternidad, compañía y clase de personas. La respuesta es sí. Jesús consideró el reino y su persona como sinónimos. El reino de Dios es, en primer lugar, un orden. Cuando Jesús les dijo a los judíos que el reino de Dios les sería quitado, y sería dado a una nación que produjese los frutos necesarios, estaba hablando de un orden social. El reino estaba en Israel, pero como esa nación rechazó a su rey, diciendo: «No queremos que este reine sobre nosotros», el reino les fue quitado y dado a otra nación, la iglesia, que continúa siendo un orden, o agente del reino en la tierra.

Al respecto, Stanley Jones escribió:

El Camino, entonces, es impersonal: un orden. Y es personal: una persona. Si fuese impersonal no nos satisfaría. Puedo ser fiel a un orden, pero no puedo amarlo; solo puedo amar a una persona. Pero, si el camino fuese solo una persona, la religión se reduciría a relaciones personales con ella, lo cual es bueno, pero no del todo suficiente; por lo tanto, a la religión le faltarían significados concretos y totales. Pero, al ser al mismo tiempo un orden y una persona, combinadas en un todo vivo, satisface la necesidad que sentimos de intimidad: en lo personal y en lo social (el orden). Esto hace que la religión sea, en su misma naturaleza, algo individual y social al mismo tiempo; porque, al relacionarnos con la persona comenzamos a relacionarnos con el nuevo orden corporizado en la persona. Y tal orden es enteramente totalitario.

Así como un reino no está completo sin un rey, tampoco un cuerpo está completo sin la cabeza. Predicar a Jesucristo crucificado y resucitado, y predicar el reino de Dios, son una misma cosa, ya que por su muerte y resurrección Cristo vino a ser Señor, siendo además la fe en su nombre la que nos hace merecedores del perdón de los pecados y la admisión al reino.

Por lo tanto, la iglesia, sujeta al reino de Cristo, confiesa y proclama la realeza de su cabeza, y anuncia el reino como la bienaventurada esperanza tanto de ella misma como de todo el mundo, hasta el tiempo futuro en que una fuerte voz clamará desde el cielo: «Ahora ha venido la salvación, el poder, y el reino de nuestro Dios, y la autoridad de su Cristo» (Apocalipsis 12:10).

Mi querido lector, el reino es Jesús y es un orden social. Si usted está en Cristo también está en el reino.

115) ¿Qué es la santificación?

En la iglesia cristiana la santificación es una de las doctrinas más importantes. Los apóstoles enseñaron que la salvación implica tanto la acción divina como la humana. Cuando el creyente, con un corazón sumiso, deposita su confianza en la preciosa sangre de Cristo y hace todo por renunciar a la impiedad y a las concupiscencias mundanas es santificado por Dios.

Este llamado a la santificación aparece con énfasis en el Nuevo Testamento: «Así que, hermanos, os ruego por las misericordias de Dios, que presentéis vuestros cuerpos en sacrificio vivo, santo, agradable a Dios, que es vuestro culto racional. No os conforméis a este siglo, sino transformaos por medio de la renovación de vuestro entendimiento, para que comprobéis cuál sea la buena voluntad de Dios, agradable y perfecta» (Romanos 12:1-2).

Otro texto conocido afirma: «Seguid la paz con todos, y la santidad, sin la cual nadie verá al Señor» (Hebreos 12:14).

El apóstol Pablo escribió a los cristianos de Corinto: «Así que, amados, puesto que tenemos tales promesas, limpiémonos de toda contaminación de carne y de espíritu, perfeccionando la santidad en el temor de Dios» (2 Corintios 7:1). En este pasaje Dios exige una santidad tanto del corazón como del cuerpo. Por el hecho de que nuestra naturaleza humana es universalmente corrupta, la purificación debe ser radical y universal. Por eso la Biblia centraliza en el corazón a toda la persona humana y dice: «Y ninguna diferencia hizo entre nosotros y ellos, purificando por la fe sus corazones» (Hechos 15:9).

Cierta vez alguien dijo que la santidad evangélica es positiva y real, no simbólica; es personal y moral, no meramente relativa y ceremonial. Opera a través del Espíritu Santo; es interna, radical, difusa, y constituye el fundamento de toda la santidad exterior de la vida y la conducta.

La Biblia dice también: «Si andamos en luz, como él está en luz, tenemos comunión unos con otros, y la sangre de Jesucristo su Hijo nos limpia de todo pecado» (1 Juan 1:7). Al seguir la luz, el cristiano siempre es conducido a la sangre purificadora. La santidad que hay en Dios produce en el corazón del creyente un profundo anhelo de mayor perfección. Su meta es cumplir el mandamiento divino, que dice: «Sed santos, porque yo soy santo» (1 Pedro 1:16).

116) ¿Qué pasos debemos dar para alcanzar la santificación?

En primer lugar, debemos renunciar a nuestra vida y negarnos a nosotros mismos pues, en ese sentido, perder la vida es hallarla.

Luego debemos buscar primero el reino. Cuando el cristiano no tiene como único objetivo buscar el reino de Dios solo encuentra problemas.

Acto seguido, nuestra vida debe estar centrada en el reino. Si el reino es nuestro centro, como dice Juan en Apocalipsis 1:9, entonces podremos, por un lado, soportar la aflicción y, por el otro, perseverar.

Y finalmente, el proceso de limpieza es doloroso, pues el Padre celestial limpia toda rama que da fruto para que dé más fruto. No podemos evitar la poda.

117) ¿Cuáles fueron las consecuencias del pecado de Adán y Eva?

Querido lector, notemos las evidencias de una conciencia culpable: «Entonces fueron abiertos los ojos de ambos, y conocieron que estaban desnudos (...)» (Génesis 3:7). Las palabras de la serpiente se cumplieron; sin embargo, el conocimiento adquirido fue distinto del que ellos esperaban. En vez de hacerse semejantes a Dios, experimentaron un miserable sentimiento de culpa que los hizo tenerle miedo a Dios. Es como si hubieran conocido el cáncer no a través de una explicación médica sino como víctimas de la enfermedad.

Notemos que la desnudez física indica una consciencia desnuda o culpable. Los disturbios emocionales se reflejan muchas veces en nuestros rasgos.

Algunos comentaristas sostienen que antes de la caída, Adán y Eva estaban vestidos con una aureola de luz, que era una señal de la comunión con Dios y del dominio del espíritu sobre el cuerpo. Y cuando pecaron esa comunión fue interrumpida; el cuerpo venció al espíritu, y allí comenzó el conflicto entre la carne y el espíritu que ha sido la causa de tanta miseria.

Como consecuencia del pecado llegaron los juicios divinos, en primer lugar, sobre la serpiente: «Por cuanto esto hiciste, maldita serás entre todas las bestias y entre todos los animales del campo; sobre tu pecho andarás, y polvo comerás todos los días de tu vida» (Génesis 3:14).

Esas palabras implican que la serpiente había sido anteriormente una criatura hermosa y honrada. Luego, al ser el instrumento de la caída del hombre, se convirtió en un ser maldito y degradado en la escala de la creación animal.

Si la serpiente había sido simplemente un instrumento de Satanás, ¿por qué resultó castigada? Porque fue voluntad de Dios hacer de la maldición de la serpiente una tipología, una profecía de la maldición que vendría sobre el diablo y sobre todos los poderes del mal.

Los juicios divinos sobre la mujer fueron: «Multiplicaré en gran manera los dolores en tus preñeces; con dolor darás a luz los hijos; y tu deseo será para tu marido, y él se enseñoreará de ti». Así dijo cierto escritor: «La presencia del pecado ha sido la causa de mucho sufrimiento, precisamente del modo indicado arriba. No hay duda de que dar a luz hijos constituye un momento crítico y penoso en la vida de la mujer. El sentimiento con respecto a sus faltas pasadas pesa de un modo particular sobre ella; también la crueldad y la locura del hombre han contribuido a hacer este proceso más doloroso y peligroso para la mujer que para los animales».

Sobre el hombre, los juicios fueron el afán, las decepciones y las aflicciones que muchas veces acompañan su trabajo. Se menciona a la agricultura en particular, porque siempre ha sido uno de los trabajos más necesarios.

De cierta manera misteriosa, la tierra y la creación en general participan de la maldición y caída del hombre, y están destinadas a participar de su redención. Dice la Biblia: «Porque la creación fue sujetada a vanidad, no por su propia voluntad, sino por causa del que la sujetó en esperanza; porque también la creación misma será libertada de la esclavitud de corrupción, a la libertad gloriosa de los hijos de Dios. Porque sabemos que toda la creación gime a una, y a una está con dolores de parto hasta ahora» (Romanos 8:20-22).

118) ¿Cómo será la segunda venida de Cristo?

Mi querido lector, son abundantes en las Escrituras las profecías acerca del regreso de Jesús a la tierra. En su primera venida, que se produjo en el año 753 de la fundación de Roma, más de un centenar de profecías se cumplieron rigurosamente, inclusive aquellas que hacían referencia al Mesías como rey, como esclavo, como hombre y como Dios. Es interesante notar que cada uno de los cuatro evangelistas destaca uno de esos aspectos del retrato de Jesús.

Mientras tanto, las profecías que hacían referencia a Cristo se triplicaron. Tim La Haye dijo que había 109 profecías referentes a la primera venida de Jesús, todas plenamente cumplidas, ¡pero que al volver en gloria se cumplirían otras 329!

119) No hay ninguna duda de que Jesús volverá. Pero, ¿cómo será su regreso?

Jesús vendrá a su iglesia glorificada: El arrebatamiento constituye la primera fase del retorno de Cristo, a partir del cual se producirán en la tierra los eventos relacionados con la ira de Dios, y en los cielos los relacionados con la iglesia triunfante, glorificada.

Juan dice que, viendo el cielo abierto, apareció un caballo blanco cuyo caballero se llamaba Fiel y Verdadero, que juzgaba y peleaba con justicia. Sus ojos eran como llamas de fuego, y en su cabeza había muchas diademas y un nombre que solo él conocía y nadie más. Estaba vestido con un manto teñido de sangre, y su nombre era EL VERBO DE DIOS.

Juan prosigue su descripción, mencionando que al caballero lo seguían los ejércitos celestiales, vestidos de lino finísimo, blanco y limpio, montados en caballos blancos. De su boca salía una espada aguda, con la cual heriría a las naciones. Él las regiría con vara de hierro, y pisaría el lagar del vino del furor y de la ira del Dios Todopoderoso. En su vestidura y en su muslo llevaba escrito este nombre: REY DE REYES Y SEÑOR DE SEÑORES (Apocalipsis 19:11-16).

«Y se afirmarán sus pies (de Jesús) en aquel día sobre el monte de los Olivos... y el monte de los Olivos se partirá por en medio.» Dice la Biblia en Zacarías 14:3-4, que el Señor saldrá a la guerra contra aquellas naciones en lucha contra Jerusalén, como peleó en el día de la batalla.

Todos verán la excelente gloria del Señor. El apóstol Pablo dice que los creyentes ahora atribulados tendrán alivio cuando el Señor Jesús se manifieste desde los cielos con sus ángeles poderosos, en medio de llamas flameantes.

Prosigue el apóstol afirmando que Jesús dará «retribución a los que no conocieron a Dios, ni obedecen al evangelio de nuestro

Señor Jesucristo; los cuales sufrirán pena de eterna perdición, excluidos de la presencia del Señor y de la gloria de su poder» (2 Tesalonicenses 1:8-9).

En su carta a Tito, el mismo apóstol Pablo afirma que aguardamos la esperanza bienaventurada y la manifestación gloriosa de nuestro gran Dios y Salvador Jesucristo (2:13).

Finalmente, el mismo Jesús ha dicho que «aparecerá la señal del Hijo del Hombre en el cielo; y entonces lamentarán todas las tribus de la tierra, y verán al Hijo del Hombre viniendo sobre las nubes del cielo, con poder y gran gloria» (Mateo 24:30).

120) ¿Cuáles son los principales nombres de Dios?

Querido lector, Dios es espíritu, infinito, eterno e inmutable en su sabiduría, poder, santidad, justicia, bondad y verdad. Los siguientes nombres de Dios son los más comunes que encontramos en las Escrituras:

a) *Elohim*, Dios. Esta palabra se emplea siempre que se describan o estén implícitos el poder creativo y la omnipotencia de Dios. Elohim es el Dios creador. La forma plural significa la plenitud del poder, y representa a la Trinidad.

b) *Yahvé*, o Jehová (traducido como «Señor» en las versiones populares y en la NVI). Elohim, el Dios creador, no permanece ajeno a sus criaturas. Al observar la necesidad de los hombres, desciende para ayudarlos y salvarlos. Y al asumir esa relación, se revela a sí mismo como Yahvé, el Dios del pacto.

El nombre Yahvé tiene su origen en el verbo SER e incluye los tres tiempos: pasado, presente y futuro. Por lo tanto, este nombre significa: El que era, que es y que ha de ser. En otras palabras, el Eterno. Y como Yahvé es el Dios que se revela a sí mismo al hombre, el nombre significa: Yo me manifesté, me manifiesto y aún me manifestaré.

Lo que Dios hace a favor de su pueblo encuentra expresión en sus nombres, y como el pueblo ha experimentado su gracia se puede decir entonces que conoce el nombre de Dios.

La relación entre Yahvé e Israel se resume en el uso de los nombres encontrados en los pactos entre Yahvé y su pueblo.

- A los que yacen en lechos de enfermedad se les manifiesta como *Yahvé-Rafa*, «Jehová tu sanador» (Éxodo 15:26).
- Los oprimidos por el enemigo invocan a *Yahvé-nisi*, Jehová es mi estandarte (bandera) (Éxodo 17:8-15).
- Los que están cargados aprenden que él es *Yahvé-salom*, Jehová, la paz (Jueces 6:24).
- Los peregrinos en la tierra sienten necesidad del *Yahvé-ra'ha*, «Jehová es mi pastor» (Salmo 23:1).
- Aquellos que se encuentran bajo condenación y necesidad de justificación invocan a *Yahvé-Tsidekenu*, «Jehová, justicia nuestra» (Jeremías 23:6).
- Aquellos que se sienten desamparados aprenden a conocerlo como *Yahvé-jireh*: «Jehová proveerá» (Génesis 22:14).
- Y cuando el reino de Dios se concrete en la tierra Él será conocido como *Yahvé-sama*, Jehová está allí (Ezequiel 48:35).

c) «El» es usado dentro de ciertas combinaciones: *El-Elyon* (Génesis 14:18-20), «el Dios Altísimo», el Dios exaltado sobre todo y que se llama Dios de dioses. *El-Shaddai*, el Dios que es suficiente para suplir las necesidades del pueblo, «Dios Omnipotente» (Éxodo 6:3). *El-Olam*, «Jehová Dios eterno» (Génesis 21:33).

d) *Adonai* significa literalmente «Señor» o «Maestro», y da la idea de gobierno y dominio (Éxodo 23:17; Isaías 10:16,33). El hecho de que Dios es y ha actuado exige un servicio y lealtad por parte de su pueblo. Este nombre, en el Nuevo Testamento, se aplica a Cristo glorificado.

e) *Padre* se emplea tanto en el Antiguo como en el Nuevo Testamento. En sentido más amplio, este nombre describe a Dios como la fuente de todas las cosas y el creador del hombre, pues todos somos linaje de Dios (Hechos 17:28).

121) ¿Cuáles son los atributos morales de Dios, según las Sagradas Escrituras?

Apreciado lector, pasando revista al registro de las obras que Dios ha llevado a cabo entre los hombres, aprendemos que Él posee, en primer lugar, *santidad*. Dios es Santo (1 Pedro 1:15-16). La santidad de Dios significa que posee absoluta pureza moral; Él no puede pecar ni tolerar el pecado.

El sentido original de la palabra «santo» es «separado». ¿En qué sentido Dios está separado? Está separado del hombre (espacio físico); en cuanto a su naturaleza y carácter; Él es perfecto y el hombre imperfecto; Él es divino y el hombre humano; Él es moralmente perfecto y el hombre pecaminoso.

Vemos, entonces, que la santidad es el atributo que mantiene la distinción entre Dios y la criatura. No denota solo un atributo sino la misma naturaleza divina.

Por eso, cuando Dios se revela a sí mismo de tal modo que impresiona al hombre por su divinidad, se dice que se santifica (Ezequiel 36:23; 38:23), o sea que «se revela a sí mismo como santo».

Cuando los serafines describen el resplandor divino que emana de aquel que está sentado en el trono, exclaman: «Santo, santo, santo, Jehová de los ejércitos; toda la tierra está llena de su gloria» (Isaías 6:3).

Los hombres santifican a Dios cuando lo honran y lo reverencian como a un ser divino. Cuando lo deshonran violando sus mandamientos, «profanan» su nombre, que es lo contrario a santificar su nombre. Santificar el nombre de Dios es la recomendación del Señor Jesús cuando enseña la oración modelo (el Padrenuestro).

En segundo lugar, la *justicia*. Dios es justo. ¿Cuál es la diferencia entre la santidad y la justicia? Una de las respuestas es que «la justicia es la santidad en acción». La justicia es la santidad de Dios manifestada al tratar con rectitud a sus criaturas. «El juez de toda la tierra, ¿no ha de hacer lo que es justo?» (Génesis 18:25c). La justicia es obediencia a una norma recta; es una conducta recta en relación con los demás. ¿Cuándo manifiesta Dios ese atributo? Cuando libra al inocente, condena al impío y exige que se haga justicia. Cuando perdona al penitente. Cuando castiga y juzga a su pueblo. Cuando salva a su pueblo. La preferencia de Dios a favor de su pueblo se llama justicia. Cuando da la victoria a causa de la fidelidad de sus siervos.

En tercer lugar, la *fidelidad*. Dios es fiel. Es absolutamente digno de confianza; sus palabras no fallan. Por lo tanto, su pueblo puede descansar en sus promesas.

Es bueno destacar aquí que la fidelidad de Dios es, primordialmente, hacia su Palabra. Si no estamos en armonía con la Palabra de Dios Él continuará siendo fiel, aunque esa fidelidad resulte en nuestro castigo.

En cuarto lugar, la *misericordia*. Dios es misericordioso. Hodges escribió: «La misericordia de Dios es la divina bondad en acción con respecto a la miseria de sus criaturas; bondad que se conmueve a favor de ellas, proveyendo su alivio y, en caso de ser pecadores impenitentes, demostrando paciencia longánima».

En quinto lugar, el *amor*. Dios es amor. El amor es el atributo de Dios en razón del cual desea tener una relación personal con aquellos que poseen su imagen y, muy especialmente, con aquellos que han sido santificados en carácter y hechos semejantes a Él.

En sexto y último lugar, la *bondad*. Dios es bueno. La bondad de Dios es el atributo en razón del cual concede la vida y otras bendiciones a sus criaturas.

122) ¿Qué nos enseña la Biblia acerca del carácter y las obras de los ángeles buenos?

Querido lector, lo que sabemos por la Biblia acerca del carácter de los buenos ángeles es que son en primer lugar obedientes. Cumplen los encargos sin cuestionar ni vacilar. Por eso oramos: «Sea hecha tu voluntad, así en la tierra como en el cielo».

En segundo lugar, son reverentes. Su actividad suprema es la adoración a Dios (Nehemías 9:6).

En tercer lugar, son sabios. «...como un ángel de Dios para discernir entre lo bueno y lo malo» era una expresión proverbial en Israel (2 Samuel 14:17). La inteligencia de los ángeles excede a la de los hombres en esta vida, pero es necesariamente finita.

Los ángeles pueden discernir directamente nuestros pensamientos, y su conocimiento de los misterios de la gracia son limitados. Cierto escritor dijo: «Imagínese que la capacidad intelectual de un ángel tiene una comprensión más vasta que la nuestra; que una sola imagen en la mente angelical contiene más detalles de lo que toda una vida de estudios nos podría proporcionar aquí».

En cuarto lugar, son mansos. No abrigan resentimientos personales ni injurian a sus opositores (2 Pedro 2:11; Judas v.9).

En quinto lugar, son poderosos. Son «poderosos en fortaleza» (Salmo 103:20).

En sexto y último lugar, son santos. Están separados por Dios y para Dios. Son «santos ángeles» (Apocalipsis 14:10).

Acerca de la obra de los ángeles, podemos afirmar, en primer lugar, que son agentes de Dios. Se los menciona como los ejecutores de los anuncios de Dios.

En segundo lugar, son mensajeros de Dios. Ángel significa literalmente «mensajero». Por medio de los ángeles, Dios envía el mensaje del nacimiento de Jesús (Lucas 1:11-20), advierte (Mateo 2:13), instruye (Mateo 28:2-6), anima (Hechos 27:23), y revela (Hechos 7:53).

En tercer lugar, son siervos de Dios: «¿No son todos espíritus ministradores, enviados para servicio a favor de los que serán herederos de la salvación?» (Hebreos 1:14). Los ángeles son enviados para sostener, preservar, rescatar, interceder y servir a los justos después de la muerte.

Según Mateo 18:10, algunos formarán la doctrina de los ángeles protectores, la cual enseña que cada creyente tiene un ángel especial asignado para cuidarlo y protegerlo durante toda su vida. Dicen que las palabras de Hechos 12:15 implican que los cristianos primitivos entendieron de esa manera las palabras del Señor.

No podemos ser dogmáticos acerca de este asunto. Sin embargo, las promesas de ayuda por parte de los ángeles son suficientemente numerosas y claras para proveer una fuente de ánimo a todos los cristianos.

123) ¿Qué dice la Biblia acerca del carácter de Satanás?

Apreciado lector, podemos conocer el carácter de Satanás mediante el análisis de los siguientes títulos y nombres con los cuales se lo conoce:

En primer lugar, *Satanás*. Literalmente significa «adversario», y describe sus intentos maliciosos y persistentes por obstruir los propósitos de Dios. Esa característica se manifestó especialmente en sus tentativas por impedir el plan de Dios, al procurar destruir el linaje escogido del cual vendría el Mesías (lo cual fue predicho en Génesis 3:15). Desde el principio ha persistido en esa lucha.

Caín, el primer hijo de Eva, «era del maligno y mató a su hermano» (1 Juan 3:12). Dios le dio a Eva otro hijo, Set, que vino a ser la simiente escogida de la cual procedería el libertador del mundo.

El veneno de la serpiente, sin embargo, aún estaba surtiendo efecto en la raza humana, y en el transcurso del tiempo el linaje de Set cedió a las malas influencias y se corrompió. El resultado fue la impiedad universal de la cual resultó el diluvio.

El plan de Dios, no obstante, no se frustró porque había por lo menos una persona justa, Noé, cuya familia dio origen a una nueva raza. De esa manera fracasó el propósito de Satanás de destruir a la raza humana e impedir el plan de Dios.

Se describe a Satanás como aquel que procura destruir a la iglesia de dos maneras: interiormente, a través de la introducción de falsas enseñanzas (1 Timoteo 4:1; Mateo 13:38-39), y exteriormente a través de la persecución (Apocalipsis 2:10).

En segundo lugar, el término *Diablo*, que significa literalmente «calumniador». A Satanás se lo llama así porque calumnia tanto a Dios como al hombre.

En tercer lugar, el *Destructor*. Este es el sentido de la palabra *Apolyon*, en griego, o *Abadon*, en hebreo. Lleno de odio contra el Creador y sus obras, el diablo deseaba transformarse en el dios de la destrucción.

En cuarto lugar, la Serpiente. La «serpiente antigua llamada diablo» nos recuerda a aquel que, en la antigüedad, usó una serpiente como su agente con el propósito de provocar la caída del hombre.

En quinto lugar, el *Tentador* (Mateo 4:3): «Tentar» significa literalmente probar o testear, y se usa también con respecto al trato de Dios (Génesis 22:1). Cuando Dios pone a prueba a los hombres para su propio bien, a fin de purificar y desarrollar su carácter, Satanás los tienta con el propósito malicioso de destruirlos.

En sexto lugar, el *Príncipe y dios de este mundo* (Juan 12:31). Estos títulos sugieren su influencia en la sociedad organizada por fuera de la influencia de la voluntad de Dios. «Todo lo que hay en el mundo (...) no proviene del Padre, sino del mundo», bajo el poder del maligno y está influenciado por él (1 Juan 2:16).

Las Escrituras describen al mundo como aquel vasto conjunto de actividades humanas, cuya trilogía se resume en estas palabras: fama, placer y bienes. Todo está subordinado a esos tres objetivos. Hábiles argumentos en defensa de ellos crean la ilusión de que son realmente dignos.

124) ¿Cuáles son las principales actividades de Satanás?

Querido lector, nadie duda del accionar de Satanás. Pero me gustaría analizar ese accionar satánico verificando en primer lugar su naturaleza. Satanás perturba la obra de Dios, se opone al evangelio, domina, ciega, engaña y atrapa a los impíos. También aflige y tienta al pueblo de Dios. Se lo describe como presuntuoso, orgulloso, poderoso, maligno, astuto, engañador, feroz y cruel.

En segundo lugar, es bueno conocer el área del accionar satánico. El diablo no limita sus acciones a los impíos y depravados. Muchas veces actúa en los círculos más elevados como «un ángel de luz». Realmente Satanás asiste aún a las reuniones religiosas, y esto lo indica su presencia en la asamblea de los ángeles, y la aparición de términos como «doctrinas de demonios» o «la sinagoga de Satanás». Frecuentemente sus agentes se hacen pasar por «ministros de justicia» (2 Corintios 11:15).

La razón que lo lleva a frecuentar las reuniones religiosas es su malicioso intento de destruir a la iglesia, porque él sabe que una vez que el creyente, como la sal de la tierra, pierda su sabor, se transformará en un obstáculo para la expansión de la iglesia.

En tercer lugar, debemos conocer el motivo de su accionar. ¿Por qué Satanás está tan interesado en nuestra ruina? José Husslein responde: «Él aborrece la imagen de Dios en nosotros. Odia aún la naturaleza humana que poseemos, con la cual se revistió el Hijo de Dios. Odia la gloria externa de Dios, para la cual hemos sido creados y por la cual alcanzaremos nuestra propia felicidad eterna. Odia la felicidad a la cual estamos destinados, porque él mismo la perdió para siempre. Nos odia por mil razones y nos tiene envidia.»

En cuarto lugar, debemos conocer las restricciones que tiene el accionar satánico. Aunque Satanás sea fuerte, debemos tener cuidado de no exagerar en cuanto al alcance de su poder. Para aquellos que creen en Cristo, él ya es un enemigo derrotado, considerado fuerte solo por aquellos que ceden a la tentación.

A pesar de su gran furia, es un cobarde. Santiago dice: «Someteos, pues, a Dios; resistid al diablo, y huirá de vosotros» (Santiago 4:7). Tiene poder, pero limitado. No puede tentar, afligir, matar ni tocar al creyente sin el permiso de Dios.

Desde el principio Dios predijo y decretó la derrota de aquel poder que había causado la caída del hombre; y el castigo de la serpiente, señalando que se arrastraría en el polvo de la tierra, esta fue una vislumbre profética de la degradación y derrota final de esa «serpiente antigua, el diablo». La carrera de Satanás está siempre en caída.

En el principio fue expulsado del cielo. Durante la tribulación será arrojado de la esfera celeste a la tierra (Apocalipsis 12:9). Durante el milenio será encerrado en el abismo, y después de mil años será lanzado al lago de fuego y azufre (Apocalipsis 20:10).

Capítulo 8

Filosofía

125) ¿Quiénes fueron los sofistas?

Mi querido lector, en virtud de la victoria de los griegos sobre los persas en el tiempo de Alejandro Magno, Atenas asumió el dominio sobre el mar Egeo, y la democracia victoriosa obtuvo gran progreso con la creciente importancia que adquirieron las asambleas, los tribunales y los debates sobre moral, política y otras áreas.

Esas circunstancias llevaron a los griegos a desarrollar una mayor preocupación por los problemas humanos, pues las instituciones y las creencias del pasado eran entonces insuficientes para hacer frente a las nuevas preguntas que surgían. Se desarrolló así una cultura de valor práctico, preocupada por las cosas del hombre. Una cultura dialéctica, que ya no encontraba en el ámbito de las viejas concepciones filosóficas una respuesta a sus preguntas, lo que llevó a los filósofos a introducirse en un nuevo terreno: el hombre.

La fase antropológica de la filosofía sustituyó a la fase cosmológica, dando origen al surgimiento de un gran número de sabios, maestros, vagabundos, hábiles oradores y expositores de doctrinas que contaban con el apoyo de la juventud que los acompañaba. Se trataba de los sofistas.

Esos sabios eran muy admirados por todos aquellos que les pagaban para que les enseñasen el arte de argumentar y debatir. No constituían propiamente una corriente, pues entre ellos se encontraba gente de todas las tendencias. Los caracterizaba, sin embargo, la exaltación que hacían del hombre como individuo.

Siendo la sofística más una actitud del espíritu que una doctrina, sus adeptos eran, aparentemente, los continuadores y discípulos de los sabios de la generación precedente. El mismo nombre *sofistas* (del griego *Sophia, sabiduría*) no mostraba en su origen ningún sentido peyorativo; pero esos «retóricos de mala fe», como Platón los llamaba, en realidad diferían esencialmente de los verdaderos filósofos en que no tomaban el objeto a ser conocido como fin y regla de su ciencia, sino que se concentraban en los intereses del sujeto que deseaba el conocimiento del objeto.

Maestros ambulantes que enseñaban por dinero, enciclopedistas, conferencistas, periodistas, y hasta súper hombres o aficionados, los sofistas eran cualquier cosa menos sabios. Sin desear la verdad, querían obtener las ventajas de la ciencia, ya que significaba para sus poseedores poder y dominación.

Así, semejando ser profesores de virtud, los sofistas se hacían notar como racionalistas y sabios universales, dando explicaciones falsamente claras para todas las cosas y pretendiendo reformarlo todo. Por esa razón, se interesaban preferentemente por los temas humanos, que eran los más complejos y menos ciertos.

Procurando, por medios inteligentes, solo demostrar su superioridad, los sofistas transformaron una de las más dignas ciencias en el arte de negar y destruir a través de la razón. Con su moral maleable, eran capaces de sustentar los pros y los contras con la misma verosimilitud. Condenaban toda ley impuesta al hombre como una convención arbitraria, y la virtud que pregonaban se reducía al arte de lograr buen éxito o al deseo de poder.

De esa manera, de todos los grandes proyectos filosóficos de la época precedente, los sofistas conservaron solo el orgullo científico. Querían engrandecerse a través de la ciencia, y creían en ella, pero no en verdad.

126) ¿Qué es la filosofía patrística?

La filosofía patrística, mi querido lector, surgió como resultado de la obra de los primeros maestros o padres de la iglesia, durante la fase histórica que va del siglo primero al noveno. Se pueden señalar tres períodos en la evolución de esta filosofía: el período de formación, el de apogeo y el de transición.

En el período de formación, se destaca la obra de los apologistas y polemistas en su tarea de difundir la doctrina cristiana y de combatir las herejías. Se distinguen entonces los padres griegos, los alejandrinos y los africanos.

Con la excepción de los maestros latinos, que condenaron la cultura greco-romana, la actividad principal de los primeros padres de la iglesia tuvo como propósito conciliar la cultura pagana con las enseñanzas del cristianismo.

La más famosa de todas las escuelas patrísticas fue la de Alejandría, en la que tuvieron una actuación destacada Clemente, Panteno y Orígenes.

Durante el período de apogeo, los filósofos patrísticos procuraron esclarecer el sentido auténtico de las verdades reveladas, aprovechando para ello la derrota del paganismo. Agustín, representante del período de apogeo, fue el mayor filósofo de la época patrística, y una de las más profundas y luminosas inteligencias de todos los tiempos.

Más allá de ser el mayor expositor de la teología conservadora occidental, Agustín ha sido considerado también como un verdadero psicólogo. Los estudiosos de Agustín generalmente afirman que lo único que él podría haber llegado a aprender de la psicología moderna era su terminología.

En su lucha contra el paganismo, Agustín procuraba defender el concepto de Dios y de alma sirviéndose de los recursos intelectuales disponibles, como la filosofía helenístico-romana. Afirmaba que no se puede predicar el evangelio sin las Sagradas Escrituras y sin una fe viva en las verdades reveladas por Dios. Según este filósofo, la regla a seguir era comprender para creer y creer para aprender.

La doctrina de Agustín fue idealizada a la luz de la herejía pelagiana. En la opinión de Pelagio, en cualquier momento de su vida el hombre es completamente libre para escoger entre el bien y el mal, y la caída de Adán no tiene ningún impacto sobre él. Agustín refuta ese tipo de libre albedrío y afirma que el orgullo humano es la fuente del pecado original, esto es, la debilidad o incapacidad heredada por no poder practicar el bien.

En el pensamiento agustiniano se destacan los siguientes puntos: Adán no quiso aceptar su lugar de criatura; el pecado de Adán pasó a sus descendientes de dos maneras: por una transmisión biológica sexuada, y por su herencia moral.

La teoría de Agustín, que llevó a la doctrina de la predestinación, influyó fuertemente sobre el calvinismo.

La tarea de los filósofos patrísticos del período de transición fue, por sobre todo, el intento de conservar la cultura clásica en medio de las guerras y convulsiones que se produjeron a partir de la invasión de los bárbaros. Entre los filósofos de este período se destacan Casiodoro, San Isidoro de Sevilla, Beda y Boecio.

127) ¿Qué tipo de filosofía existió durante la Edad Media?

Durante la Edad Media, mi querido lector, la cultura cristiana se desdobló en cuatro fases distintas: la apostólica, la patrística, la monástica y la escolástica. La falta de un buen discernimiento de cada una de estas fases produjo varias interpretaciones erróneas. Esas interpretaciones derivaron de la confusión que existía entre filosofía medieval y filosofía escolástica, entre filosofía escolástica y teología, y entre filosofía escolástica y filosofía aristotélica.

Podemos distinguir cuatro períodos dentro de la evolución de la filosofía medieval: el de formación, el de apogeo, el de decadencia y el de transición.

En el período de formación, la filosofía medieval se encontraba muy lejos de las grandes síntesis del siglo trece, por faltarle equilibrio y unidad. Encontramos varios tipos de escuelas durante esa época: parroquiales, abaciales, catedralicias, palatinas y municipales. Entre las corrientes no escolásticas de ese período se destacan la escolástica disidente, inspirada en el neoplatonismo, la filosofía árabe y la filosofía hebrea.

El período de apogeo, en el siglo trece, constituye una de las fases más brillantes y gloriosas de la historia del pensamiento. Durante ese siglo la escolástica alcanza la plenitud de su fuerza y esplendor. Se divide en: escuela franciscana; escuela de San Alberto y Santo Tomás; y nueva escuela franciscana.

El término «escolástica» significó en un principio el conjunto del saber tal como había sido transmitido por las escuelas clericales. El escolástico era el maestro de las siete artes liberales, o jefe de las escuelas monásticas o catedráticas. Más tarde se les dio el mismo nombre a los que se dedicaban a la filosofía y a la teología en las escuelas.

Tales escolásticas ya no se proponían comprender y formular la doctrina cristiana con el auxilio de la filosofía griega, como lo hacían los padres de la iglesia, sino fundamentar y enseñar la doctrina de la iglesia como sistema científico.

La vida espiritual en la Edad Media se mantuvo dentro de una actitud receptiva frente a la cultura antigua y se sometió a la autoridad de los pensadores clásicos. Querían enseñar la ciencia y la filosofía, y no investigar y filosofar por cuenta propia. Por eso el método característico de la escolástica es el silogismo, apropiado para exponer y presentar verdades ya descubiertas, pero no para el descubrimiento de nuevas ideas.

Otro objetivo de la escolástica fue su preocupación por resolver la condición de las autoridades reconocidas, con el propósito final de hacer ver que no existía conflicto entre el saber y la fe, la filosofía y la teología, la razón y la revelación.

En su consideración sociológica, la escolástica mostraba un tipo de vida intelectual, un estilo de pensar y filosofar, que se extendería por más de seis siglos. Ella constituyó el punto culminante de la filosofía medieval y tuvo como representantes a algunos de los más destacados pensadores de todos los tiempos.

En síntesis, el objetivo de la escolástica fue demostrar y enseñar las concordancias entre la razón y la fe a través del método deductivo-silogístico, que se proponía eliminar las posibles contradicciones de las verdades transmitidas, en materia de dogma, por los filósofos y teólogos oficiales del catolicismo romano.

128) ¿En qué consistió el movimiento filosófico medieval llamado los universales?

Querido lector, el movimiento escolástico de la Edad Media solo adquiere su claro perfil en el siglo doce con San Anselmo de Canterbury, que marca el pasaje de la inmediación de la fe a la penetración racional. La fama de este pensador proviene de su célebre prueba ontológica de la existencia de Dios contenida en su escrito *Proslogium*.

El argumento ontológico es el intento de probar la existencia de Dios partiendo de su propio concepto. Por Dios entendemos, según su definición, lo más perfecto que en general pueda ser pensado. Hasta el ateo posee ese concepto, pero lo perfecto por excelencia no puede existir solo en el intelecto, pues entonces dejaría de serlo, ya que existiría algo fuera de la conciencia superior a él. Por consiguiente, caeríamos en una contradicción al no reconocer que Dios existe también fuera de nosotros.

Este argumento incurre en un paralogismo, como ya lo dejara ver un contemporáneo de Anselmo, el monje Gaunilo. Por ejemplo, ¿puede existir la isla más perfecta solo por el hecho de imaginarla?

En cuanto a los universales, el tema es el siguiente: ¿Poseen los significados generales de las palabras (los conceptos universales) una realidad externa o simplemente son producto de la mente humana y, por ende, simples nombres? ¿Es Dios, una realidad en sí o se trata de una mera generalización del nombre de las tres personas divinas?

San Anselmo y los místicos se pronunciaron, y Roscelino tomó partido por otro pensamiento. Los primeros decían que para los universales eran objetos reales (en latín: res); de allí que su doctrina se llamó realismo. El segundo no les daba otro carácter que el de nombres (en latín, nómina), y de esta doctrina se deriva la corriente de los nominalistas. Tal vez la primera concepción realista de los universales haya sido formulada por Juan Escoto Erígena, que en el siglo noveno señaló que los conceptos generales son realidades originarias que crean de sí el particular. Los universales dicen que no se trata solo de sustancias, sino también, en cuanto a los objetos singulares, son más originarios, o sea productores determinantes: son sustancias reales y, a decir verdad, tanto más reales cuanto más generales.

Esa doctrina se identifica como la antigua «teología negativa», según la cual de Dios solo se puede predicar lo que no es. Pero lo general, por antonomasia, crea de sí la totalidad de las cosas, que, por consiguiente, no son otra cosa que su manifestación, y que se conducen con él como los ejemplares particulares con el género: están en él y solo existen con sus peculiares manifestaciones.

Así, de esas suposiciones se origina un panteísmo lógico: todas las cosas del mundo son «teofanías»; el mundo es Dios, que se genera a sí mismo (Dios explicitus), y que se va desarrollando en particular. Dios y el mundo son una sola y la misma cosa. La misma «naturaleza» (physis) es, como unidad creadora, Dios; y como pluralidad creada, el mundo.

129) ¿Quién fue Santo Tomás de Aquino?

Mi querido lector, Tomás de Aquino, teólogo y filósofo italiano, vivió del 1227 al 1274. Fue educado por los monjes benedictinos de Montecasino, pero más tarde se hizo dominicano. Fue discípulo de San Alberto Magno.

Considerado el más brillante filósofo de la Edad Media y el mayor pensador entre los católicos, Santo Tomás restableció el prestigio de la filosofía aristotélica y determinó claramente la diferencia entre la filosofía y la teología. Trató aisladamente cada cuestión, pero dio a todas ellas un cuerpo único, realizando una síntesis perfecta. Su escuela es la del realismo metafísico.

Santo Tomás, a quien el catolicismo romano le dio el título de Doctor Angélico, ha sido considerado, y aún hoy lo es, el maestro incontestable de los católicos. Su influencia se hace notar aún fuera de los dominios de la iglesia romana. Los que lo siguen se denominan tomistas. Entre otras, escribió las obras *Suma teológica* y *Suma contra gentiles.*

El sistema filosófico y teológico del Doctor Angélico, así también lo llamaban, ejerce aún hoy mucha influencia entre los adeptos del neotomismo. También denominada filosofía cristiana y filosofía perenne, el tomismo fue varias veces proclamado como doctrina casi oficial de la Iglesia Católica. Se distingue de la escolástica, término genérico que abarca las diversas escuelas medievales, y se traduce más como un método que como una doctrina.

El tema fundamental de las meditaciones de Santo Tomás es el esclarecimiento de las relaciones entre la revelación y la filosofía, esto es, entre la fe y la razón. Según el filósofo, tales conceptos no se chocan ni se absorben, sino que permanecen íntegros en sus respectivas áreas, posibilitando así la coexistencia de la filosofía y la teología.

El conflicto entre esas dos áreas solo se produce, de acuerdo con el teólogo, cuando la razón se usa de forma incorrecta, o sea, cuando intenta, sin auxilio de la fe, comprender el misterio-dogma religioso, inaccesible en esencia a cualquier interpretación racionalista, pues la razón debe ser solo sierva de la fe.

Así, Tomás de Aquino consiguió establecer el equilibrio entre la tradicional tendencia mística y las nuevas directrices racionalistas.

Siguiendo los pasos de Aristóteles, Aquino afirma que el fin del hombre es el perfeccionamiento de la propia naturaleza, lo que, sin embargo, solo se cumple en Dios, y vuelve la última etapa del ser trascendente hacia él. Para que la voluntad sea buena se debe conformar a la ley moral, cuyo fundamento metafísico es Dios.

Siendo Dios incognoscible, el hombre no puede conocer la ley eterna, bastando el conocimiento de la ley natural para regular su conducta, o sea, la norma de la conciencia humana.

Según la teoría del conocimiento de Santo Tomás, el filósofo se identifica con el punto de vista del realismo, como aquel que acepta la existencia de una realidad independiente del sujeto cognoscitivo. Define la verdad como una adecuación del objeto (que se conoce) con el intelecto (que lo conoce).

Hoy existe un movimiento teológico católico que intenta reinterpretar la Edad Media, haciendo que ese período deje de ser conocido como una larga «noche de mil años».

130) ¿En qué consistió el movimiento renacentista?

Querido lector, en 1453 Mahoma II toma Constantinopla; los sabios griegos emigran a Italia con manuscritos de Platón, de Plotino y de Aristóteles. Este constituye el punto de partida no solo del humanismo y de la resurrección de la literatura antigua, sino también del punto de vista filosófico, de un renacimiento del platonismo, cuya influencia sería, de allí en adelante, mayor que la de Aristóteles.

La Reforma protestante viene a contestarle a la autoridad todo-poderosa de la Iglesia de Roma, transfiriendo la autoridad del Papa a la conciencia de cada uno, de la tradición católica a las Sagradas Escrituras. Los encarnizados conflictos entre las iglesias contribuyeron a dar a la filosofía una nueva independencia.

Los grandes descubrimientos se acumulan. Y no pensamos solo, entiéndase bien, en el descubrimiento de América, sino sobre todo en los descubrimientos de carácter científico. Copérnico afirmaba que la tierra giraba alrededor del sol. Galileo confirmó esa teoría y descubrió las tres leyes del movimiento de los planetas. Vesalio descubrió la anatomía humana, mientras que Servet fue el primero en concebir la idea de la circulación de la sangre. Tartaglia resolvió las ecuaciones de tercer grado. Viéte, antes de Descartes y Fermat, entrevió el principio de la aplicación del álgebra y la geometría.

Si agregamos a todo eso la invención de la imprenta y la difusión de la cultura que resulta de ello, comprenderemos la efervescencia intelectual del Renacimiento. En el hombre europeo surgió un nuevo deseo de felicidad y de libertad.

Podemos citar la doctrina panteísta de Giordano Bruno y, antes de él, la filosofía de Nicolau de Cusa, quien soñaba con la tolerancia religiosa, la cultura del fundamento matemático y la transformación del mundo mediante técnicas racionales.

Tres grandes ideas del pensamiento moderno surgen o se desarrollan en el transcurso de ese período: La necesidad de la separación entre la teología y la filosofía, logrando la autonomía de esta última. La idea de que las matemáticas son la escuela de la razón rigurosa por excelencia. La idea del método experimental y del conocimiento objetivo de los hechos de la naturaleza.

El llamado renacimiento cristiano, según la mayoría de los historiadores, no fue obra de los siglos quince y dieciséis, sino del siglo que se abrió con Inocencio III y se cerró con Dante. Ese mismo período que vio a Francisco de Asís, a San Antonio de Lisboa, a Santo Domingo de Guzmán y a Santo Tomás de Aquino, también vio el progreso de la obra de Pedro de Bruys y de Pedro Valdo, que poseían muchos adeptos en casi todos los países de Europa. De acuerdo con los historiadores de la iglesia, en Alemania e Italia, los hombres y mujeres de todas las clases habían seguido sus enseñanzas y doctrinas evangélicas, desde los hidalgos hasta los campesinos, desde el abad de mitra hasta el monje con capucha; mientras que en Lombardía existían en tal cantidad que uno de ellos declaró que podía viajar de Colonia a Milán, y recibir todas las noches hospedaje en casa de hermanos.

En el Renacimiento, la unidad real y potencial que ya asimilara en sí misma los bienes espirituales de la civilización antigua, estaba ahora en condiciones de tomar los bienes de la nueva civilización.

131) ¿Qué tipo de influencia marxista sufrió la teología de la liberación?

Querido lector, por el hecho de tratarse de un movimiento multiforme y aún sujeto a variaciones, no es tarea fácil analizar el carácter de la teología de la liberación.

En líneas generales, sus propagadores defendieron la ideología socialista y adoptaron un programa revolucionario dentro de una perspectiva marxista. Creían que podían unirse en alianza estratégica con revolucionarios y marxistas no dogmáticos a fin de promover la revolución social en América Latina.

La teología de la liberación no utilizaba el término *teología* en su sentido clásico, tradicional y técnico, como *el estudio o la ciencia de Dios y su relación con sus criaturas.* Según uno de los pioneros de ese movimiento, en él el término *teología* había adquirido una connotación bien distinta, como una reflexión crítica de la praxis cristiana a la luz de la Palabra. Esa «praxis cristiana», sin embargo, no era solo una acción separada del pensamiento o de la teoría, sino la acción por el pensamiento, comprometida con una reevaluación constante de actitudes y teorías, y una reconducción de acciones basadas en esa reevaluación.

Los liberacionistas, por lo tanto, entendían que ese nuevo sistema teológico, como intento de reflexión basado tanto en el Evangelio como en las experiencias de hombres y mujeres comprometidos con el proceso de liberación de los oprimidos latinoamericanos, nació de la experiencia de los esfuerzos comunes por abolir la actual situación injusta y crear una sociedad diferente, más libre y humana.

El cardenal alemán Joseph Ratzinger, en ese entonces prefecto de la Congregación para la Doctrina de la Fe, dijo que lo que más asusta de la teología de la liberación es el hecho de que no se asemeja a una herejía. Como fenómeno universal que aparece en diferentes lugares del mundo, el liberacionismo es la prueba de que un error es más peligroso cuanto mayor es el núcleo de verdad que contiene. Pero, ¿qué verdad contiene este fenómeno?

Considerando el análisis marxista de la historia como clave para entender la doctrina cristiana, los liberacionistas mostraban una lógica casi invencible. Ratzinger decía que, aunque era difícil aceptar la posibilidad de que la realidad global del cristianismo se pudiera agotar en un esquema socio político de liberación, muchos teólogos liberacionistas continuaban usando el mismo lenguaje ascético y dogmático de la iglesia católica.

Considerado, entonces, como una reflexión sobre la práctica libertadora de los grupos comprometidos en América Latina, ese movimiento de finalidades libertadoras se originaba en los cristianos involucrados y comprometidos con la promoción humana y la transformación de la sociedad. El padre brasileño Leonardo Boff destacó que la teología de la liberación quiere reflejar las implicancias de las prácticas históricas, sociales y transformadoras en el contexto de la iglesia. «Tal teología», afirmó Boff, «no nació de la cabeza de algunos teólogos ni de las cátedras de las universidades, sino de las prácticas de cristianos involucrados, que viven la contradicción fundamental de nuestra sociedad, que es la presencia de las grandes mayorías muy pobres al lado de pequeñas minorías muy ricas».

132) ¿Cómo era el trasfondo político y filosófico del Renacimiento, del cual brotó la Reforma Protestante?

Mi querido lector, en el trasfondo del pensamiento renacentista se destacan algunas figuras, comenzando por Nicolás de Cusa y terminando por Giordano Bruno. Se trató de una nueva concepción filosófica del mundo y de la vida, aún no muy claramente esbozada, de la que a veces ni sus mismos autores tenían clara conciencia. Era una época de transición, en la que lo nuevo y lo viejo se entretejían.

La mayor conquista del pensamiento del Renacimiento se halla en la historia humana y en las ciencias naturales. De allí derivan, seguidamente, la ciencia política y la técnica científica, que tuvieron un gran comienzo. Eso como fruto del vivo interés y de la penetrante observación de la experiencia y del concretismo, casi desconocidos en el pensamiento clásico y medieval.

La expresión clásica de la nueva ciencia política es Nicolás Maquiavelo, que no era filósofo sino teórico de la técnica política, aunque su pensamiento se fundamentaba en la metafísica del humanismo y del inmanentismo renacentista. Galileo Galilei fue la mayor expresión de la nueva ciencia. No era filósofo sino teórico y técnico de la renovada ciencia de la naturaleza, pero mostraba su validez y hacía afirmaciones de alcance metafísico.

Aunque el Renacimiento era algo de carácter inmanentista y humanista, y no armonizaba con el catolicismo romano de la época, el cristianismo no estuvo ausente, y mucho menos en la vida trascendente y ascética. El verdadero cristianismo del Renacimiento puede estar representado por el protestantismo, y, en especial, por el protestantismo luterano.

A pesar de que muchos de sus aspectos exteriores están en oposición con el espíritu renacentista, el protestantismo esgrime, en el fondo, el mismo ideal inmanentista e individualista del Renacimiento. Así que podemos considerar a la Reforma Protestante como la religión de la nueva época y, seguidamente, a la Contra Reforma católica como una reacción natural o, mejor dicho, como un desarrollo lógico del cristianismo católico ante las dos nuevas tendencias de pensamiento y vida.

Las enseñanzas de la Reforma se basaban en las Sagradas Escrituras e iban en contra de diversos dogmas fundamentales del catolicismo. La Contra Reforma fue el movimiento de reacción y de renovación contra la Reforma y el Renacimiento. Culminó en el Concilio de Trento (1546-1563), y tuvo como su mayor expresión la Orden de los Jesuitas de la Compañía de Jesús, fundada en 1534.

Desde el punto de vista filosófico, la Contra Reforma tuvo como característica fundamental la valorización del concretismo moderno, pero subordinado a una reafirmación profunda y vigorosa de la trascendencia y del ascetismo.

Desde Italia, cuna del humanismo y del renacimiento, este se propagó por toda la Europa civilizada, que, además, estaba preparada para recibir estas nuevas formas de pensamiento y de vida. En las grandes naciones europeas el humanismo y el renacimiento se interesaban especialmente por los problemas religiosos que, sin embargo, no despertaron en Italia demasiado interés, posiblemente en virtud de la intolerancia del catolicismo romano.

133) Dentro de la perspectiva humanista, ¿qué viene a ser el pecado?

Mi querido lector, dentro de la perspectiva humanista de nuestros días, el pecado es algo externalizado, y se refiere a las estructuras sociales opresivas que necesitan ser removidas como causa única de la pobreza y la injusticia.

El pecado, por lo tanto, consistiría fundamentalmente en la separación o alienación de una persona o grupo de personas de su verdadera identidad. De acuerdo con la Teología Negra, que sigue la misma línea liberacionista, el pecado del oprimido no es el de ser responsable de su propia esclavitud sino el de intentar «comprender» al esclavizador y «amarlo» siendo él quien lo oprime.

A un nivel más profundo, esa liberación se podría aplicar a la comprensión de la historia, en la que el hombre debería verse como quien asume la responsabilidad consciente de su propio destino. Sería esa comprensión la que proveería un contexto dinámico y ensancharía el horizonte de las modificaciones sociales deseadas. Gustavo Gutiérrez sugiere que la conquista gradual de la verdadera libertad lleva a la creación de un nuevo hombre y de una sociedad cualitativamente diferente.

Así, lo que antes hacía Dios, la creación de un nuevo hombre, ahora lo hace el hombre o, mejor dicho, intenta hacerlo, cerrando los ojos a su propia depravación total delante de un Dios santo. Ese humanismo idealista considera al ser humano capaz de regenerarse a sí mismo y de asumir todo el dominio de la realidad de la vida presente y, por consiguiente, de establecer una sociedad justa sobre la tierra, sin los pecados del odio, la codicia y la injusticia.

En esa perspectiva humanista se confunde aún la redención bíblica final, o sea la transformación de nuestro cuerpo en un cuerpo glorioso, con una presente emancipación social y económica. Uno de los teólogos humanistas afirmó que «lo que nosotros necesitamos es vida antes de la muerte y no vida después de la muerte», y que «precisamos ser libres de la coacción del pecado en nuestra vida colectiva».

Esa perspectiva humanista y renacentista, sin apoyo bíblico, ha producido personas alejadas de Dios porque no dependen de él. Y esas personas, por el hecho de rechazar la verdad divina revelada en las Escrituras y no someterse al señorío de Jesucristo, se asemejan a guías ciegos, que no caerán solos al abismo.

Transformando la redención bíblica en liberación política o antropológica, los humanistas colocan al hombre en lugar de Cristo, haciendo del hombre su propio salvador y también el salvador de la humanidad. Esa nueva redención humana, no de los pecados personales cometidos contra Dios y el prójimo sino de las desigualdades sociales y opresiones políticas, encuadra perfectamente en el nuevo concepto liberal y ecuménico de la misión de la iglesia.

Cuando, ignorando a la Biblia, analizamos al ser humano a partir de presuposiciones humanistas, materialistas, ateas o marxistas, es natural que busquemos las soluciones para las crisis humanas de nuestro tiempo en esas mismas presuposiciones. La teología humanista de los movimientos de liberación política, por analizar la sociedad humana partiendo de una perspectiva socialista, solo busca soluciones que procedan de esa misma perspectiva.

134) ¿Quién fue Aristóteles?

Querido lector, Aristóteles (384 al 322 a.C.), célebre filósofo griego, nació en Macedonia y fue discípulo de Platón durante 20 años. Se lo considera uno de los mayores genios de la Antigüedad: incursionó en todas las ciencias de su tiempo y creó otras. Luego de la muerte de sus maestros, fue el encargado de la educación del hijo del rey Felipe de Macedonia, Alejandro, que se convirtió más tarde en el famoso emperador de los griegos.

Luego de acompañar a Alejandro al Asia, Aristóteles fijó residencia en Atenas, en el 334, donde fundó la famosa escuela peripatética, donde maestros y alumnos estudiaban caminando. Liceo era el nombre por el cual fue conocida esta escuela, pues quedaba junto al templo de Apolo Licio.

La filosofía de Aristóteles muestra a toda la naturaleza como un inmenso esfuerzo de la materia bruta por elevarse hasta el acto puro; esto es, hasta el pensamiento y la inteligencia. Aunque concordaba con Platón en cuanto al carácter universal de la filosofía, rechazaba el idealismo de este, tomando la realidad como el punto de partida de sus especulaciones.

Para Aristóteles, la filosofía es la ciencia de todo lo que existe y comprende tres órdenes de conocimiento: los conocimientos teóricos, que se centran en la pura especulación, en la física, en la matemática, en la metafísica; los conocimientos prácticos, que tienen como fin dirigir la acción: la ética y la política; y los conocimientos poéticos, que tienen como fin dirigir la producción, o sea, las obras humanas: la poesía, la retórica y las demás artes.

La verdadera ciencia del filósofo, según Aristóteles, es la metafísica, o filosofía primera, más tarde llamada ontología, que objetiva el estudio del ser, sus principios y causas últimas, independientemente de sus determinaciones sensibles.

El aristotelismo abarca la naturaleza de Dios (metafísica), del hombre (ética) y del estado (política). Para Aristóteles, Dios no es el Creador sino el primer y último motor del universo, o sea, el motor inmóvil. Excepto Dios, toda y cualquier otra fuente de movimiento en el mundo, sea una persona, una cosa o un pensamiento, es un motor móvil. Así, el arado mueve la tierra, la mano mueve el arado, el cerebro mueve la mano, el deseo de alimento mueve el cerebro, el instinto de vida mueve el deseo de alimento.

Por lo tanto, para el famoso discípulo de Platón, la causa de todo movimiento es resultado de otro movimiento. El amo de todo esclavo es esclavo de algún otro amo. El propio tirano es esclavo de su ambición. Dios es el único que no puede ser el resultado de una acción, ni puede ser esclavo de ningún amo. Él es la fuente de toda acción, el amo de todos los amos, el impulsor de todo el pensamiento, el primer y último Motor del mundo.

La filosofía de Aristóteles se caracterizó por el realismo, la objetividad y el método. Defendió las teorías de la realidad del individuo, de las causas del ser, del acto y la potencia, de la materia y de la forma, de la unión del alma con el cuerpo, del conocimiento sensitivo e intelectual, de la contemplación de Dios como fin último y felicidad suprema del hombre, siendo la virtud o el actuar bien el medio para alcanzarla.

En la Edad Media fue el aristotelismo la filosofía dominante, que tuvo como principal propulsor al famoso Tomás de Aquino, considerado el Doctor Angélico del catolicismo.

135) ¿Cuáles son los conceptos de idea en la filosofía?

Según Michele Federico Sciacca, tanto para el santo de los primeros tiempos como para el «ateo» del siglo pasado, de formación iluminista, negar las ideas como conocimiento en sí, anteriores a las cosas y objetos para juzgarlas, es:

Negar irreparablemente a Dios, o una verdad que no deriva de las cosas ni se propone a sí misma. Y entonces la presencia de algo inmutable y necesario, iluminante y fecundo nos convence racionalmente de que Dios existe y resulta irracional decir lo contrario.

O negar que existe una verdad de tal naturaleza, y con ella negar la presencia de Dios. Y entonces ya no es posible pensar o probar la existencia del Ser trascendente, creador y providente.

Si todo en el hombre es humano, producido por él y creado sin diseño, señal, imagen o vestigio divino, es imposible dar una noción de Dios. El hombre fue privado de todo lo que le era necesario para poder encontrarlo y, a la luz de la razón, poder probar aquel Objeto que hace inteligente su inteligencia.

Dios habría creado al hombre no para sí mismo sino para el hombre mismo, no para que el ser humano lo buscara, lo amara e invocara, sino para que se perdiera en la finitud y continencia propia y del mundo, cosa entre las cosas. Por eso Platón, el metafísico de las ideas, es el padre de la metafísica de la verdad esencialmente teísta: si existe la verdad existe Dios; la verdad existe, luego Dios existe.

Desterrar las ideas como objeto inmutable de la mente es desterrar a Dios del pensamiento. Si la mente no conoce nada inmutable y necesario para ella, no hay nada inteligible o verdadero: no hay Dios.

Kant negaba el saber intuitivo de la inteligencia, y por eso negaba que se pudiera demostrar la existencia de Dios. Limitado el hombre a su cosmicidad, es hecho prisionero del conocimiento racional y privado de Dios, que no es problema de la razón si antes no fue un problema de la inteligencia. Así queda destruida cualquier posibilidad de demostrar que Dios existe porque fueron destruidas las ideas.

En síntesis, Kant niega la onticidad de la idea y del saber intuitivo: la experiencia sensible es el límite de la forma «a priori» y, por lo tanto, el límite del hombre es su imposibilidad de trascender la experiencia, esto es: «el cosmos», la «ciencia».

Para Kant, el «a priori» tiene su adecuación en el mundo en el orden natural, como «el cielo estrellado» y «la ley moral». Como consecuencia de eso, el mundo es la finalidad suprema del ser humano. Por eso Dios queda eliminado del orden del pensamiento y de la realidad, y tampoco se puede explicar cómo nacen de la razón la existencia de Dios y las ideas, elementos que no se justifican en el sistema kantiano ni vienen como postulados de la razón práctica.

Locke es el primer sistemático y consciente destructor de la idea en el sentido del idealismo objetivo. En efecto, como la palabra *idea*, el idealismo indica sensaciones, imágenes, percepciones y otras; todo lo que es contenido de la consciencia. La idea no es más un objeto inteligible, imagen a priori de lo inteligible en sí, sino la imagen de lo sensible: el alma conquista las ideas de la experiencia. Para Locke no existe la idea como objeto de la mente, pues tal idea es apenas intuida por la mente, no producida por ella, ni obtenida de la experiencia.

136) ¿Cómo encararon Hume y Kant el problema de la existencia de Dios?

A fin de entender la existencia de Dios, los filósofos hacen uso de la lógica, cuyo principal objetivo es el estudio de la inteligencia bajo el punto de vista de su utilización para el conocimiento. Es la lógica la que proporciona al filósofo los medios necesarios para la investigación segura de la verdad. Pero, para poder alcanzar la verdad es necesario razonar con exactitud y partir de datos exactos, a fin de que el espíritu no caiga en contradicción consigo mismo o con los objetos, afirmando cosas diferentes de lo que realmente son.

David Hume (1711-1776) al negar la objetividad de la idea, negó a Dios, y entonces no rige nada más; ni el espíritu, ni los objetos, ni la filosofía, ni la ciencia. En este sentido, el ultra iluminista Hume, que desarrolló profundamente el principio ateo de que «el hombre crea al hombre y su reino», es la crisis del mito iluminista, en cuanto representa la ratificación de lo real espiritual y corpóreo de toda categoría de lo real.

La madre de Hume fue durante muchos años una cristiana profesa. Sin embargo, deslumbrada por el talento de su hijo, lo acompañó por los meandros y laberintos del escepticismo, abandonando su antigua fe. Pasaron los años y ella, como sucede con todas las personas, se acercaba a las puertas de la eternidad. Desde su lecho de muerte, escribió a su hijo esta tristísima carta:

«Mi querido hijo: Se desangra por completo mi salud. Para mí la vida se extingue con mucha rapidez. Solo viviré un poco más. Está en una angustia atroz mi alma. La filosofía que me enseñaste no me ministra consolación alguna. Está destrozado de desesperación mi corazón. Ven pronto, te pido encarecidamente, para que me confortes. Si no puedes venir, mándame por carta alguna consolación que la filosofía pueda ofrecer a los mortales a la hora final de su estadía en este mundo.»

Immanuel Kant se dio cuenta de la ruina del conocimiento objetivo y de la metafísica como ciencia, como consecuencia de la negación de la idea; y también lo percibió Rosmini. He aquí dos problemas tratados por ellos: la objetividad del conocimiento, y la restauración de la metafísica como saber racional.

Kant veía claramente un aspecto del problema de Dios: que la prueba cosmológica, como toda otra, en el fondo depende de la ontológica. Mientras fue «platónico» (pre-crítico) quien consideró válida la prueba ontológica; pero al volverse «crítico» la refutó porque, al negar las verdades primordiales dadas a la mente, y al admitir solo lo que es conocido, le estaba vedada la posibilidad de demostrar racionalmente la existencia de Dios.

Al reconocer la importancia primaria de la prueba ontológica en relación con la cosmológica, Kant percibió que el problema de la existencia de Dios se insertaba en la vida del ente espiritual más que en la del mundo físico.

La verdad es que, para Kant, la idea era siempre una forma «vacía» que esperaba recibir el contenido de la experiencia sensible; la restauración de la metafísica le resultaba completamente imposible. La idea permanece injustificada en su sistema. Si Dios fuese solamente una idea de la razón, en el sentido kantiano, sería un puro posible; pero si Dios es solo un posible, es imposible; y todo lo que es se vuelve automáticamente imposible e inexplicable.

137) ¿Qué tipo de peligro representó para la iglesia la llamada teología de la liberación?

Querido lector, el enemigo de la sana doctrina ha lanzado sucesivos ataques contra las iglesias evangélicas en general. Muchos de esos ataques se produjeron bajo nombres sugestivos, como el caso de la teología de la liberación, y más recientemente el de la teología de la prosperidad. Sin embargo, ¿quién puede negar que el evangelio que predicamos no sea, en su verdadero sentido, un evangelio de liberación y de prosperidad? Siendo víctimas de tales ataques sutiles, algunos sectores evangélicos, que en otro tiempo fueron baluartes de la sana doctrina, hoy están abiertamente aceptando la herejía.

Para poder resistir a los avasalladores ataques de estos últimos tiempos y no quedar desorientados, ¡es necesario que estemos edificados en Cristo Jesús! Él es la piedra viva, escogida y preciosa, como afirma la Biblia (1 Pedro 2:6).

La iglesia de Cristo está constituida exclusivamente por nuevas criaturas. Y ese nuevo nacimiento es un milagro operado por el propio Dios. «Y les daré un corazón, y un espíritu nuevo pondré dentro de ellos; y quitaré el corazón de piedra de en medio de su carne, y les daré un corazón de carne» (Ezequiel 11:19).

Para el hombre es imposible transformarse a sí mismo o ser transformado por otro hombre. Solo en Cristo puede ser una «nueva criatura». Y solo en la condición de nueva criatura, viviendo en novedad de vida, pertenece a la Iglesia rescatada, santificada por el Espíritu Santo, que combate a las potestades de las tinieblas usando armas espirituales.

La misión de la iglesia es anunciar el evangelio y no predicar ideologías políticas. El evangelio, «poder de Dios para salvación de todo aquel que cree», se encargará por sí mismo de mejorar al individuo y, consecuentemente, a la sociedad. La injusticia social es consecuencia del pecado arraigado en el corazón humano. No basta condenar el pecado. Es necesario primero anunciar al pecador la cura contra el pecado, que es la sangre de Cristo.

Solo un arrepentimiento sincero a través de una aceptación plena de la verdad evangélica introducirá al pecador a una nueva manera de vivir, ya no según el curso de este mundo sino según la gracia divina. El fruto del Espíritu Santo en el creyente es «amor, gozo, paz, paciencia, benignidad, bondad, fe, mansedumbre, templanza (...)» (Gálatas 5:22-23).

El mensaje liberador de la Teología de la Liberación no toma en cuenta los fundamentos bíblicos de la verdadera libertad como la enseñó Jesús: «Si vosotros permaneciereis en mi palabra, seréis verdaderamente mis discípulos; y conoceréis la verdad, y la verdad os hará libres (...) Así que, si el Hijo os libertare, seréis verdaderamente libres» (Juan 8:31-32,36).

Finalmente, la verdadera iglesia de Cristo no se conforma a este mundo, no usa armas mundanas para reformar la sociedad ni busca implantar aquí en la tierra su paraíso. La trascendencia de la esperanza cristiana está cristalizada en estos pasajes: «En este mundo tendrán aflicción»; «El mundo entero está bajo el maligno»; «Mi reino no es de este mundo»; «Si en esta vida solamente esperamos en Cristo, somos los más dignos de conmiseración de todos los hombres.»

Capítulo 9

Tipología

138) ¿Cómo es que los sacrificios ceremoniales de consagración de los sacerdotes son figura de Jesús?

El orden para llevar a cabo esos sacrificios se encuentra en Éxodo 29, a partir del versículo 10. Observemos los siguientes puntos:

En primer lugar, Jesús se identificó con nosotros. «Después llevarás el becerro delante del tabernáculo de reunión, y Aarón y sus hijos pondrán sus manos sobre la cabeza del becerro». El becerro es figura de la persona de Jesús como siervo sufriente, lleno de mansedumbre. Lo que hacían Aarón y sus hijos, colocar las manos sobre la víctima, indicaba su identificación con esta.

En segundo lugar, Jesús se sacrificó por nosotros. «Y matarás el becerro delante de Jehová, a la puerta del tabernáculo de reunión. Y de la sangre del becerro tomarás y pondrás sobre los cuernos del altar con tu dedo, y derramarás toda la demás sangre al pie del altar. Tomarás también toda la grosura que cubre los intestinos, la grosura de sobre el hígado, los dos riñones, y la grosura que está sobre ellos, y lo quemarás sobre el altar» (vv. 11-13).

En tercer lugar, Jesús nos compró con su sangre. El becerro degollado, cuya sangre se derramaba sobre la piedra del altar, es figura de Jesús (Isaías 53:12).

En cuarto lugar, Jesús se consumió por amor a nosotros. Las entrañas del animal se quemaban sobre el altar, dentro del campamento. Jesús se consumió en favor de su pueblo Israel.

En quinto lugar, Jesús murió por todos los hombres. Todo lo que quedaba del becerro, la carne, la piel, el estiércol y demás, debía ser quemado fuera del campamento como ofrenda por el pecado: «Pero la carne del becerro, y su piel y su estiércol, los quemarás a fuego fuera del campamento; es ofrenda por el pecado» (v. 14).

Los carneros de la consagración. Después de imponer las manos sobre el primer carnero, que es figura de Cristo, quien se entregó como ofrenda, lo degollaban, lo cortaban en pedazos, le lavaban las entrañas y piernas, y en seguida lo quemaban completamente.

Dice la Biblia: «Tomarás luego el otro carnero, y Aarón y sus hijos pondrán sus manos sobre la cabeza del carnero. Y matarás el carnero, y tomarás de su sangre y la pondrás sobre el lóbulo de la oreja derecha de Aarón, sobre el lóbulo de la oreja de sus hijos, sobre el dedo pulgar de las manos derechas de ellos, y sobre el dedo pulgar de los pies derechos de ellos, y rociarás la sangre sobre el altar alrededor. Y con la sangre que estará sobre el altar, y el aceite de la unción, rociarás sobre Aarón, sobre sus vestiduras, sobre sus hijos, y sobre las vestiduras de éstos; y él será santificado, y sus vestiduras, y sus hijos, y las vestiduras de sus hijos con él» (vv. 19-21).

Poner la sangre sobre la oreja simbolizaba que los oídos de los sacerdotes estaban ungidos y listos para oír la Palabra de Dios. Los pulgares de la mano derecha de Aarón y de sus hijos simbolizaban la práctica del bien, las buenas obras (Efesios 2:10). Y los pulgares de los pies, la preparación para andar por el camino recto (Salmo 1:1).

Esta unción de la oreja, de los dedos pulgares y de la punta de los dedos de los pies, que son las extremidades del cuerpo, nos enseña que debemos entregar toda nuestra vida al servicio de Dios, así como lo hizo David: «Bendice, alma mía, a Jehová, y bendiga todo mi ser su santo nombre. Bendice, alma mía, a Jehová, y no olvides ninguno de sus beneficios» (Salmo 103:1-2).

139) ¿Cuál era el significado de la vestimenta del sumo sacerdote?

La vestimenta santa, usada por el sumo sacerdote, era símbolo de la justicia de Cristo (Apocalipsis 19:8), e indicaba que los sacerdotes eran hombres activos y preparados para la obra de Dios. Analicemos aquí la túnica, el manto y el efod.

La túnica: es la primera vestimenta que se describe en Éxodo 28:39: «Y bordarás una túnica de lino, y harás una mitra de lino; harás también un cinto de obra de recamador».

La túnica de lino fino era una vestimenta interior, que representaba al evangelio, el que no puede ser partido o fragmentado.

La sobrepelliz: El manto del efod o sobrepelliz, era una ropa corta, hecha en color azul. Contaba con una abertura para la cabeza y tenía bordadas granadas de color azul, púrpura y carmesí. Llevaba también campanillas de oro entre una granada y otra. La Biblia la describe de esta manera:

«Harás el manto del efod todo de azul; y en medio de él por arriba habrá una abertura, la cual tendrá un borde alrededor de obra tejida, como el cuello de un coselete, para que no se rompa. Y en sus orlas harás granadas de azul, púrpura y carmesí alrededor, y entre ellas campanillas de oro alrededor. Una campanilla de oro y una granada, otra campanilla de oro y otra granada, en toda la orla del manto alrededor» (Éxodo 28:31-34).

Los frutos solo pueden venir de una vida redimida (carmesí), santificada (fondo blanco), glorificada (púrpura), que está sentada en las regiones celestiales (azul). Estos colores corresponden al estado del creyente, según Efesios 2:5-6.

Las campanillas de oro, que hablan de adoración o glorificación, van acompañadas de las granadas, figura de la fructificación. La verdadera alabanza y adoración solo se da y se vuelve efectiva cuando hay frutos.

La estola: También conocida como efod, la estola sacerdotal está descrita en Éxodo 28:6-12:

«Y harán el efod de oro, azul, púrpura, carmesí y lino torcido, de obra primorosa. Tendrá dos hombreras que se junten a sus dos extremos, y así se juntará. Y su cinto de obra primorosa que estará sobre él, será de la misma obra, parte del mismo; de oro, azul, púrpura, carmesí y lino torcido. Y tomarás dos piedras de ónice, y grabarás en ellas los nombres de los hijos de Israel; seis de sus nombres en una piedra, y los otros seis nombres en la otra piedra, conforme al orden de nacimiento de ellos. De obra de grabador en piedra, como grabaduras de sello, harás grabar las dos piedras con los nombres de los hijos de Israel; les harás alrededor engastes de oro. Y pondrás las dos piedras sobre las hombreras del efod, para piedras memoriales a los hijos de Israel; y Aarón llevará los nombres de ellos delante de Jehová sobre sus dos hombros por memorial».

Esta vestimenta constaba de dos partes: el frente y la espalda, unidas por dos piedras de ónice, con los nombres de las doce tribus, que Aarón llevaba delante del Señor. Sobre sus hombros Jesús llevó a todo su pueblo, a causa de su gran poder.

Noten también que los colores de esta ropa, oro, azul y carmesí, hablan de los rasgos de carácter de Jesús.

140) ¿Cuál es el significado del pectoral de decisiones que usaba el sumo sacerdote?

Al contrario de la estola, que representa a Cristo llevando sobre sus propios hombros a su pueblo, en el pectoral ese mismo pueblo, representado ahora por las doce piedras, está sobre el corazón de su Señor y Salvador.

«Harás asimismo el pectoral del juicio de obra primorosa, lo harás conforme a la obra del efod, de oro, azul, púrpura, carmesí y lino torcido. Será cuadrado y doble, de un palmo de largo y un palmo de ancho; y lo llenarás de pedrería en cuatro hileras de piedras; una hilera de una piedra sárdica, un topacio y un carbunclo; la segunda hilera, una esmeralda, un zafiro y un diamante; la tercera hilera, un jacinto, un ágata y una amatista; la cuarta hilera, un berilo, un ónice y un jaspe. Todas estarán montadas en engastes de oro. Y las piedras serán según los nombres de los hijos de Israel, doce según sus nombres; como grabaduras de sello cada una con su nombre, serán según las doce tribus (...) Y llevará Aarón los nombres de los hijos de Israel en el pectoral del juicio sobre su corazón, cuando entre en el santuario, por memorial delante de Jehová continuamente» (Éxodo 28:15-21,29).

Jesús dijo: «Como el Padre me ha amado, así también yo os he amado; permaneced en mi amor» (Juan 15:9). Estando en el corazón de Cristo, podemos preguntarnos junto con Pablo: «¿Quién nos separará del amor de Cristo? ¿Tribulación, o angustia, o persecución, o hambre, o desnudez, o peligro, o espada?» (Romanos 8:35).

La primera lección que aprendemos es que una piedra preciosa posee la capacidad de reflejar la luz que sobre ella incide. Cuanto mayor sea esa luz, tanto mayor será el esplendor de la piedra, de modo que esta jamás puede ser opacada por la luz, sino solo recibir un brillo cada vez mayor. Jesús dijo: «Yo soy la luz del mundo; el que me sigue no andará en tinieblas, sino que tendrá la luz de la vida» (Juan 8:12).

La segunda lección que aprendemos de estas piedras preciosas es que todo el pueblo de Dios, del menor al mayor, es llevado a la presencia de Dios sobre los hombros y el pecho de Jesús. Por la gracia de Dios, cada cristiano en particular, y toda la iglesia en general, resplandece en toda su hermosura descansando en el poder de Jesús, representado por los hombros, y en el amor de Jesús, representado por el pecho.

La tercera lección que las piedras nos enseñan es que el mundo no puede percibir la gloria que ellas poseen sino solo Dios. El mundo, al mirarnos, no ve más allá de nuestras imperfecciones y defectos, y por eso su juicio sobre nosotros es siempre falso y parcial. Pero Dios nos ve como joyas brillantes de gran valor, porque hemos sido comprados por el precio incalculable de la preciosa sangre de Cristo.

Pero un día el mundo descubrirá, ya muy tarde, la razón por la que somos tan preciosos a los ojos de Dios. Como Él mismo afirma: «Y serán para mí especial tesoro, ha dicho Jehová de los ejércitos, en el día en que yo actúe; y los perdonaré, como el hombre que perdona a su hijo que le sirve. Entonces os volveréis, y discerniréis la diferencia entre el justo y el malo, entre el que sirve a Dios y el que no le sirve» (Malaquías 3:17-18).

141) ¿Cuál es el significado de la fiesta de Pentecostés para la iglesia hoy?

Querido lector, «pentecostés» es una palabra griega que significa «cincuenta», debido a que la fiesta que lleva ese nombre se realiza a los cincuenta días de la Pascua. Sus otros nombres son: fiesta de los primeros frutos o de las primicias. La Biblia la describe así:

«Y contaréis desde el día que sigue al día de reposo, desde el día en que ofrecisteis la gavilla de la ofrenda mecida; siete semanas cumplidas serán. Hasta el día siguiente del séptimo día de reposo contaréis cincuenta días; entonces ofreceréis el nuevo grano a Jehová. De vuestras habitaciones traeréis dos panes para ofrenda mecida, que serán de dos décimas de efa de flor de harina, cocidos con levadura, como primicias para Jehová. Y ofreceréis con el pan siete corderos de un año, sin defecto, un becerro de la vacada, y dos carneros; serán holocausto a Jehová, con su ofrenda y sus libaciones, ofrenda encendida de olor grato para Jehová. Ofreceréis además un macho cabrío por expiación, y dos corderos de un año en sacrificio de ofrenda de paz. Y el sacerdote los presentará como ofrenda mecida delante de Jehová, con el pan de las primicias y los dos corderos; serán cosa sagrada a Jehová para el sacerdote. Y convocaréis en este mismo día santa convocación; ningún trabajo de siervos haréis; estatuto perpetuo en dondequiera que habitéis por vuestras generaciones» (Levítico 23:15-21).

Los siete corderos simbolizan una entrega perfecta, total y voluntaria; el novillo es el símbolo de la mansedumbre y del servicio, y los dos carneros significan una mayor convicción del sacrificio sustitutivo de Cristo en la cruz del Calvario.

A partir del Nuevo Testamento, Pentecostés pasó a significar unción, poder, capacitación. Jesús fue ungido con poder para el desempeño de su misión, así como anunció el profeta:

«El Espíritu de Jehová el Señor está sobre mí, porque me ungió Jehová; me ha enviado a predicar buenas nuevas a los abatidos, a vendar a los quebrantados de corazón, a publicar libertad a los cautivos, y a los presos apertura de la cárcel; a proclamar el año de la buena voluntad de Jehová, y el día de venganza del Dios nuestro; a consolar a todos los enlutados» (Isaías 61:1-2).

Jesús, al terminar su obra, advierte y promete a sus discípulos: «He aquí, yo enviaré la promesa de mi Padre sobre vosotros; pero quedaos vosotros en la ciudad de Jerusalén, hasta que seáis investidos de poder desde lo alto» «pero recibiréis poder, cuando haya venido sobre vosotros el Espíritu Santo, y me seréis testigos en Jerusalén, en toda Judea, en Samaria, y hasta lo último de la tierra» (Lucas 24:49; Hechos 1:8).

En el Antiguo Testamento el nombre de esa celebración era Fiesta de las Primicias, o de las primeras cosechas. Por eso en Jerusalén, el día de Pentecostés, en obediencia a la predicación de Pedro, hubo una primera cosecha de almas para Cristo: tres mil personas se convirtieron.

142) ¿Cuál era la diferencia entre los dos altares que había en el Tabernáculo?

Mi querido lector, el altar del incienso pertenecía al Lugar Santísimo, pero fue colocado en el Lugar Santo junto al tercer velo, que corresponde al segundo velo de la tienda de la congregación. El sumo sacerdote no podía entrar al Lugar Santísimo sin un incensario portátil en el que el incienso sagrado se estuviera quemando con fuego traído del altar de bronce (Éxodo 30:1-10,34-36). Puede leer la descripción de ese altar en Éxodo 37:25-27.

Ese altar era el lugar de adoración, de culto y de alabanza. Ningún sacrificio se ofrecía en él (Lucas 1:9-10). Estaba hecho de madera de acacia cubierta de oro, que es figura de la humanidad y de la divinidad de Jesús. Su ubicación frente al tercer velo indica que Jesús es nuestro camino de acceso al Padre: «Porque por medio de él los unos y los otros tenemos entrada por un mismo Espíritu al Padre» (Efesios 2:18).

Los cuernos se rociaban con sangre una vez al año, y simbolizaban el poder de la sangre de Cristo, que nunca pierde su eficacia

(Éxodo 30:10; Hebreos 9:14). El incienso, figura de la oración y de la adoración (Salmo 141:2; Apocalipsis 5:8), era quemado continuamente (Efesios 6:18).

Comparando ambos altares, el de bronce y el de oro, observamos que, en el primero, Cristo suple la necesidad del pecado, y en el segundo, la necesidad del creyente. El fuego que quema el incienso va en el altar de bronce, porque el valor y el poder de la oración dependen del sacrificio de Cristo en la cruz. Si Él no hubiera muerto en nuestro lugar tampoco podría haber intercedido por nosotros. El sacerdocio de Cristo comienza oficialmente a partir de su resurrección.

Es maravilloso percibir que Cristo no solo ora por nosotros, sino que toma nuestras oraciones y las presenta junto con las suyas delante del trono del Padre (Apocalipsis 5:8; 8:3). La Biblia dice que el Padre busca adoradores que lo adoren en espíritu y en verdad, «porque también el Padre tales adoradores busca que le adoren. Dios es Espíritu; y los que le adoran, en espíritu y en verdad es necesario que adoren» (Juan 4:23b-24).

El altar del incienso constituía el medio de conexión con el Lugar Santísimo. Hebreos 9:3-4 afirma que «tras el segundo velo estaba la parte del tabernáculo llamada el Lugar Santísimo, el cual tenía un incensario de oro y el arca del pacto cubierta de oro por todas partes, en la que estaba una urna de oro que contenía el maná, la vara de Aarón que reverdeció, y las tablas del pacto».

Al construir el templo, Salomón «cubrió, pues, de oro toda la casa de arriba abajo, y asimismo cubrió de oro todo el altar que estaba frente al lugar santísimo» (1 Reyes 6:22). A Moisés ordenó el Señor: «Y lo pondrás delante del velo que está junto al arca del testimonio, delante del propiciatorio que está sobre el testimonio, donde me encontraré contigo» (Éxodo 30:6).

Se destaca en el altar de oro el poder de la alabanza. El altar de oro poseía una punta en cada una de sus cuatro esquinas, que simbolizaba que hay gran poder en la alabanza, según ejemplifica la propia Biblia: «Y cuando comenzaron a entonar cantos de alabanza, Jehová puso contra los hijos de Amón, de Moab y del monte de Seir, las emboscadas de ellos mismos que venían contra Judá, y se mataron los unos a los otros» (2 Crónicas 20:22).

143) ¿Qué nos enseña la composición del incienso sagrado?

La composición del incienso nos da lecciones importantes para nuestra vida de adoración, de oración y de acción de gracias. El texto bíblico de Éxodo 30:34-38 dice:

«Dijo además Jehová a Moisés: Toma especias aromáticas, estacte y uña aromática y gálbano aromático e incienso puro; de todo en igual peso, y harás de ello el incienso, un perfume según el arte del perfumador, bien mezclado, puro y santo. Y molerás parte de él en polvo fino, y lo pondrás delante del testimonio en el tabernáculo de reunión, donde yo me mostraré a ti. Os será cosa santísima. Como este incienso que harás, no os haréis otro según su composición; te será cosa sagrada para Jehová. Cualquiera que hiciere otro como este para olerlo, será cortado de entre su pueblo».

La estacte, que la NVI y demás versiones la traducen como resina, era extraída sin incisión, espontáneamente, de un arbusto que tenía el mismo nombre. Nuestra alabanza y adoración deben ser espontáneas.

Dios estableció ciertas exigencias para sus sacerdotes:

«Ellos entrarán en mi santuario, y se acercarán a mi mesa para servirme, y guardarán mis ordenanzas. Y cuando entren por las puertas del atrio interior, se vestirán vestiduras de lino; no llevarán sobre ellos cosa de lana, cuando ministren en las puertas del atrio interior y dentro de la casa. Turbantes de lino tendrán sobre sus cabezas, y calzoncillos de lino sobre sus lomos; no se ceñirán cosa que los haga sudar» (Ezequiel 44:16-18). El lector debe notar la expresión: «No se ceñirán cosa que los haga sudar».

El otro elemento que formaba la composición del incienso era la uña aromática (ámbar en la NVI, o caparazón de molusco en la NTV [Nueva Traducción Viviente]). Extraído de un molusco marino, nos enseña que nuestra oración o alabanza debe partir de las profundidades del alma, como ocurrió con Ana (1 Samuel 1:9-18) y con el salmista: «De lo profundo, oh Jehová, a ti clamo» (Salmo 130:1).

El tercer elemento es el gálbano aromático, un arbusto del desierto. Sus hojas debían ser quebradas y molidas para la extracción de su perfume. La adoración debe brotar de un corazón quebrantado y contrito: «Los sacrificios de Dios son el espíritu quebrantado; al corazón contrito y humillado no despreciarás tú, oh Dios» (Salmo 51:17).

El cuarto elemento es el incienso puro, que según la palabra hebrea *lebona*, es «una goma que arde con resplandor».

Por último, la sal [término que se encuentra en la NVI]. El verbo «salar» o «sazonar con sal» aparece en Levítico 2:13 como «la sal del pacto de tu Dios», y en Ezequiel 16:4 como el elemento que produce limpieza. Por lo tanto, es símbolo de purificación.

El incienso es, pues, una figura de nuestras oraciones, según Apocalipsis 5:8: «Y cuando hubo tomado el libro, los cuatro seres vivientes y los veinticuatro ancianos se postraron delante del Cordero; todos tenían arpas, y copas de oro llenas de incienso, que son las oraciones de los santos».

Juan 4:23-24 afirma: «Mas la hora viene, y ahora es, cuando los verdaderos adoradores adorarán al Padre en espíritu y en verdad; porque también el Padre tales adoradores busca que le adoren. Dios es Espíritu; y los que le adoran, en espíritu y en verdad es necesario que adoren».

144) ¿Cuál es el significado de la tapa del arca del pacto, también llamada propiciatorio?

La Biblia describe esta pieza de la siguiente manera:

«Y harás un propiciatorio de oro fino, cuya longitud será de dos codos y medio, y su anchura de codo y medio. Harás también dos querubines de oro; labrados a martillo los harás en los dos extremos del propiciatorio. Harás, pues, un querubín en un extremo, y un querubín en el otro extremo; de una pieza con el propiciatorio harás los querubines en sus dos extremos. Y los querubines extenderán por encima las alas, cubriendo con sus alas el propiciatorio; sus rostros el uno enfrente del otro, mirando al propiciatorio los rostros de los querubines. Y pondrás el propiciatorio encima del arca, y en el arca pondrás el testimonio que yo te daré. Y de allí me declararé a ti, y hablaré contigo de sobre el propiciatorio, de entre los dos querubines que están sobre el arca del testimonio, todo lo que yo te mandare para los hijos de Israel» (Éxodo 25:17-22).

«Tras el segundo velo estaba la parte del tabernáculo llamada el Lugar Santísimo, el cual tenía un incensario de oro y el arca del pacto cubierta de oro por todas partes, en la que estaba una urna de oro que contenía el maná, la vara de Aarón que reverdeció, y las tablas del pacto; y sobre ella los querubines de gloria que cubrían el propiciatorio; de las cuales cosas no se puede ahora hablar en detalle» (Hebreos 9:3-5).

La importancia de esa pieza reside en que *representa a Cristo*. La Biblia afirma que Dios ofreció a Jesús «como propiciación por medio de la fe en su sangre, para manifestar su justicia, a causa de haber pasado por alto, en su paciencia, los pecados pasados» (Romanos 3:25).

Dios aparecía sobre él en la nube. «Y Jehová dijo a Moisés: Di a Aarón tu hermano, que no en todo tiempo entre en el santuario detrás del velo, delante del propiciatorio que está sobre el arca, para que no muera; porque yo apareceré en la nube sobre el propiciatorio» (Levítico 16:2).

Dios habitaba encima de él: «Oh Pastor de Israel, escucha; tú que pastoreas como a ovejas a José, que estás entre querubines, resplandece» (Salmo 80:1).

Dios hablaba sobre él: «Y de allí me declararé a ti, y hablaré contigo de sobre el propiciatorio, de entre los dos querubines que están sobre el arca del testimonio, todo lo que yo te mandare para los hijos de Israel» (Éxodo 25:22).

El propiciatorio *fue rociado con sangre*: «Tomará luego de la sangre del becerro, y la rociará con su dedo hacia el propiciatorio al lado oriental; hacia el propiciatorio esparcirá con su dedo siete veces de aquella sangre» (Levítico 16:14).

El propiciatorio *representa el trono de la gracia*: «Acerquémonos, pues, confiadamente al trono de la gracia, para alcanzar misericordia y hallar gracia para el oportuno socorro» (Hebreos 4:16).

Sobre él los querubines *manifestaban la gloria de Dios*. «Y la gloria del Dios de Israel se elevó de encima del querubín, sobre el cual había estado, al umbral de la casa; y llamó Jehová al varón vestido de lino, que tenía a su cintura el tintero de escribano» (Ezequiel 9:3).

145) ¿Cuál es el significado de los cuatro colores que aparecen en el tabernáculo de Moisés?

Mi querido lector, los cuatro velos que cubren las cuatro columnas de la entrada del tabernáculo, debido a sus colores significativos, son figura de los cuatro Evangelios, según el orden en que estos aparecen en el Nuevo Testamento. Comparemos estos colores con los retratos de Jesús en los cuatro Evangelios:

Púrpura: Este color se obtenía de un molusco gasterópodo de la familia de los muricidios. Por ser un producto caro, era utilizado por los reyes y los ricos. Como se lo relaciona con la realeza, el púrpura apunta a Mateo, que es el evangelio del Rey. Se trata del evangelista que más énfasis hace en este rasgo de carácter de Jesús. Se refiere catorce veces a Jesús como el Hijo de David, el famoso rey cuya descendencia Dios prometió perpetuar en el trono de Israel.

El Mesías vendría como Rey, según la profecía de Zacarías 9:9: «He aquí tu rey (...)». Por eso Mateo registra la genealogía de Jesús, pues un Rey precisa probar su ascendencia real.

Carmesí: Se relaciona al evangelio de Marcos con el color carmesí, o sea, con la sangre, que es figura del siervo sufriente, del Mesías en la cruz, según la profecía de Isaías 42:1. Un siervo no necesita genealogía por eso Marcos no toca el tema de los antecesores del Señor.

Mateo se focaliza en la persona de Jesús desde el punto de vista de su realeza, y eso nos lleva al Lugar Santísimo del tabernáculo, donde Dios habitaba sobre el propiciatorio entre los querubines de la gloria. A su vez, Marcos presenta los rasgos de Jesús desde el punto de vista de la cruz, como siervo sufriente. Y eso nos lleva al altar de bronce, o de los holocaustos. Percibimos esos dos puntos de vista claramente expresados en los evangelios de Mateo y Marcos, respectivamente.

En esos textos, que incluyen la Parábola del Sembrador, en el evangelio de Mateo la fructificación es decreciente, mientras que en el de Marcos es creciente. Mateo dice: a ciento, a sesenta y a treinta por uno, y Marcos registra: a treinta, a sesenta y a ciento por uno. Ello, según las tres divisiones del tabernáculo, correspondería al atrio, al santuario y al Lugar Santísimo.

Lino blanco: En el evangelio de Lucas leemos acerca del lino blanco, que es figura del hombre perfecto, por lo tanto, habla del carácter justo de Jesús. Este evangelista presenta la persona del Salvador como el Hijo del hombre. Es el evangelio del Hijo del Hombre.

Y como todo hombre perfecto, ilustre y noble necesita una genealogía, el médico Lucas registra los antepasados de Jesús. En el evangelio de Lucas se cumple la profecía de Zacarías 6:12 con respecto a Jesús: «He aquí el varón cuyo nombre es el Renuevo, el cual brotará de sus raíces, y edificará el templo de Jehová».

Azul: Este color se obtiene de mejillones celeste azulados, moluscos bivalvos de la familia de los mitílidos. Se trata de un producto carísimo por el hecho de que su extracción exigía la muerte de miles de mejillones. Según los investigadores, unos doscientos años antes de Cristo un kilogramo de azul costaba el equivalente a 80.000 dólares actuales, precio que subió al doble alrededor del año 300 d.C.

Ese color de los palacios reales y de las mansiones de los millonarios siempre es figura del cielo, o de aquello que es celestial. Juan es el evangelio del Hijo de Dios. Como Dios, Jesús cumple la profecía de Isaías 40:9. Volveremos a hablar de este color en otra ocasión.

146) ¿Cuál es el significado del color azul en la Biblia, especialmente en el Tabernáculo y en el Templo?

Querido lector, el azul, como es el color del cielo, simboliza la divinidad de Jesucristo. El Hijo de Dios cumple la profecía de Isaías

40:9: «Súbete sobre un monte alto, anunciadora de Sion; levanta fuertemente tu voz, anunciadora de Jerusalén; levántala, no temas; di a las ciudades de Judá: ¡Ved aquí al Dios vuestro!» Juan no registró las genealogías de Jesús porque Dios no tiene genealogía.

Entre las referencias al color azul en el Antiguo Testamento se destaca el cordón azul en Número 15:38. Por ser uno de los principales símbolos del cielo, el azul revela el propósito profundo de Dios de conducir a su pueblo a una constante actitud de comunión con el Padre Celestial, de quien deberían recibir gracia e inspiración para una vida santa, o sea, de fidelidad a sus elevados preceptos y, consecuentemente, de separación de las concupiscencias mundanas. Note las palabras del Señor: «No miréis en pos de vuestro corazón y de vuestros ojos».

Así, mediante el recordatorio de las cintas azules prendidas en las franjas de sus vestiduras, los israelitas debían recordar su responsabilidad de obedecer la Ley del Pacto del Sinaí, y su llamado a ser el pueblo santo del Señor.

¡Qué preciosas lecciones espirituales nos dan esas filacterias! Si Israel debía prestar atención a ese recordatorio celestial del Pacto de la Ley a fin de ser el pueblo santo del Señor, ¡cuánto más nosotros que somos «linaje escogido, real sacerdocio, nación santa, pueblo adquirido por Dios» (1 Pedro 2:9) debemos buscar «las cosas de arriba» y «poner la mira en las cosas de arriba»! (Colosenses 3:1-2).

En nuestras vestiduras de salvación (Isaías 61:10) no debe faltar el recordatorio del cuerpo de Cristo ofrecido por nosotros en la cruz. Él mismo, al instituir la cena del Señor en los elementos del pan y el cáliz, dijo: «Haced esto en memoria de mí» (Lucas 22:19; 1 Corintios 11:24-25).

El Señor Jesús, al referirse a las borlas usadas por los judíos en los días de su ministerio terrenal muestra hasta dónde el egoísmo humano puede pervertir una institución divina. Ellos alargaban sus filacterias, y extendían los flecos de sus mantos, ¡todo para ser vistos por los hombres! (Mateo 23:5).

Así como los israelitas fueron más allá del mandato divino, sucede también en el presente con el recordatorio de la cena del

Señor, criminalmente transformada por muchos en transustanciación o consubstanciación.

Así como el recordatorio celestial dado a los israelitas se transformó en una triste y egoísta profanación de lo sagrado, así también el solemne recordatorio instituido por Jesús fue por muchos convertido en orgullo religioso.

147) ¿Cuál es el significado de los metales usados en el Tabernáculo?

Mi apreciado amigo, los metales del Tabernáculo son muy elocuentes. Siguiendo el orden de entrada del atrio hasta el Lugar Santísimo, encontramos dos columnas revestidas de bronce, con sus bases de bronce, el gran altar completamente revestido en bronce, situado apenas después de la puerta de entrada al Tabernáculo, y el lavacro de bronce macizo. El bronce, por lo tanto, es símbolo del juicio.

A su vez, la plata estaba presente en todos los ganchos que sostenían las cortinas del tabernáculo, y también formaba los capiteles o fajas que ornamentaban esas cortinas. Además, todas las tablas del Santuario estaban apoyadas en bases de plata. La Biblia dice, en Éxodo 30:12-16: «Cuando tomes el número de los hijos de Israel conforme a la cuenta de ellos, cada uno dará a Jehová el rescate de su persona, cuando los cuentes, para que no haya en ellos mortandad cuando los hayas contado. Esto dará todo aquel que sea contado; medio siclo, conforme al siclo del santuario. El siclo es de veinte geras. La mitad de un siclo será la ofrenda a Jehová. Todo el que sea contado, de veinte años arriba, dará la ofrenda a Jehová. Ni el rico aumentará, ni el pobre disminuirá del medio siclo, cuando dieren la ofrenda a Jehová para hacer expiación por vuestras personas. Y tomarás de los hijos de Israel el dinero de las expiaciones, y lo darás para el servicio del tabernáculo de reunión; y será por memorial a los hijos de Israel delante de Jehová, para hacer expiación por vuestras personas». Ese tributo, como aparece en Levítico 5:15, era de plata.

La plata es símbolo de rescate, y pagarían el mismo precio todos los israelitas que se anotaran, independientemente de sus posesiones. Note que el rico no daría más ni el pobre menos. El precio a pagar era un único monto y eso es figura del sacrificio expiatorio de Jesús, quien nos compró con su preciosa sangre, pagando un único precio por nuestro rescate, y también indica que todas las vidas tienen igual valor ante Dios.

Si quitáramos la plata del Tabernáculo, esta perdería su base de sustentación, y además todas las cortinas caerían en tierra. Sin la obra expiatoria de Jesús en la cruz la iglesia no sería nada. Es bueno destacar que algunos religiosos han intentado debilitar la importancia del sacrificio expiatorio de Jesús en el Calvario, y uno de los papas de la Iglesia Romana declaró que la muerte de Cristo no fue sustitutiva sino un acto de amor.

Pero cuando debilitamos el valor de la obra expiatoria de Cristo estamos quitando los ornamentos, los ganchos y las bases de plata del Tabernáculo. Cada acción legalista, cada esfuerzo hecho puramente en base a obras, simboliza el debilitamiento de esta verdad bíblica extraordinaria, que es la redención.

Si entrásemos en el Santuario propiamente dicho, atravesando el segundo velo, encontraríamos en él las cinco columnas de oro que lo sustentaban, con sus broches también de oro y el cortinado de la entrada, y notaríamos que las bases de esas columnas eran de bronce.

Dentro del Santuario se encontraba la mesa con los panes de la proposición, hecha de madera de acacia y toda revestida de oro; el candelabro, hecho de oro puro, y el Altar del incienso, todo revestido de oro, donde se quemaba el incienso.

El oro que revestía la mesa, las columnas y el arca, y del que se hacían los broches, el candelabro, el propiciatorio y los querubines, son símbolo de la gloria y de la realeza de Cristo. El evangelio de Juan, al señalar a Jesús como Dios, cumple la tipología del oro.

Capítulo 10

La homosexualidad

148) ¿Cuáles son las posibles causas de la homosexualidad?

Querido lector, en el siglo trece Alberto Magno, un religioso dominicano, luego de investigar el tema de fuentes árabes, sugirió que un talco preparado en base al pelaje de la hiena, aplicado en el ano, «curaría al paciente del deseo de la sodomía» (David. F. Greenberg, The Construction of Homossexuality [La construcción de la homosexualidad], Chicago, The University of Chicago Press/Chicago & Londres, p. 278). Pero, ¿la homosexualidad es una enfermedad?

Muy cercanas una de la otra desde sus primeros años de vida, dos amigas llegaron a la adolescencia con el deseo de casarse y ser muy felices. En la juventud la vida las llevó por distintos caminos y no se vieron más. Sin embargo, ambas experimentaron una decepción tan profunda de sus novios que resolvieron alejarse de aquellos muchachos.

Años después se encontraron y, al abrazarse, las dos jóvenes se dieron cuenta de que la una no podía vivir sin la otra. Impedidas de disfrutar el amor del sexo opuesto, decidieron que se amarían al punto de satisfacerse sexualmente una a la otra. E iniciaron una relación homosexual o lésbica. Pero, ¿es la homosexualidad el síntoma de una personalidad confusa o de infelicidad en el amor?

He aquí otra historia: Una familia numerosa, de buena posición económica, residía en uno de los mejores barrios de la ciudad. El jefe de familia era trabajador, honesto, fiel a su esposa, pero extremadamente riguroso en la disciplina de sus hijos. Muchas veces, por cualquier acto de desobediencia que cometieran estos, el padre los ataba y golpeaba hasta hacerlos sangrar. Uno de ellos, al llegar a la adolescencia, huyó de la casa y se volvió un homosexual declarado. ¿Sería su homosexualidad la consecuencia de una educación deficiente?

San Francisco, California, con un número de homosexuales estimado en 25% de la población total de la ciudad, se encuentra entre los lugares de mayor incidencia de esa práctica (Frederick L. Whitam y Robin M. Mathy, *Male Homosexuality in Four Societies* [Homosexualidad masculina en cuatro sociedades], Nueva York, Praeger, 1985, p. 9). Por esa razón algunas personas aún llegaron a considerar que el terremoto de octubre de 1989, que destruyó parte de la ciudad, era parte del juicio divino, a semejanza de lo que había sucedido 4000 años atrás en las ciudades de Sodoma y Gomorra. Pero, ¿es la homosexualidad un pecado?

Según enseña la Biblia, Dios creó el sexo con el propósito de que se formaran familias, unidad básica de la sociedad. Por esa razón toda unión física fuera del matrimonio y todo tipo de lascivia, por el hecho de debilitar la institución familiar, constituyen una trasgresión al mandamiento divino. Cuando se desintegra la familia se desintegra la sociedad.

La práctica homosexual, por ser antinatural y no tener en cuenta a la familia, es una perversión condenada con vehemencia en la Biblia: «Si alguno se ayuntare con varón como con mujer, abominación hicieron; ambos han de ser muertos; sobre ellos será su sangre» (Levítico 20:13).

El Nuevo Testamento, al describir la situación pecaminosa de la sociedad pagana, afirma: «Por esto Dios los entregó a pasiones vergonzosas; pues aun sus mujeres cambiaron el uso natural por el que es contra naturaleza, y de igual modo también los hombres, dejando el uso natural de la mujer, se encendieron en su lascivia unos con otros, cometiendo hechos vergonzosos hombres con hombres, y recibiendo en sí mismos la retribución debida a su extravío» (Romanos 1:26-27).

149) ¿Cómo surgió la homosexualidad?

Billy Graham, al comentar acerca del avance del movimiento de liberación sexual de comienzos de los años setenta, dijo que la ley inmutable de siembra y cosecha no puede ser alterada, y que por eso la paja de la indulgencia traspasó al trigo de la mesura moral. «Nuestros hogares fueron alcanzados y el divorcio asumió proporciones epidémicas. Cuando la moral social resulta perturbada, la familia es la primera en sufrir. El hogar es la unidad básica de nuestra sociedad, y una nación solo logra alcanzar la fuerza que sus hogares poseen. La disolución de un hogar no siempre constituye una noticia para la prensa, pero devora, como una gangrena, las estructuras de la nación» (Novas de Alegría [Nuevas de Alegría], Lisboa, agosto de 1973).

Aunque no haya en la Biblia ninguna referencia directa al lesbianismo, este, en analogía con el acto sexual entre hombres, debe ser también enfáticamente condenado. No encuentra ningún apoyo en la Biblia el alegato de algunos autores modernos según los cuales la amistad entre Jonatán y David, y entre Rut y Noemí incluía relaciones sexuales. La misma Biblia que llama repugnante al acto homosexual afirma que en la ciudad santa «no entrará ninguna cosa inmunda, o que hace abominación y mentira (...)» (Apocalipsis 21:27).

El término homosexual se aplica a la relación entre dos personas del mismo sexo con miras a la obtención del placer sexual, pudiendo estas tanto ser hombres como mujeres. Dentro de la homosexualidad masculina se encuentra la pederastia, que es el contacto sexual entre un hombre y un joven de corta edad, y el uranismo, que se refiere a la homosexualidad congénita, esto es, acomodada por naturaleza e índole. Urania era uno de los epítetos de Afrodita, la diosa griega del amor.

Cuando se practica exclusivamente entre personas del sexo femenino, al acto sexual se lo conoce también como lesbianismo, o safismo. Estos nombres derivan de Safo y Lesbos. Safo, escritora de la antigua Grecia, menciona la isla de Lesbos como el lugar donde las mujeres hacían el amor entre ellas.

La sodomía se refiere a las relaciones anales entre personas del mismo sexo o de sexos diferentes. La palabra deriva de Sodoma, la corrupta ciudad cananea destruida por Dios juntamente con Gomorra. Principalmente en los países de habla inglesa, el término «gay» ha sido usado como sinónimo de homosexual. «Gay», sin embargo, adquirió connotación política y psicológica en los últimos años a causa del movimiento de liberación de los homosexuales.

La realidad de la homosexualidad en nuestros días se hace notar por la presencia de lugares de encuentro homosexuales. John Stamford, que vive en Ámsterdam, publicó hace varios años una guía anual destinada a los viajeros homosexuales. Esa guía relaciona, país por país, los lugares en los que se producen encuentros entre homosexuales. En 1983, Brasil contaba con 187 de esos lugares, encontrándose por lo tanto entre los países con mayor índice de homosexuales.

En la guía de Stamford, denominada «Guía Gay Spartacus Internacional», Inglaterra, con 926 lugares destinados a encuentros homosexuales, tomó la delantera de las demás naciones en cuanto a la tolerancia de este tipo de actos sexuales. En segundo lugar, se encuentra Alemania Occidental con 790, y en el tercero, Francia con 521. Italia, con 403, se ubica en cuarto lugar, seguido por España con 244, Holanda con 239 y luego Brasil.

150) ¿Cómo ha sido la represión hacia la homosexualidad en el mundo?

Desde la época del renacimiento, diversas naciones europeas invocaron el castigo divino sobre Sodoma y Gomorra como buen motivo para reprimir la homosexualidad. En 1458 las nuevas leyes anti sodomitas adoptadas en Venecia tenían el propósito de librar a la ciudad de los peligros de un juicio divino.

En España, los reyes Fernando de Aragón e Isabel la católica mantuvieron las leyes del siglo trece, las cuales condenaban a muerte a los homosexuales del sexo masculino. Basándose en precedentes romanos, la ejecución de los condenados consistía en la castración seguida de apedreamiento y quema en estaca.

En la Suecia de los tiempos de la Reforma Protestante, las personas descubiertas en un acto homosexual eran descuartizadas vivas y así se las dejaba durante una semana, cuando eran quemadas. Penalidades igualmente severas se llevaban a cabo en otras naciones de Europa, en especial en Francia, Italia y Portugal.

Desde Europa, los colonizadores llevaron a América sus leyes en contra de los homosexuales. Para las leyes francesas, la sodomía era considerada una ofensa capital en Nueva Francia (actual Canadá). En Nueva Holanda (más tarde Nueva York), las leyes holandesas condenaban a muerte a los homosexuales. En 1521 los portugueses llevaron al Brasil sus leyes anti sodomitas, y en 1603 incluyeron en ellas los actos lésbicos (David F. Greenberg, The Construction of Homosexuality [La Construcción de la Homosexualidad], Chicago, The University of Chicago Press / Chicago &Londres, pp. 302-304).

Más adelante, en 1897, se creó en Alemania el primer movimiento social que promovía el reconocimiento de los derechos civiles de los homosexuales. Sin embargo, no tuvo éxito pues fue combatido tanto por el comunismo, implantado en Rusia en 1917, como por el fascismo italiano de Benito Mussolini y por el nazismo alemán de Hitler.

En Alemania, por ejemplo, durante la Segunda Guerra Mundial, entre cinco mil y quince mil homosexuales fueron llevados a los campos de concentración, marcados con un triángulo de color rosa, sometidos a trabajos forzados, recibiendo una mínima alimentación y casi ningún cuidado médico. Miles de ellos murieron.

El terror nazi destinó aún a muchos homosexuales a los notorios experimentos científicos a los que miles de otros prisioneros eran sometidos. Recibían una inyección letal, eran mutilados, quemados, congelados y hasta recibían la muerte. Para el machismo de los nazis, el homosexual representaba la vergüenza de la raza superior, destinada a dominar el mundo.

En los países comunistas, el acto homosexual ha sido duramente reprimido como una práctica de la burguesía decadente. Pero a pesar de la represión, el número de homosexuales que desafiaba las leyes comunistas fue grande. En la década del 80 había 67 lugares de práctica homosexual en Alemania Oriental, 38 en Yugoslavia, 34 en Bulgaria, 28 en la Unión Soviética, 18 en Hungría, 12 en Rumania, 7 en Cuba, 7 en Vietnam y 3 en la China (Frederick K. Whitam y Robin M. Mathy, *Male Homossexuality* in Four Societies, Nueva York, Praeger, 1985, pp. 6-7).

En virtud del relajamiento de la legislación en contra de la homosexualidad que existe en muchos países, se supone que cerca del 5% de la población adulta del mundo está constituida por homosexuales y, entre ellos, es mayor la incidencia de personas del sexo masculino.

151) ¿Qué fue, o aún es, la llamada «revolución sexual»?

La revolución sexual, aún ensayada antes de la Segunda Guerra Mundial, recién alcanzó su mayor fuerza en los años sesenta. Tuvo como algunos de sus mayores efectos el relajamiento moral y el cambio de las leyes sobre homosexualidad en muchos países, el movimiento hippie, el libertinaje de los Beatles y la orgía del Rock and Roll. Mick Jagger, uno de los miembros de los «Rolling Stones», declaró que su música «es sexo, y que el público debe ser agredido con sexo» (Jefferson M. Costa, Claudionor de Andrade, Gilberto Moreira y Geremias do Couto, A Mensagem Oculta do Rock [El mensaje oculto del rock], Río de Janeiro, CPAD, 1986, p. 151).

Los excesos de la juventud, cometidos contra las leyes aún vigentes, como una afrenta, o como consecuencia de la ausencia de esas leyes, alcanzaron vastas regiones del mundo como un grito revolucionario de la nueva generación en contra de los patrones morales establecidos. Bajo la irresponsable filosofía de *paz y amor*, no solo las drogas eran libres sino también los actos sexuales en sus más variadas formas.

En la década del 70, el instinto sexual pareció liberarse de todas las restricciones. La mujer, liberada del temor a un embarazo por la píldora anticonceptiva, estaba dispuesta a tener relaciones sexuales en cualquier momento. Asimismo, el miedo a las enfermedades venéreas había desaparecido gracias a los nuevos antibióticos, debido a los cuales la gonorrea y la sífilis disminuyeron rápidamente. El sexo parecía seguro. Era común encontrar jóvenes que habían tenido relaciones sexuales con más de un centenar de personas.

Y, como si todo ello no bastase, la pornografía comenzó sutilmente a invadir la mayoría de los países. La música, las películas, las novelas, las revistas, casi todos los medios de comunicación social cambiaron su punto de vista con respecto al sexo. Muchas películas, con sus orgías y perversiones sexuales, parecían clases de patología del sexo.

Al fijar nuevos patrones amorales, la revolución sexual se ha vuelto cada vez más osada. Además de defender e incentivar la legalidad del divorcio, la anticoncepción y el aborto, sugirió la formación de comunidades extra familiares o trans familiares a fin de socializar el sexo, defendiendo los casamientos grupales y experimentales.

A la par de ese movimiento, psicólogos y sociólogos occidentales comenzaron a predicar la decadencia de la familia, favoreciendo un tipo de vida egoísta e irresponsable. La tasa de divorcios, que subió rápidamente y en algunos países llegó a superar la mitad de los matrimonios, propulsó que se lanzara a las calles todas las noches un ejército de divorciados en la búsqueda de satisfacción sexual.

El sexo también comenzó a adentrarse en los hogares por puertas y ventanas, a través de la televisión, y a marcar su presencia en las escuelas mediante una educación sexual deficiente y la lectura obligatoria de libros poco recomendables.

Como si eso no bastase, la revolución sexual llegó a las sectas falsas y heréticas, introduciendo en ellas el sexo grupal y la homosexualidad, penetrando aún en el seno de las denominaciones protestantes tradicionales, que comenzaron a ordenar ministros homosexuales en iglesias constituidas por homosexuales.

En Brasil, alcanzado de lleno por esa revolución, el sexo se convirtió en una presencia obligatoria en las escenas y enredos impactantes del cine, el teatro y las telenovelas.

152) ¿De qué manera se produjo el avance de la homosexualidad en el Brasil?

Quisiera señalarle al lector dos ejemplos que dan una idea acabada de las conquistas de la revolución sexual en Brasil:

Celso Curi, columnista de un periódico de San Pablo, fue acusado judicialmente de violar la decencia pública en Brasil por el hecho de haber divulgado noticias acerca de la comunidad homosexual paulista y de otros lugares. El 12 de marzo de 1979, el juez Regis de Castilho Barbosa absolvió al periodista bajo el alegato de que como en Brasil la homosexualidad no era un crimen, la divulgación de noticias sobre homosexuales no podía ser considerada contraria a la decencia pública.

En 1981 el actor Carlos Moreno, haciendo el papel de un joven tímido y de rasgos afeminados, se volvió popular al publicitar los productos de la marca «BomBril» en la televisión brasileña. Debido a sus modos afeminados, se quedó sin trabajo y fue sustituido por un actor más «macho». Sin embargo, este no agradó a las amas de casa, y la agencia DPZ, responsable de aquellos anuncios, recibió miles de llamados telefónicos exigiendo que volviera el actor anterior.

Como consecuencia de las presiones surgidas de todas partes en el Brasil, entre ellas la de la Asociación de Empleadas Domésticas de Porto Alegre, el actor Carlos Moreno volvió a hacer los comerciales de la marca BomBril (Frederick L. Whitam y Robin M. Mathy, *Male Homossexuality in Four Societies*, Nueva York, Praeger, 1985, pp. 139, 141).

Otra prueba elocuente del libertinaje sexual brasileño es el hecho de que conocidos travestis han sido entrevistados como figuras importantes y famosas en programas de gran audiencia, hablando abiertamente de sus relaciones homosexuales como si se tratara de algo normal y decente.

Por ejemplo, Roberta Close, un elegante travesti que desarrolló sus senos mediante hormonas, pero que conservó intacto su pene, recibió un lugar destacado en los medios de comunicación. En el auge de toda aquella promoción, algunos hombres relevantes dijeron que, aunque ellos no eran homosexuales, les gustaría mantener relaciones sexuales con «ella».

Además, en el Brasil la revolución sexual prácticamente eliminó todo tipo de censura. Algunas novelas con lenguaje obsceno y escenas inmorales que a veces involucran a homosexuales y antes eran solo permitidas después de las diez de la noche, ahora llegan a los hogares en el horario de la tarde, franja en que la mayor parte del público televisivo es infantil.

153) ¿Qué efecto puede causar todo esto en la mente de los niños y adolescentes?

Al ser bombardeados diariamente por la provocativa pornografía presente aún en simples anuncios de cigarrillos, los niños de hoy tendrán dificultades para alcanzar un equilibrado comportamiento sexual al llegar a la adolescencia.

Todos estos avances del erotismo han despertado el apetito sexual al punto de volverlo irresistible, como el hambre y la sed, haciendo que el sexo ocupe un papel preponderante en la vida de adolescentes y adultos. Así, estimulada de todas las formas posibles a través de los medios masivos de comunicación, la gente se deja arrastrar por esos apetitos sensuales al punto de extrapolar la práctica sexual normal e incursionar en el terreno escurridizo de la homosexualidad.

La proliferación de lugares en los que se practica el sexo, especialmente en la periferia de las grandes ciudades y en los costados de las rutas, son una prueba de la rapidez con la que avanza la liberación del sexo.

154) ¿Cuáles son los efectos de la homosexualidad en la salud?

El comienzo de la década del ochenta marcó el fin del optimismo que reinaba entre los defensores de la liberación sexual con el surgimiento del SIDA y el regreso de peligrosas enfermedades venéreas.

En 1981, año en que se descubrió el «Acquired Immuno deficiency Syndrome» (Síndrome de Inmunodeficiencia Adquirida), se registraron en los Estados Unidos 265 casos de esa enfermedad, la que se la conoce como AIDS en los países de lengua inglesa y en el Brasil, y como SIDA en Portugal y en los países de habla hispana.

En 1988 había más de 52.000 casos de SIDA en los Estados Unidos, con más de 29.000 muertes; y los servicios de salud estimaban que en el mismo año más de un millón y medio de norteamericanos ya habían sido infectados con ese virus.

El SIDA se extendió por todo el mundo, quizás como la más seria epidemia que enfrenta la medicina moderna. El Brasil fue alcanzado de tal forma por esa enfermedad que el gobierno movilizó a todos sus departamentos de salud a fin de atacarla. En los demás países latinoamericanos el avance fue igualmente rápido. En Europa, el SIDA está presente en todos los países, y las naciones más desarrolladas son justamente aquellas en las que más se ha expandido. Las autoridades médicas de Suecia distribuyen gratuitamente entre los drogadictos jeringas descartables en un intento por evitar la propagación de la temible enfermedad.

En el África, entre el 6 y el 7% de la población de Kinsasa, Zaire (una ciudad de 4.000.000 de habitantes) padece SIDA. En Nairobi, Kenia, el 67% de las prostitutas tienen SIDA. La Organización Mundial de la Salud informó que hasta el año 2000 más de 50.000.000 de africanos murieron de SIDA.

Aunque nadie es inmune al SIDA, los dos mayores grupos alcanzados por el virus son los homosexuales (66%) y los drogadictos (17%) (Sandra Smith & Donna Duel, *Clinical Nursing Skills* [Herramientas de enfermería clínica], Norwalk, Connecticut / San Mateo, California, Apleton & Lange, 1989, p. 618).

Dice el Dr. McMillen que en los Estados Unidos los homosexuales representan el 40% de los más de 27.000 pacientes masculinos atacados por la sífilis cada año. «La gonorrea y el herpes también son comunes entre los homosexuales. Seis de cada diez hombres homosexuales se contagiaron de los virus potencialmente letales de la hepatitis.» (S. I. McMillen, *Nenhuma Enfermidade* [Ninguna Enfermedad], Miami, Editora Vida, 1986, pp. 72-73).

Los frutos amargos de la revolución sexual han provocado un cambio significativo en la sociedad occidental. Mucha gente reconoce que las píldoras anticonceptivas no fueron tan eficaces como se creía, y que los embarazos no deseados resultaban en abortos provocados, que hieren la conciencia, o se transforman en una carga difícil de soportar. Asimismo, la gente también percibió que la gonorrea era incómoda y repugnante, y que el SIDA era mortal.

Si la revolución sexual logró algo bueno fue una ligera baja en el índice de la promiscuidad. Si producía orgullo ser avanzado y aventurarse en las orgías sexuales, experimentar una dolorosa muerte prematura era algo muy diferente. Muchos matrimonios reconocieron nuevamente los beneficios de la fidelidad, y los padres comenzaron a averiguar otra vez quiénes eran los amigos y amigas de sus hijos.

Capítulo 11

El suicidio

155) ¿Por qué se matan las personas?

En el inmenso y bello puente «Braga», que une las ciudades de Fall River y Somerset, Massachusetts, hay diversas llamadas de atención a los candidatos al suicidio para que no pongan fin a sus vidas y llamen a cierto número de teléfono.

En las muchas ocasiones en las que crucé ese puente y leí esos carteles, durante el tiempo en que viví en aquella histórica región, siempre me pregunté acerca de los motivos que llevarían a tantas personas a tirarse desde aquella gran altura a las profundidades de la bahía y de la muerte. Las mismas preguntas vinieron a mi mente cuando visitaba la Torre Eiffel, en París, y observaba la bella ciudad luz extenderse en todas direcciones, con sus jardines, palacios, museos, monumentos y los suaves meandros del famoso Sena.

Al indagar entre mis amigos parisinos que me acompañaban si la red que envolvía aquella inmensa estructura metálica tenía el propósito de prevenir el suicidio, me informaron que sí, agregando que centenares de personas habían saltado desde arriba, destrozándose en el suelo o entre los hierros que forman la base de la torre.

Pude imaginar el efecto de esas trágicas escenas en el espíritu de aquel que estuviese visitando ese punto turístico en tal ocasión, pues yo mismo sentí emociones semejantes en el centro de San Pablo cuando un hombre de unos sesenta y pico o setenta años, en pleno día, saltó de uno de los últimos pisos de un enorme rascacielos. El ruido que causó el cuerpo al caer sobre el patio del edificio llamó la atención de los transeúntes, que formaron cerca del lugar una pequeña y silenciosa multitud. Cuando los bomberos levantaron el cuerpo ensangrentado, parecía una masa sin ninguna forma.

Si Fall River, París y San Pablo fuesen sustituidos por otros lugares como Nairobi, Hong-Kong o Bogotá, no habría ninguna diferencia, ya que los suicidios se producen en todo el mundo.

Tal vez el lector se haya sentido perplejo ante ese tan desagradable tipo de sucesos, tal vez al presenciar la muerte de un amigo, de un pariente o de un conocido. Recuerdo particularmente el suicidio del presidente Getulio Vargas, uno de los políticos brasileños más importantes. Yo aún era adolescente en ese entonces, pero no pude dejar de sentir el dolor de toda la nación, que no sabía cómo reparar una pérdida tan grande.

Recuero también cuando la estrella de cine Marilyn Monroe puso fin a su vida en el auge de su fama, dejando perplejos a sus incontables admiradores. No es fácil responder a las preguntas que el suicidio de personas tan célebres nos plantea. Cuando todo a su alrededor muestra el poder, la gloria y la riqueza como las metas más importantes de su vida, resulta difícil explicar la razón por la que personas tan poderosas, famosas y ricas desisten de vivir.

La historia, tanto sagrada como profana, cuenta con muchos relatos sobre suicidio. Cerca de mil años antes de Cristo, Ahitofel, importante autoridad de Israel, al ver que el consejo de Husai a Absalón había sido aceptado y el suyo no, «enalbardó su asno, y se levantó y se fue a su casa a su ciudad; y después de poner su casa en orden, se ahorcó (...)» (2 Samuel 17:23).

156) ¿Cómo se puede definir el suicidio?

Según el sociólogo francés Emile Durkheim, suicidio es «toda muerte que resulta mediata o inmediatamente de un acto, positivo o negativo, efectuado por la propia víctima, consciente de que su acción produciría ese resultado» (Emile Durkheim, *El suicidio*, Editorial Schapire, Buenos Aires, 1971). En otras palabras, es la consecuencia de una acción en la que el agente y el paciente son la misma persona. Durkheim divide el suicidio en tres categorías: egoísta, altruista y anómico.

Egoísta: el suicidio egoísta, según Durkheim, se produce en virtud del excesivo individualismo o egoísmo, presente en la mayor parte de las naciones del norte de Europa. De allí la razón por la que es tan elevado en aquella región el número de los que ponen fin a su vida. Cuando las personas no se sienten parte de un grupo o de una comunidad que les exige lealtad y participación, hallan más fácil dejar el mundo de una vez por todas a través del suicidio. El egoísmo explica también por qué el índice de suicidios es más elevado entre los solteros que entre los casados. Cuántos más hijos tenga un padre o una madre, y más lazos sociales posea, más raro resulta que intente matarse.

Altruista: El suicidio altruista tiene una causa opuesta a la del egoísta, pues mientras esta viene del individualismo, aquella se relaciona con excesivos compromisos comunitarios. Cuando el grupo comienza a ser más importante que el individuo y la vida en sí misma, y ese grupo corre peligro, la persona es llevada a sacrificarse en defensa de tal grupo. Ese fue el caso de Sansón en Israel, el de Cleopatra en Egipto o el de Getulio Vargas en el Brasil, que dieron la vida por su patria. También fue el caso de los *kamikazes* (pilotos suicidas japoneses) de la Segunda Guerra Mundial, y el caso de los japoneses que practican el *harakiri* en la actualidad (rasgándose el vientre con un cuchillo o un sable) a fin de castigarse a ellos mismos por crímenes que han cometido y así salvar a su familia o grupo de la vergüenza. Es el caso también de los ancianos esquimales que, al sentirse sin valor y por ser un peso para la familia, voluntariamente abandonan el iglú y ponen fin a su vida.

Anómico: El suicidio anómico recibe este nombre porque se produce principalmente en momentos de inseguridad de la persona en cuanto a su futuro. El término *anómico* viene de anomia, que es ausencia de leyes, de normas o de reglas de organización.

Aunque los sociólogos juzgaban en un principio que el índice de este tipo de suicidios solo se agravaba en tiempos de crisis económica, se constató su aumento también en ocasiones de gran prosperidad material. Por eso se concluyó que la ruptura del estilo de vida de un pueblo, para peor o para mejor, causa estrés y, como consecuencia, el número de suicidios aumenta.

«En una sociedad estable, el pueblo sabe más o menos lo que puede esperar de la vida y ajusta sus aspiraciones adecuadamente. En cambio, cuando la economía fluctúa, esos límites desaparecen» (Michael S. Bassis, Richard J. Gelles, Ann Levine, *Sociology, An Introduction*, [Sociología, una introducción], Second Edition, Nova York: Random House, 1984, p. 19).

157) ¿Qué dicen las estadísticas acerca del suicidio en las naciones ricas y en el Brasil?

Estudios efectuados en diversos países permiten suponer que cada año cerca de veinte millones de personas en todo el mundo intentan de alguna manera poner fin a la propia existencia. De ese número realmente impresionante, aproximadamente el 98% sobrevive y, en su mayoría, lamentan el resto de su vida la locura que llevaron a cabo, mientras que algunos de esos sobrevivientes terminan haciendo nuevos y más eficientes intentos por desistir de vivir, hasta que lo logran.

Aunque las estadísticas de las que dispongo son muy parciales, por el hecho de que no incluyen naciones del África o del Asia, un estudio comparativo de los primeros anuarios de la Organización Mundial de la Salud de la ONU de los años ochenta revela que, de las aproximadamente 370 mil personas que se suicidan cada año en todo el mundo, Suiza, Francia y Hungría presentan los índices más elevados en relación con su población. Otras naciones con alto porcentual de suicidios son: Irlanda del Norte, Finlandia, Austria, Dinamarca, Checoslovaquia, Suecia, Bélgica, Estados Unidos y Alemania.

En lo que se refiere a Suiza, el suicidio representa aproximadamente el 30% de los muertos en la franja etaria de entre 20 y 34 años y, de entre ellos, con un número mayor al promedio, se encuentran los trabajadores de la construcción, los carniceros y los médicos. Casi la mitad de los que ponen fin a sus vidas en Suiza lo hacen mediante armas de fuego.

El elemento que más conmociona de estos datos referentes a Suiza es el hecho de que tanta gente desista de vivir justamente en el país que posee uno de los más elevados estándares de vida del mundo, además de su envidiable belleza natural.

Por ser el suicidio una de las más frecuentes causas de muerte en nuestros días, está empeorando el sistema de salud pública. Luego de aparecer hace algunas décadas entre el quinto y el décimo lugar en el obituario mundial, el suicidio últimamente viene ocupando el cuarto y quinto lugar, principalmente en la franja etaria que va de los quince a los cincuenta y cinco años.

Tratándose específicamente de adolescentes, solo los accidentes matan más que el suicidio, lo que confirma las palabras del Marqués de Maricá escritas hace un siglo y medio, quien decía que era muy raro que se suicidaran las personas de edad, que era más común entre la gente joven y la de edad media que goza de una vigorosa salud.

El Brasil ha presentado un elevado índice de suicidios en los últimos años. El promedio, que en la década del 70 estaba en casi 4000, llegó al alarmante número de 50.000 en 1988, según el psiquiatra pediátrico Christian Gauderer, profesor de la Pontificia Universidad Católica de Río de Janeiro, quien tomó los datos de ambulancias y hospitales de todo el país.

La mayor parte de esos suicidios los llevaron a cabo personas en una franja etaria que va entre los 12 y los 21 años, y, como siempre sucede, más de la mitad de ellos pertenecía al sexo masculino. Los medios de suicidio más comúnmente utilizados por los brasileños son el ahorcamiento, el estrangulamiento, la sofocación, la precipitación desde un lugar elevado, las armas de fuego y explosivos, el envenenamiento con sólidos y líquidos, y el ahogamiento.

158) ¿Será el pesimismo una de las causas del suicidio?

Sin duda que sí. El canal oficial de televisión del Brasil, en un documental especial sobre el SIDA, entrevistó a cierta joven que era portadora de esa enfermedad y drogadicta. El encuentro se produjo a la noche, en una casa abandonada de la ciudad de Santos, y la infeliz víctima no escondió su decepción de la vida miserable que llevaba, admitiendo que en cualquier momento una sobredosis de heroína acabaría de una vez por todas con ella, y que tal vez eso fuera lo mejor.

Tengo aún en mi mente las tristes imágenes de jóvenes y jovencitas vencidos por las drogas, con los ojos enrojecidos y la mirada perdida, pudriéndose en las plazas de París, Ámsterdam y Bruselas, sin un futuro digno. No debería sorprendernos, por lo tanto, que el índice de suicidios sea tan elevado entre la juventud.

Hace algunos años, en San Pablo, seis estudiantes universitarios, manejando un automóvil a una altísima velocidad, avanzaron con el semáforo en rojo y colisionaron contra una enorme carreta. Todas las víctimas, cuyos cuerpos molidos entre los hierros se mezclaron unos con otros, pertenecían a familias tradicionales y de buena posición económica, y todos tenían un futuro envidiable.

Un amigo mío, colaborador en la iglesia que pastoreo, recuerda con tristeza cómo muchos de sus amigos desaparecieron en accidentes automovilísticos provocados por ellos mismos. Cuando vivía en la periferia de Nueva York, una de las diversiones preferidas de mi amigo y sus compañeros, era salir de madrugada los fines de semana y manejar potentes automóviles deportivos a casi 200 km por hora en calles angostas en las que la velocidad máxima era de 40 km/h.

Sin embargo, lo que más impresiona en este relato no es el hecho de que alguien en plena juventud encuentre una muerte tan horrible, sino la actitud de los que sobreviven, que no aprenden la dura lección y prosiguen en las mimas locuras hasta que uno a uno es cortado violenta y prematuramente. Tanto en los jóvenes brasileños como en los norteamericanos, y por cierto en los de muchos otros países del mundo, se cumple la advertencia de las autoridades de tráfico brasileñas, que dicen: «No haga de su auto un arma; la próxima víctima puede ser usted».

¿Qué es lo que lleva a esos jóvenes a una muerte tan estúpida? ¿Será solo la locura de tener amigos drogadictos o ligeramente alcoholizados, con los que salen de juerga? ¿O se trata de un suicidio premeditado?

Sea lo que fuere, existe una causa común entre los jóvenes que lleva a que los accidentes fatales y el suicidio ocupen respectivamente el primero y segundo lugar de muerte en el mundo. La vida es un gran vacío, y la actitud pesimista con respecto a ella llega aún a caracterizar de «descarriada» a la juventud. ¿Cuándo la vida se vuelve sin sentido? ¿Por qué hay que tener tanto cuidado de ella?

Para las millones de personas frustradas que existen en nuestros días, el poeta tuvo razón cuando escribió: «La vida pasa efímera y vacía; / un aplazamiento más que espera, / en una eterna esperanza que se retrasa».

Cuando el ser humano se siente una pequeña pieza dentro de un gigantesco engranaje que lo esclaviza y del cual no logra escapar; cuando no ve en sí mismo nada más que aquello que procede de la naturaleza en bruto hacia la cual retornará, entonces no parece valer la pena vivir.

159) ¿Quiénes podrían ser los responsables por el aumento del índice de suicidios en nuestros días?

Mi querido lector, se podría colocar a Darwin, Marx, Freud y Sartre entre los mayores responsables de la desvalorización de la vida en los tiempos modernos. En los conceptos de estas ilustres personalidades acerca del ser humano (su origen y su futuro) no hay prácticamente nada positivo. En resumen, no pasamos de ser simples animales trabajadores, ligeramente evolucionados, destinados a cumplir en la sociedad un papel ridículo, sin ningún propósito que justifique la existencia.

Solo para darle una idea de lo que enseñan los maestros de nuestro tiempo acerca del ser humano, destaco aquí algunos conceptos de Jean Paul Sartre, considerado por muchos, aún por los teólogos, uno de los más ilustres filósofos del siglo veinte. Dice este pensador francés:

«Enfrente de mí... Existo a lo largo de un muro largo; enfrente del muro, a un paso; el muro existe en frente de mí, uno, dos pasos por detrás de mí... La existencia es blanda, y rueda y camina por los bordes; yo camino por los bordes, entre las casas. Soy, existo, pienso largo, ando por los bordes... soy. La existencia es una caída en descenso, no caerá... caerá. La ventana... el dedo gira, la existencia es una imperfección...» (Jean Paul Sartre, *A Náusea* [La Náusea], Río de Janeiro, Editora América-Europa, s/data, pp. 128-129).

Esa opinión de que la existencia es «una caída» y una «imperfección», aliadas a otras semejantes, roban del corazón de muchos todo el significado que la vida nos puede ofrecer. Aunque en algunos países la libertad y el sistema de gobierno atenúan ese pesimismo, en vastas regiones del globo es abrumador.

Por ejemplo, en las sociedades sujetas a regímenes totalitarios, que glorifican conceptos evolucionistas y materialistas como verdades científicas, y prohíben todo tipo de libertad política y religiosa, la vida llega a ser insoportable. El índice de suicidios en esos países es altísimo.

En China, por ejemplo, luego de la masacre de los estudiantes en Beijín (antigua Pequín) en 1989, y como consecuencia de la oposición del gobierno a las reformas pretendidas por los manifestantes, fue grande el número de los que pusieron fin a su vida. Las autoridades chinas, a fin de acentuar el irrisorio valor que daban a la vida de los jóvenes fusilados, les cobraron a sus padres (con el propósito de humillarlos) el valor de las balas que utilizaron en la ejecución.

A fin de contraatacar las enormes olas de pesimismo que asolan al mundo moderno, necesitamos buenas dosis de optimismo, pues si el pesimista tiene lástima de sí mismo y desprecia la vida, el optimista se levanta, actúa y valora la vida.

Por otro lado, parece cada vez más evidente que las creencias religiosas desequilibradas ejercen un tremendo poder sobre la mente de las personas, llevándolas aún al suicidio. Entre estas, las de origen oriental se consideran entre las más peligrosas por el hecho de que valoran el espíritu en detrimento del cuerpo, tomando así la postura contraria a la de los materialistas, que solo valoran el cuerpo en virtud de ni siquiera creer en la existencia del espíritu.

Capítulo 12

La familia

160) ¿Cuál es el verdadero rol de la familia en la sociedad moderna?

Mi querido lector, es difícil exagerar la importancia del hogar en nuestros días. Todos los males de la sociedad, sean financieros, políticos, laborales, escolares o religiosos tienen su origen en el corazón del hombre natural, al que la Biblia describe en Jeremías 17:9 y en Romanos 3:10-23.

En el jardín del Edén, Dios estableció la primera familia, uniendo a dos personas en una. Un ambiente en el que hay amor entre los miembros de la familia da como resultado lo que llamamos «hogar».

El hogar resulta importante para la vida porque es la cuna de las costumbres, los hábitos, el carácter, las creencias religiosas y los principios morales de cada ser humano, ya sea dentro del contexto familiar, municipal, nacional o mundial. Entonces podemos decir que según marchen los hogares así marchará el mundo; y también que lo que es bueno para la familia será bueno para el mundo.

Cuando un hombre y una mujer se unen en matrimonio lo hacen porque desean vivir juntos por el resto de sus vidas, tanto en salud como en la enfermedad, en la riqueza o en la pobreza, en la alegría o en la tristeza... hasta que la muerte los separe. ¿Lo recuerda?

Sin embargo, dentro de muchos matrimonios sucede que cuando llegan los hijos aquellos que lo forman se olvidan de que en primer lugar son esposas (y los hombres esposos), y luego madres (o padres). Los hijos vienen y un día se irán, serán siempre parte de nosotros, llevarán nuestro apellido y prolongarán nuestra memoria. Los amaremos para siempre. Pero un día crecerán y formarán sus propias familias. Sin embargo, el marido y la mujer permanecerán siempre juntos.

La Dra. Elaine Cruz, en su precioso libro *Crescendo em Familia* [Creciendo en familia] (Editora Betel, Rio de Janeiro, 1996), advierte:

«Se están produciendo muchos divorcios entre matrimonios de cerca de veinticinco años de casados por el simple hecho de que, a lo largo de los años, tanto el hombre como la mujer han crecido profesionalmente y como padres, pero se olvidaron de dar frutos como matrimonio, de cuidar su crecimiento. Así que cuando los hijos se van, el marido y la mujer se encuentran distantes, como dos desconocidos, muy diferentes el uno del otro.

«Es fundamental comprender que el primer rol que debemos asumir cuando nos casamos es ser marido o mujer. Cuando contraemos matrimonio Dios nos hace una nueva familia; esa es la razón por la que estableció el mandamiento de dejar padre y madre.

«La Biblia es muy clara cuando nos advierte que debemos honrar y amar a nuestros padres para tener larga vida y vivir bien sobre la tierra todos los días de nuestra existencia. Debemos amarlos, cuidarlos, velar por ellos y vivir con ellos lo mejor posible, aún luego de casarnos. Después de todo, les debemos gran parte de lo que somos.

«Sin embargo, la Biblia también dice que debemos dejarlos. Y el significado de esto no es solo que debemos irnos a vivir a otro lugar. Implica, principalmente, *que debemos dejar muchas de nuestras viejas costumbres y hábitos aprendidos durante el tiempo que vivimos con ellos,* porque nuestro cónyuge también habrá aprendido modos de conducirse totalmente diferentes, y algunos aún opuestos a los de nosotros...»

Volveremos a este tema en otra oportunidad.

161) ¿Qué papel debe ejercer la familia cristiana en la sociedad en la que vivimos?

Mi querido lector, teniendo en cuenta la realidad e influencia del pecado, podemos afirmar que el hogar, en un sentido general, no está cumpliendo plenamente el propósito para el cual fue creado. Por eso necesitamos saber lo que la Biblia enseña acerca del hogar, a fin de que alcance su meta planeada por Dios.

El matrimonio es de Dios. «Por tanto, dejará el hombre a su padre y a su madre, y se unirá a su mujer, y serán los dos una sola carne.» Jesús defendió y aprobó el matrimonio entre Adán y Eva como venido de Dios. Fue el único ejemplo que él citó al respecto. Fue un casamiento «hecho en el cielo» o aprobado por Dios.

En el tiempo en que se realizó el primer casamiento no había iglesia, ni nación, ni registro civil. Pero había una autoridad que no solo estaba de acuerdo con la existencia de la familia, sino que también era el «responsable» del casamiento. Todos los casamientos relatados en la Biblia se hicieron en presencia de la autoridad existente en la época y/o con la aprobación de las familias involucradas.

El hogar es mucho más que el resultado de dos personas que contraen una unión civil y firman un contrato social. Es algo misterioso y glorioso, creado por Dios, permanente, que se vuelve real solo dentro de los principios de quien lo instituyó, que es el propio Dios. Como el matrimonio no es solo apareamiento, el hogar no es solo la unión de dos personas que consienten en vivir juntas.

En el principio Dios dijo que no era bueno que el hombre estuviera solo, y a partir de la creación del primer hombre instituyó la familia como centro de la comunidad humana. A través de la transición de diversas culturas, la familia siempre ha existido como una sociedad natural que ha dado al alma de cada nación su perfil. Dios quiere que en el hogar haya orden. Él creó a un hombre y a una mujer. No creó un hombre con dos o más mujeres, ni a una mujer con dos o más hombres, ni a un hombre con un hombre, o a una mujer con otra mujer. Dios hizo un matrimonio de un hombre y una mujer, y estableció el «uso natural» para su funcionamiento. De otro modo sería «inmoralidad» o «prostitución». Cada privilegio tiene su precio.

Un matrimonio bendecido ve al casamiento como un medio de servir, adorar y dar gloria a Dios. La felicidad de los cónyuges, aunque sea el fruto de una vida de acuerdo con la voluntad de Dios, no es la meta principal del hogar. Este debe glorificar a Dios y llevar felicidad a todos los miembros de la familia. Concluyo citando a la Dra. Elaine Cruz:

«El casamiento implica que dos personas diferentes se unan y sean una sola. Por lo tanto, debemos dejar muchas de las cosas que creemos que son correctas "porque mamá me las enseñó", o "lo aprendí de esa manera con papá". Debemos ceder y aprender a hacer muchas de las cosas con el otro, no para poder convivir sino para *bien vivir*...

«Para resumir, se debe dejar padre y madre e irse a vivir a otro lugar, continuar amándolos y honrándolos, pero principalmente debemos entender que nuestro matrimonio es diferente del matrimonio de nuestros padres, por el simple hecho de que son otras personas que tuvieron y tienen vivencias distintas. Si somos seres únicos, hechos diferentes de los demás, y si Dios nos unió a nuestro cónyuge es porque sabe que con nuestro esfuerzo y su ayuda podemos ser uno» (*Crescendo em Família* [Creciendo en familia], Editora Betel, Rio de Janeiro, 1996, pp. 20-21.)

162) ¿Será el amor ágape el que debe existir en el matrimonio?

Mi querido lector, ágape significa amor en un sentido sacrificial. Es esa la palabra que se usa la mayor parte de las veces en el Nuevo Testamento para describir el amor de Dios por nosotros y el amor que él derrama en nuestros corazones por el Espíritu Santo que nos fue dado. Esa palabra es la que se usa en Juan 3:16, en

Romanos 5:5 y en 1 Corintios 13, entre otros pasajes. La lengua griega posee otras palabras para referirse al *amor,* pero con otros sentidos, como *filía*, que es el amor que existe entre los miembros de la familia, y *eros*, el amor en un sentido sensual, carnal, de donde viene la palabra *erotismo*.

El concepto de amor que debe reinar en el hogar es aquel con el que Cristo ama a su iglesia. Este amor es el que vemos en su sacrificio, pues la Biblia dice que él «a sí mismo se entregó por ella» y, como resultado de esa entrega, somos «miembros de su cuerpo, de su carne, y de sus huesos».

El amor verdadero produce unión y armonía. «Serán los dos una sola carne» significa mucho más que el acto de casarse. Muestra cómo el matrimonio y los hijos son unidos emocional, mental y espiritualmente (Efesios 5:23 y siguientes).

El amor también tuvo una parte importante en la obediencia de José, marido de María, a las instrucciones del ángel. El amor verdadero no es egoísta. Lamentablemente, mucha gente cree que el amor consiste en obtener aquello que la hace feliz. Sin dudas, como la Biblia lo define, el amor ágape es completamente abnegado. Dios amó al mundo y dio a su Hijo. José demostró un gran amor al llevar a María a su casa y asumir toda la responsabilidad por el cuidado de ella. Se casó con María por lo que él podía hacer por ella, no por lo que ella podía hacer por él (hacerlo feliz).

José tenía tanto respeto por María y por el niño que nacería que no la conoció como su esposa hasta que ella dio a luz. La persona egoísta que se suma a la definición equivocada del amor que existe hoy en día nunca podrá asumir el control de sí misma. Es triste que la palabra amor, como se la usa en la sociedad moderna, se concentre solo en la parte física de la relación entre el hombre y la mujer. Eso es solo sensualidad. Debemos llamarlo por su verdadero nombre en lugar de darle una falsa dignidad llamándolo amor.

José se casó con María. Y luego de casarse vivieron felices como marido y mujer. Con el tiempo tuvieron otros hijos. De esa unión nacieron por lo menos seis hijos. Mateo menciona a cuatro hermanos y por lo menos a dos hermanas (13:55-56). La Biblia no presenta evidencias que apoyen la enseñanza de que María continuó siendo virgen. La Biblia afirma que José no mantuvo relaciones sexuales con María *hasta* que ella dio a luz a Jesús.

Luego del nacimiento de Jesús, los dos tuvieron una vida conyugal perfectamente normal.

A pesar de los detalles muy limitados acerca de José, podemos verlo como un gran ejemplo de la actitud amorosa y obediente que todos debemos tener como siervos de Dios. La obediencia de José facilitó las primeras etapas del ministerio terrenal de Jesucristo. Y hoy podemos ofrecer a todo el mundo la salvación que Cristo trajo al mundo. El ministerio continuo de Cristo hacia la humanidad depende de personas que, como José y María, se sometan completamente a la voluntad de Dios.

163) ¿Qué responsabilidades tienen el marido y la mujer para que su hogar cumpla los propósitos de Dios?

Percibimos, mi querido lector, que siendo Dios inmutable podemos ver que es necesaria la obediencia a los principios inmutables con los cuales Dios instituyó el matrimonio. El hombre, al someterse a los mandamientos de Dios, es bendecido y glorifica a su Creador, mientras que cuando se rebela contra la voluntad divina trae sobre sí y sobre los suyos traumas y problemas serios.

Aun cuando nos juzgue, Dios aun así será glorificado. Las bendiciones a causa de la obediencia o los traumas a causa de la desobediencia, existen donde quiera que el hombre se encuentre, alcanzando así a buena parte de la sociedad.

Dios es amor, pero el hombre no lo es. Amar es un mandamiento de Dios. Para que un matrimonio sea bueno es esencial que haya amor. Un matrimonio dentro de los patrones bíblicos es estable y permanente, y en él puede crecer y madurar el amor. En un buen matrimonio los cónyuges son inducidos a ser determinados a fin de vencer en tiempos de dificultad, y así desarrollar nuevos niveles de amor y comprensión.

Existen tres palabras distintas en el griego que se traducen como la única palabra «amor» que tenemos en el lenguaje coloquial en castellano. *Eros* significa amor en el sentido de pasión, sentimientos y deseo. La palabra «erótico» viene de ella. La palabra griega «eros» *nunca* aparece en el Nuevo Testamento, pero es el significado que se le da al amor la mayor parte de las veces en nuestra sociedad.

Filía significa amor en el sentido de aprecio, amistad y consideración humana. La palabra «filantropía» y «calor humano» vienen de ella, pero *raramente* es usada en el Nuevo Testamento. Se la traduce como «amistad» y términos similares, pero *nunca* como «amor». Esta palabra griega aparece en el Nuevo Testamento en cerca de veinte pasajes.

En el amor se ve solo felicidad, pero en el matrimonio se ve responsabilidad ante el mundo. Para un individuo el amor es una posesión que le pertenece, pero para el matrimonio es más que algo personal, es un estatus, un oficio.

El amor es la razón por la que se desea un hogar. Un hogar es una responsabilidad que se asume por causa del amor. El hogar proporciona un ambiente seguro para que el amor madure. Todo eso coopera para la gloria de Dios.

Sin amor verdadero puede haber una familia, pero no un hogar. El hogar es el lugar en el que crece el amor verdadero. El amor está al servicio del hogar. Dios no manda al matrimonio que se ame o a los hijos a que obedezcan a los padres para que haya un hogar. Él establece los principios del amor porque el hogar ya existe. Entonces el amor halla su expresión madura debido a la existencia del hogar.

En el hogar se ve la necesidad de que se desarrollen las cualidades del amor. Se deben realizar esfuerzos para que el amor sea verdadero. Y el ambiente donde este amor verdadero se ejercita es el hogar, que a su vez requiere que madure el amor verdadero, que luego fortalece aún más el hogar, y así continuamente que todo siga creciendo para la gloria de Dios y para el bien de la familia.

Se puede tener una familia casándose y teniendo hijos. Pero solo al amar como enseña la Biblia, esa familia se convierte en un hogar.

Capítulo 13

Testimonios

164) ¿Cómo fue la conversión de un comunista?

Podría dar aquí mi propio testimonio, pues antes de convertirme fui comunista. El relato de mi conversión se encuentra en el libro *Teologia Contemporânea* [Teología contemporánea], editado por la CPAD. Todavía tengo en mi mente la conversación con Rodolfo Schuricht.

Rodolfo creció en un hogar completamente ajeno al cristianismo (y hasta era su enemigo) en el que la Biblia resultaba un libro completamente desconocido. Sus padres procuraban educar a sus hijos en el ateísmo, y por lo tanto solo conocían a un dios: Adolf Hitler, cuya fotografía colgaba de una de las paredes de su casa. Durante la adolescencia, Rodolfo nunca había oído hablar de Jesucristo, ni del evangelio, ni de Dios. Vivía en la antigua Alemania Oriental.

«Cuando terminó la Segunda Guerra Mundial y Hitler desapareció, conocimos a otro dios: Stalin. Me hice comunista fanático y fundé el primer club comunista para jóvenes en el año 1947. Un año después, nuestra organización contaba con 4500 afiliados y al ser su líder, a mí me odiaban y no podía salir libremente sin arriesgarme a que me atacaran. Odiaba a todos los que no eran comunistas y continué con esa actitud durante los siguientes dos años y medio, hasta que se produjo un hecho que cambió el curso de mi vida.

«Un día cierto joven me buscó y me entregó su dimisión al club. Había comenzado a leer la Biblia y deseaba seguir a Jesucristo. Le pregunté qué estupidez lo había llevado a leer un libro tan lleno de mentiras y contradicciones. Entonces me pidió que yo le mostrara esas mentiras y contradicciones de la Biblia.

«Pocos días después, el vicepresidente me vino a buscar, y cuando entró a mi cuarto vi que su rostro brillaba, lo que indicaba que algo extraordinario le había sucedido. Comprobé que él también había comenzado a leer la Biblia. Tal como el otro joven, también me pidió que le mostrara alguna mentira de la Biblia. Confieso que me sentí sin valor para satisfacer su pedido.

«Decidí comenzar a estudiar la Biblia para anotar sus contradicciones. En seis meses la leí de tapa a tapa sin encontrar una sola de las muchas contradicciones que esperaba encontrar. Entonces una mañana, al levantarme de la cama, me arrodillé por primera vez en mi vida y oré: "Oh Señor, si tú eres el verdadero Dios, el Dios vivo, y si Jesucristo es tu Hijo, entonces líbrame, sálvame y llena de tu paz mi corazón". Esa fue mi primera oración y Dios me respondió inmediatamente. Encontré alegría y paz en el Señor Jesucristo.»

Así fue que Rodolfo buscó a su compañero y le confesó su fe en Cristo: «Ahora sigo el mismo camino que tú y abandonaré de inmediato el partido comunista. Andaba en las tinieblas al desconocer la Palabra de Dios. Compré una Biblia con el propósito de descubrir sus mentiras para librarte de ellas, pero en ese santo libro encontré la salvación. Ahora ambos confesaremos nuestra fe y serviremos a nuestro Maestro y Señor.»

De allí en más comenzó un nuevo tiempo para Rodolfo. Sin embargo, fue obligado a huir de Alemania Oriental porque allí no podía seguir lo que le dictaba su conciencia y propagar libremente su fe.

165) ¿Puede la Biblia transformar a personas realmente difíciles?

La experiencia del norteamericano Jorge Alden, juez del Supremo Tribunal del Estado de Massachusetts, es un buen ejemplo del poder que tiene la Biblia para transformar a personas de ese tipo. Él relató lo siguiente:

«Cierto día fui a visitar la pequeña villa en la que me crie, en el estado de Vermont. Allí encontré a un muchacho que aún no había terminado el seminario, pero que estaba predicando el evangelio durante sus vacaciones. Era tan hábil orador que John Wanamaker, gran negociante local, le ofreció un alto sueldo para que se encargara de los anuncios publicitarios de sus tiendas en las grandes ciudades del país. Cuando el negociante me dijo que el joven había rechazado la excepcional oferta que le había hecho, fue a visitarlo con la intención de persuadirlo a que aceptara el ofrecimiento. La conversación que se dio entre nosotros fue la siguiente:

—Joven, ¿cómo puede justificar el rechazo al ofrecimiento de una propuesta que le daría un lucro elevado y promovería su futuro?

—Mire, lo justifico por la simple razón de que tengo una ocupación superior a la de hacer anuncios publicitarios de mercadería.

—¿Y cuál es esa ocupación a la que usted se refiere?

—Predicar el evangelio de Jesucristo.

—¿Predicar el evangelio? —respondí con sarcasmo—. ¿No sabe, querido joven, que su ocupación tiene poco valor? La Biblia no es creída ni aceptada por aquellos que están en su sano juicio. Yo soy más viejo que usted, y vine a aconsejarle como amigo acerca de su situación financiera. Voy a cumplir treinta años como abogado en Boston; soy juez del Supremo Tribunal de Massachusetts desde hace doce años, y declaro que no creo en una sola palabra de la Biblia.

«Noté, entonces, la firmeza del joven. Ni siquiera se estremeció a pesar de que yo había hablado con voz de trueno. Y su respuesta fue:

—Juez Alden, en mi opinión sus argumentos no tienen ningún valor. Usted escogió el lado negativo del tema en cuestión. Su caso fue resuelto hace muchos siglos por el Supremo Tribunal del Universo.

—¿Cómo dice? ¿Qué mi caso fue resuelto por el Supremo Tribunal del Universo? ¿Puede, entonces, citarme el volumen y el párrafo en el que se encuentra la resolución?

«El joven abrió la Biblia, me la entregó y dijo:

—Aquí está. Léalo usted mismo.

«Tomé el libro y leí esta declaración: "Dice el necio en su corazón: No hay Dios."

«En aquel momento sentí que ardía en rabia. No podía contenerme y le respondí, en tono de desprecio, que leería todo lo que estuviera escrito contra la Biblia por los más célebres ateos, y que después volvería para desarmarlo con sus propias armas. Suponía que sería una tarea fácil, sin embargo, me estaba engañando a mí mismo.

«Ese joven aún vive, pero no pude volver para arrasarlo, como había pensado. ¿Por qué no lo pude hacer? Por la simple razón de que cuanto más leía la Biblia, cuantos más argumentos buscaba para refutarla, más convencido estaba de que era la única revelación del carácter de Dios al hombre. Doy gracias a Dios por aquel predicador lleno de coraje por medio de quien conocí el maravilloso Libro que revela la verdad divina.»

166) ¿Existe algún testimonio actual acerca del poder transformador de la Biblia sobre una nación o comunidad?

Mi querido lector, existen muchos testimonios, pero por las características que reviste uno de ellos tal vez sean de las que más inspiran.

Durante la Segunda Guerra Mundial, Clarence Hall, corresponsal de guerra de los Estados Unidos, al visitar la aldea de Shimabuko, en Okinawa, escribió: «Durante años la aldea no tuvo cárceles, ni prostíbulos, ni borrachos, ni divorcios. Había un buen nivel de salud y felicidad... Habían creado una democracia cristiana en su forma más pura.»

Esto se debía a que los mil habitantes de Shimabuko habían recibido unos treinta años atrás la visita de un misionero que iba hacia el Japón, el cual dejó allí un ejemplar de la Biblia a los shimabukanos convertidos, Mejun Nakamura y Shasei Kina, respectivamente jefe y profesor de la aldea. Al partir, el misionero les dijo a los dos creyentes: «Estudien este Libro, pues él les dará una fe robusta. Cuando la fe es fuerte todo es fuerte».

Sin noción de lo que era un culto o un templo cristiano, los mil habitantes crearon su propio sistema de adoración. El profesor

Kina leía la Biblia y todos repetían lo que él había leído en forma de cántico. Entonaban himnos y hacían oraciones voluntarias. Luego trataban acerca de los problemas de la aldea y, para cada tema, Kina buscaba una respuesta en la Biblia.

Luego de participar de esos cultos, el chofer de Hall le dijo en tono de burla: «Miren, todo esto es el resultado de una sola Biblia y de dos fanáticos que quieren vivir como Jesús». Impresionado por lo que había visto, el chofer agregó: «Tal vez estemos usando las armas equivocadas para hacer un mundo mejor», dijo en referencia a las armas de guerra.

Algunos años después de terminada la guerra, Clarence Hall volvió a Okinawa para ver el efecto de la civilización que los norteamericanos habían introducido allí. La ciudad estaba irreconocible. En lugar de la pequeña aldea, ahora había calles, negocios, almacenes, clubes, cines, teatros, campos de golf, piscinas, estación de radio y de televisión. También, bares y prostíbulos.

Hall buscó a Shimabuko y la encontró «cercada» por el «progreso». Sin embargo, toda aquella confusión y aflicción del «progreso» no la habían golpeado. Permanecía separada espiritualmente de todo aquello, basando su vida en las enseñanzas de la Biblia. Y Clarence Hall no podía olvidar lo que le había dicho su chofer años atrás: «¡Tal vez estemos usando las armas equivocadas para transformar nuestro mundo en uno mejor!»

Shimabuko constituye una prueba de que la obediencia a los preceptos bíblicos es el único camino para que exista una verdadera democracia cristiana, caracterizada por el amor a Dios y al prójimo y, consecuentemente, por la paz y el respeto social.

Bueno sería que los estadistas modernos en vez de fabricar destructoras armas que siembran inseguridad, miedo y terror, distribuyeran la Biblia a manos llenas.

167) ¿Cómo opera el poder de la Biblia en la vida práctica de las personas?

Estimado lector, hay muchos testimonios de este poder de la Biblia, que a continuación narraré.

Comencemos con París. En esa ciudad, una mujer recibió sin saberlo un ejemplar del evangelio de manos de un colportor (distribuidor) de Biblias. Al comenzar a leerlo y percibir que era una obra protestante, llena de ira lo destrozó en cuantos trozos pudo y los arrojó a la calle.

Otra mujer, pobre, profundamente triste y desalentada porque atravesaba una gran tribulación, viendo uno de los trozos en la calzada, lo recogió y comenzó a leerlo. «Venid a mí todos los que estáis trabajados y cargados, y yo os haré descansar. Llevad mi yugo sobre vosotros, y aprended de mí, que soy manso y humilde de corazón (...)» (Mateo 11:28-29), y no pudo continuar. Muy emocionada, pensó: «¿Qué libro podrá contener el resto de estas palabras? Necesito conocer el final de la frase...»

Y, al ver a un agente de policía, le preguntó qué libro contenía aquellas palabras y dónde podría adquirirlo. El policía, luego de leer el escrito del trozo de papel, le dijo que contenía una parte del Libro de Dios, la Santa Biblia, y le dio una dirección en la que podría conseguirla.

Dirigiéndose inmediatamente al lugar indicado, la mujer le mostró al empleado el trozo de papel, adquirió la Biblia y comenzó a leerla. Su tristeza se transformó en alegría. Se convirtió en una nueva criatura en Cristo Jesús. Luego comenzó a frecuentar una iglesia evangélica y se bautizó.

En la ciudad mexicana de Mérida, provincia de Yucatán, Geraldo recogió de la basura un viejo libro sin tapa, bastante deshojado. Luego viajó a Teya, la villa en la que vivía. Allí comenzó a hablarles a los demás acerca de las historias y las enseñanzas de aquel libro. Poco tiempo después, cuando ya había una congregación de aproximadamente cuarenta personas, dos misioneros realizaron un culto allí e hicieron un llamado. Sesenta personas, incluido el intendente de la ciudad, pasaron al frente y recibieron a Jesús como su Salvador. ¡Todo gracias a aquella vieja Biblia que encontró Geraldo!

En un hospital norteamericano de Turquía le dieron una Biblia a un enfermo. Este, al recibir el alta, la llevó a su casa que se encontraba en una pequeña villa de Armenia. Un sacerdote, sin embargo, al ver el libro en la mano del joven, se lo arrebató violentamente y comenzó a destrozarlo y esparció sus hojas en la calle.

Un pequeño comerciante, al ver las hojas, las juntó y las llevó a su negocio como papel de envoltorio. Con ellas envolvió un frasco de aceitunas, una vela, un trozo de queso y otras cosas, y así los clientes llevaron a sus casas hojas esparcidas de la Biblia. Cada uno leyó lo que en ellas estaba escrito y se mostraron interesados en saber más. Así que fueron a la tienda, pero el vendedor no sabía nada de la Biblia. Leyeron las hojas muchas veces.

Tiempo después un misionero, colportor, llegó a esa oscura villa, ¡y quedó muy sorprendido cuando cerca de cien personas querían la Biblia o partes de ella! Las hojas esparcidas habían proclamado el glorioso mensaje del evangelio.

168) ¿Por qué niños inocentes mueren víctimas de desastres naturales y de guerras que no provocaron, mientras otras personas fallecen en buena y bendecida vejez?

Mi querido lector, la ley de la siembra y la cosecha hace que algunas personas inocentes mueran prematuramente como consecuencia de decisiones equivocadas de ciertos adultos, y que otras personas reciban la bendición de la longevidad. La muerte es una realidad en este mundo caído en que vivimos. Más de un centenar de personas mueren cada minuto en todo el mundo. Sin embargo, el tema más importante no es quien muere sino cómo muere.

En la Biblia y en la historia, tenemos diversos ejemplos de hombres y mujeres llenos de valor que saludaron con alegría su hora final; pero tenemos también innumerables relatos en los que personas no menos valientes vivieron su partida de esta vida como una catástrofe aterradora. Veamos algunos casos:

«Padre, en tus manos entrego mi espíritu, pues tú me redimiste, Dios de verdad», decía Martín Lutero poco antes de morir. El Dr. Jones le dijo al oído: «Reverendo padre, ¿desea mantenerse firme del lado de Cristo y de las doctrinas que ha predicado?» «¡Sí, sí, mil veces sí!», exclamó Lutero. Y, girando la cabeza hacia un costado, durmió en el Señor.

Voltaire, en su desesperada lucha contra la muerte, mandó a llamar a un padre, deseoso de renunciar a la incredulidad y de obtener el perdón de sus pecados; sin embargo, sus admiradores y compañeros de impiedad ordenaron que todas las puertas de la casa se mantuvieran cerradas para el sacerdote, impidiendo así que su líder se retractase. Preso de la angustia y del pavor, el famoso filósofo, oró implorando misericordia, oró blasfemando contra Dios, y falleció. Algunas de sus últimas palabras fueron: «Me iré al infierno». Fue una muerte terrible.

Simeón, después de ver a Jesús en el templo, alabó a Dios, diciendo: «Ahora, Señor, despides a tu siervo en paz, conforme a tu palabra; porque han visto mis ojos tu salvación» (Lucas 2:29-30). Judas Iscariote, movido por un profundo remordimiento, arrojó dentro del templo las treinta monedas de plata por las cuales había traicionado al Hijo de Dios, «y fue y se ahorcó» (Mateo 27:5).

En toda la Escritura la muerte siempre se nos presenta como enemiga. «Y el postrer enemigo que será destruido es la muerte» (1 Corintios 15:26). Jesús destruyó la muerte y trajo a la luz la vida y la inmortalidad por medio del evangelio.

En el Nuevo Testamento, la muerte y la resurrección de Cristo son presentadas como prueba de que la muerte fue derrotada: «Sorbida es la muerte en victoria» (1 Corintios 15:54c). Ahora, a la luz de la victoria obtenida por Cristo en el Calvario, esta muerte niveladora, igualitaria y objeto de pánico para los paganos, ya no es más temida por los creyentes. Para estos, la muerte no es más soberana, sino que ha sido vencida y descalificada. Por esta razón los apóstoles y creyentes del primer siglo no especulaban sobre la doctrina de la resurrección de Jesús y de los muertos, por ser esta esencial a la fe cristiana.

Así como Cristo venció a la muerte y posee «las llaves de la muerte y del Hades» (Apocalipsis 1:18), así también el cristiano, confiando en su Salvador, puede decir como Pablo: «Porque de ambas cosas estoy puesto en estrecho, teniendo deseo de partir y estar con Cristo, lo cual es muchísimo mejor» (Filipenses 1:23).

Capítulo 14

TEMAS DIVERSOS

169) ¿Qué consecuencias sufrieron los judíos de los días de Jesús por haber rechazado a su Mesías?

Las consecuencias, querido lector, fueron las relatadas en las profecías. Levítico 26:33 afirma: «Y a vosotros os esparciré entre las naciones, y desenvainaré espada en pos de vosotros; y vuestra tierra estará asolada, y desiertas vuestras ciudades». En Deuteronomio 28:25 leemos: «Jehová te entregará derrotado delante de tus enemigos».

Se calcula que a comienzos de la era cristiana la población mundial era de aproximadamente 250.000.000, y la del vasto imperio romano de aproximadamente 54.000.000, de los cuales 4.500.000 eran judíos. De ese total, más de la mitad vivía fuera de los límites de Palestina.

Jerusalén, centro espiritual de todos los judíos de la diáspora romana, se abarrotaba de cientos de miles de peregrinos que allí acudían anualmente en ocasión de las festividades de la Pascua y del Pentecostés, fiestas importantes del culto judío.

En una atmósfera cargada de religiosidad y, por qué no, inflamada de un ardiente y enfermizo nacionalismo, Jesús fue apresado, juzgado y crucificado. El motivo era que sus doctrinas, basadas en el amor al prójimo, llenas de espiritualidad y vacías de cualquier sesgo político-nacionalista, decepcionaban y enfurecían a los judíos. Y fue así que, en un momento de odio desenfrenado hacia Cristo y su mensaje, ellos respondieron a Pilatos: «Su sangre sea sobre nosotros, y sobre nuestros hijos» (Mateo 27:25).

Conscientes o no, los israelitas estaban rechazando al Mesías tan ansiosamente esperado, atrayendo sobre ellos y sobre sus hijos las consecuencias terribles de tan trágica elección.

Sin embargo, los ideales judíos de independencia política no murieron con el advenimiento del cristianismo ni con la conversión de miles de israelitas a la nueva fe. Los partidos político-religiosos continuaban con su trama secreta y multiplicaban los atentados violentos contra sus dominadores, haciendo imposible cualquier solución pacífica a partir de mayo del 66 d.C., año en que las autoridades romanas reaccionaron con las armas en un intento por sofocar la rebelión organizada que pretendía asumir el control de todo el país.

La campaña para sofocar la revuelta fue organizada por el propio emperador Nerón. Sangrientas batallas se trabaron en las ciudades de Galilea, con un elevado número de bajas por ambos lados, pero prevaleciendo siempre la férrea Roma.

El sitio de Jerusalén duró cinco meses, y se convirtió en un tiempo de sufrimientos indescriptibles. Cuando la ciudad fue tomada, se contaron cerca de 1.100.000 muertos. De los 97.000 sobrevivientes, la mayor parte fue llevada a Roma, muchos les fueron obsequiados a las provincias del imperio para terminar muriendo en las arenas de los circos romanos, en espectáculos públicos; y a otros miles los llevaron a realizar trabajos forzados en Egipto. Ese fue el comienzo de la dispersión de los judíos en la era cristiana, que acabó en años recientes.

En cuanto a la ciudad y al templo, la profecía de Jesús no podría haber sido más minuciosa: las bases de los edificios fueron removidas, inclusive las del templo, y toda su área resultó nivelada. No quedó allí «piedra sobre piedra» (Lucas 19:44).

170) ¿Cuál es el significado real de la palabra «misericordia» en el Sermón del Monte?

La misericordia es una característica de los súbditos del reino de Dios. Significa compasión que se despierta hacia la miseria ajena y el perdón.

En el Nuevo Testamento el término significa *bondad*, y se asocian a él expresiones como «amor persistente» y estar «llenos de compasión», sin duda hacia los que están perdidos y hacia los que sufren. Dentro del contexto bíblico, la misericordia practicada por los súbditos del reino no era simplemente fruto de emociones pasajeras o de una filantropía interesada, tan comunes en las religiones de moda que se basaban en una salvación por obras. Los bienaventurados misericordiosos eran aquellos fieles a una relación de pacto que practicaban la misericordia con una bondad intencional.

La vida humana de millones de personas en los días de Jesús no pasaba de ser una verdadera tragedia, tanto en Palestina como en la mayor parte de las naciones. La crueldad y la brutalidad infligidas por las personas libres a las multitudes esclavizadas resultaba espantosa. En Roma, por ejemplo, los esclavos vivían a merced del capricho de sus señores, la mayoría de las veces crueles, que tenían pleno derecho a quitarles la vida cuando ellos quisieran. «De un tal Polio, caballero del tiempo de Augusto, consta que fue censurado por tirar los esclavos vivos a su lago para sostener a las lampreas (ciertos peces), ¡que luego se complacía en saborear en su mesa!» Se le atribuye a Aristóteles la expresión: «El esclavo es un utensilio con vida, y un utensilio es un esclavo sin vida».

Fue dentro de ese contexto que vino Jesús. Como bien escribió Rui en su célebre plegaria de Navidad: «Mientras el Cesar cuidaba del imperio y Roma del mundo, asomabas tú en el rincón de una provincia y en la vileza de un establo, sin que Roma, ni el imperio, ni Cesar te percibieran, para que quedara ante la posteridad la lección indeleble de que la política ignora siempre a sus más formidables intereses».

Jesús ejemplificó esa compasión en su ministerio. Solo en Mateo leemos: «Y al ver las multitudes, tuvo compasión de ellas;

porque estaban desamparadas y dispersas como ovejas que no tienen pastor» (9:36). «Y saliendo Jesús, vio una gran multitud, y tuvo compasión de ellos, y sanó a los que de ellos estaban enfermos» (14:14). Y más adelante: «Jesús, llamando a sus discípulos, les dijo: Tengo compasión de la gente (...)» (15:32). En otro pasaje dice que Jesús, movido a compasión, tocó los ojos de los ciegos, los que inmediatamente recuperaron la vista y lo siguieron.

Los misericordiosos, por lo tanto, son aquellos que, así como Jesús, muestran misericordia hacia los débiles, los desamparados, y los pequeñitos, teniendo «el mismo sentir que hubo en Cristo Jesús».

Pero *misericordia* también es sinónimo de perdón. Los caballeros de la antigüedad daban el nombre de «misericordia» al puñal que traían a su derecha, con el cual mataban al adversario derribado si este no pedía misericordia.

La Biblia afirma que al misericordioso Dios mostrará misericordia. Esa reciprocidad está presente en la oración del Padrenuestro, en la que Jesús enfatiza la necesidad de perdonar para ser perdonados: «Perdona nuestras deudas, así como nosotros perdonamos a nuestros deudores». El verdadero súbdito del reino de Dios, por lo tanto, es aquella persona incapaz de guardar rencor o resentimiento contra cualquier otra. Sino que, por el contrario, mantiene siempre una actitud misericordiosa.

171) ¿Por qué resulta tan difícil perdonar?

Aún después de convertirnos, Dios nunca nos quita el libre albedrío. Siempre tenemos la oportunidad y la responsabilidad de decidir lo que haremos. Dios no nos obliga a perdonar, pero nos ayuda a hacerlo si nuestra decisión es obedecerlo. David escribió: «Esté tu mano pronta para socorrerme, porque tus mandamientos he escogido» (Salmo 119:173). Cuando tomamos la decisión consciente de perdonar a los demás, Dios nos ayuda.

Apiano, en el primer volumen de su libro *Maravilhas do Egito* [Maravillas de Egipto], narra un sorprendente caso, atestiguado por él mismo en la ciudad de Roma, en los días de Julio César:

«En el gran circo se exhibía ante el pueblo un combate a gran escala, con fieras. Se hizo ingresar al esclavo de un cruel ex cónsul del África del Norte. El nombre del esclavo era Androcles. Al verlo a la distancia, dice Apiano, el león se quedó allí como sorprendido, luego se aproximó lentamente hacia el hombre, y con tranquilidad le comenzó a lamer manos y pies. Androcles, mientras se sometía a las caricias de un animal tan feroz, recuperó el valor y, al instante, volvió sus ojos al león». «Entonces», dice Apiano, «el hombre y el león intercambiaron efusivos saludos, como si se reconocieran el uno al otro. Siendo esto realmente sorprendente, el pueblo rompió en grandes gritos de aclamación. Julio César llamó a Androcles, e indagó la razón de aquella escena.

«Fue entonces que Androcles le relató la extraña y sorprendente historia. Le contó que él, habiendo huido de su cruel amo, se había escondido en una cueva en el solitario desierto. Luego de algún tiempo, entró a esa cueva un león con una de sus patas heridas, sangrando, mostrando a través de sus gemidos el torturante dolor que sentía. Al principio Androcles estaba atemorizado, pero el león irguió su pata y la extendió hacia él, quien pudo ver una enorme astilla de madera enterrada en la planta de su pie. Con cuidado, la removió, curando la herida lo mejor que pudo. Enseguida, el león se recostó para reposar. Años después ambos se encontraron nuevamente ese famoso día en el circo romano. Como Androcles fue misericordioso con el león, ahora también él alcanzó misericordia.»

Nadie ha perdonado más que Dios y que Jesús. La Biblia está llena de expresiones que hablan del amor perdonador de Dios. El Salmo 136 es un buen ejemplo de ello, ya que afirma veintiséis veces «porque para siempre es su misericordia». En otro Salmo leemos: «Cuanto está lejos el oriente del occidente, [el Señor] hizo alejar de nosotros nuestras rebeliones» (103:12). Note que no se trata de la distancia entre el norte y el sur, que es finita, sino entre el oriente y el occidente, que es infinita. Si pudiéramos tomar un avión rumbo al norte en cierto momento alcanzaríamos nuestra meta; pero si esa meta fuera el oriente o el occidente, nunca la alcanzaríamos.

De ese modo debemos perdonar. El perdón de Dios está condicionado por el perdón con el que nosotros perdonamos a los demás. Jesús dejó esta verdad bien clara, cuando dijo: «Si perdonáis a los hombres sus ofensas, os perdonará también vuestro Padre celestial, mas si no perdonáis a los hombres sus ofensas, tampoco vuestro Padre os perdonará vuestras ofensas» (Mateo 6:14-15).

172) ¿En qué sentido los discípulos de Jesús son gobernadores, según Marcos 10:42-43?

Enseñando a sus discípulos, según se menciona en el texto referido, Jesús afirmó que los gobernantes de este mundo en verdad no gobiernan, o gobiernan solo en apariencia: «Sabéis que los que son tenidos por gobernantes de las naciones se enseñorean de ellas, y sus grandes ejercen sobre ellas potestad. Pero no será así entre vosotros (...)»

La Biblia dice que «los que son tenidos por gobernantes... se enseñorean de ellas». Otras versiones citan así este pasaje: «Entre los paganos hay jefes que se creen con derecho a gobernar con tiranía a sus súbditos, y los grandes hacen sentir su autoridad sobre ellos» (Versión Dios Habla Hoy); «Los que se consideran jefes de las naciones oprimen a los súbditos, y los altos oficiales abusan de su autoridad» (NVI); «Los gobernantes de este mundo tratan a su pueblo con prepotencia y los funcionarios hacen alarde de su autoridad frente a los súbditos» (Nueva Traducción Viviente).

Es un hecho que los poderes de este mundo gobiernan, pero lo hacen bajo la ley de la decadencia; y la vida ya los juzgó. ¡Imagine cómo contrastaban los titubeantes discípulos de Jesús con los poderosos de Roma! Es exactamente eso lo que él hace cuando afirma que el gobierno de los discípulos es diferente del gobierno de los «así llamados» gobernadores de los gentiles.

En verdad, las décadas y los siglos han hablado contra los días y los años, confirmando las palabras de Jesús. ¿Dónde están los poderosos del pasado? ¿Dónde quedó su gobierno? Sin embargo, los discípulos gobernaron de verdad, produciendo cambios profundos en las civilizaciones del pasado, y aún gobiernan en el presente a través de la proclamación del evangelio. Un conocido teólogo liberal europeo, que soportó las penurias de las dos grandes guerras mundiales del siglo veinte, escribió:

«Debemos ser conscientes de que el curso de la naturaleza y del mundo de todas las épocas, así como también la historia de nuestra época con todas sus complicaciones, sus antagonismos y enigmas, según las premisas del Nuevo Testamento, no es regido ni por la casualidad ni por ningún principio inmanente a él, ni tampoco por algún "dios" indeterminado, sino por el Hijo que está sentado a la derecha del Dios Padre, Todopoderoso, nuestro Señor Jesucristo. ¡Qué presencia, que actuación la del nuevo ser humano!»

Solo el cristiano es un verdadero gobernador, porque es el instrumento de Dios que lleva a las personas a una transformación de vida y, como consecuencia de esa transformación, cambian también pueblos y naciones.

Cuando el gran Napoleón estaba prisionero en la isla de Santa Helena se volvió un asiduo lector de la Biblia. Y dejó marcados, especialmente en el Nuevo Testamento, los pasajes que más hablaron a su corazón. En las palabras dirigidas al general Bertrand podemos percibir la poderosa influencia de la Biblia en la vida del gran emperador:

«Nuestras proezas son tareas dadas por los tutores a los pupilos, que se basan en un juicio sobre nosotros, censurándonos o alabándonos... Muero antes de tiempo; mi cuerpo muerto volverá a la tierra para convertirse en alimento de los gusanos. He aquí el próximo destino de aquel que fue llamado el gran Napoleón. ¡Qué abismo entre mi profunda miseria y el reino eterno de Cristo proclamado, amado, adorado y extendido por toda la tierra! ¿Es eso morir? ¡No, eso es vivir!»

173) ¿Cuáles son las principales fiestas sagradas de los judíos?

Querido lector, el judaísmo posee un sistema de sacrificios de animales y de ofrendas de cereales. Juntamente con el sacrificio, el pueblo debía tener una actitud de arrepentimiento. La sangre debía ser rociada regularmente en el santuario a fin de hacer expiación por los pecados. Todos los días había adoración y ofrendas de acciones de gracias.

A partir del siglo segundo a.C., todos los hombres judíos comienzan a usar filacterias durante las oraciones matutinas. Se trata de pequeñas cajas de cuero que contienen cuatro pasajes del Antiguo Testamento: Éxodo 13:1-10, 11-16; Deuteronomio 6:4-9, 11:13-21. Una se usaba en la cabeza y otra en el brazo izquierdo.

La circuncisión es una señal externa del pacto entre Dios y Abraham. Se realiza al octavo día del nacimiento de cada bebé varón, y recuerda a los judíos su vocación sagrada.

Cuando un niño judío llega a los trece años de edad, es técnicamente un hombre y recibe clases sobre sus creencias en lengua hebrea. Luego pasa por la ceremonia de los iniciados en el Bar Mitzvah o Hijo del Mandamiento. En esa ocasión, se lee un pasaje de las Escrituras en la sinagoga y a veces se realiza un discurso. Sus padres hacen una fiesta y él recibe regalos de sus amigos.

Los feriados, que conmemoran los grandes eventos de la historia, son un factor unificador para la nación. Los judíos tienen en alta estima su historia, y observan varias fiestas sagradas.

El sábado es el pilar de la fe judía. No solo Israel guarda el sábado, sino que también el sábado ha guardado a Israel. Es el día del culto, el día en que Dios descansó de su obra de creación. Comienza al poner del sol el viernes y termina al ponerse el sol el sábado.

Otras fiestas y días santos destacados entre los judíos son la Pascua, que comienza el día 15 de Nisán, entre marzo y abril. Es un recordatorio del éxodo israelita de Egipto y el aniversario de Israel. La fiesta dura ocho días.

La fiesta de las Semanas o Pentecostés, se celebra cincuenta días después de la Pascua, en el mes de Siván. Celebra la cosecha de los cereales y la promulgación de la Ley en el Sinaí.

El Nuevo Año Civil hebreo se celebra los días 1 y 2 del mes de Tishrei, que cae en septiembre u octubre.

Yom Kipur, o día de la Expiación, se celebra el día 10 de Tishrei, día sagrado en que el sumo sacerdote entraba en el Lugar Santísimo.

La Fiesta de los Tabernáculos, el día de Tishrei. Los judíos acampan durante siete días en cabañas o carpas para recordar la experiencia de Israel en el desierto en ocasión del éxodo.

La Fiesta de las Luces se celebra el día 25 de Kislev, o diciembre. Representa la re dedicación del templo en el 165 a.C., luego de haber sido profanado por el rey seléucida maligno Antíoco Epifanes. Durante la fiesta, los judíos dejan velas encendidas por ocho días.

Debido a la profanación del templo, surgió la reacción de los macabeos, palabra que significa «martillador». Estos, usando tácticas de guerrilla, obtuvieron tremendas victorias contra los poderosos ejércitos de los seléucidas.

174) ¿Por qué existen en el Brasil tantos nombres de iglesias?

Apreciado lector, un amigo mío al viajar por el Brasil anotó curiosos títulos o nombres de iglesias evangélicas, como «Igreja Pentecostal Galinha de Angola» [Iglesia Pentecostal Gallina de Angola], «Igreja Evangélica Retroceder Nunca, Render-se Jamais» [Iglesia Evangélica Retroceder nunca, rendirse jamás], «Igreja Evangélica Livre de Deus» [Iglesia Evangélica Libre de Dios] y otras por el estilo. Un colega del ministerio mencionó que había una iglesia que se llamaba «Puleiro dos Anjos» [Lugar donde posan los ángeles]. Quisiera destacar que tales nombres extraños también se encuentran en otros países.

¿Qué nos viene a la mente cuando leemos tales nombres? «Gallina de Angola» nos recuerda a la popular ave africana cuyo canto ha sido interpretado como «estoy débil». ¿Será que los que se congregan en tal iglesia se consideran débiles?

El nombre «Retroceder nunca, rendirse jamás», que es igual al título de una película violenta, debe significar que los adeptos a esa iglesia nunca desisten y nunca vuelven atrás. Y el nombre «Libres de Dios», más allá de que signifique que se trata de una iglesia que pertenece a Dios y por eso es libre de cualquier dictadura ministerial, sugiere también que los creyentes de tal iglesia alejan a Dios de su camino como si fuera un estorbo.

175) ¿Y qué decir del grupo que se denomina «Puleiro dos Anjos» [Lugar donde posan los ángeles]? ¿Será que allí se enfatiza la angelolatría o la angelomanía?

Dejando de lado el aspecto folclórico, al observador ajeno a la fe evangélica puede parecerle que cada una de esas iglesias representa una religión diferente, que sumada a todas las demás alcanza el número altísimo de 4800 religiones existentes en el Brasil, como la prensa hace un tiempo divulgó.

Pero, considerando a la iglesia como un todo, alguien afirmó que si hoy quitáramos a la iglesia de la tierra mañana tendríamos que colocar algo en su lugar porque tiene sus raíces en las necesidades básicas de la vida humana.

Sin embargo, no es tan simple sustituir a la iglesia. Los nazis intentaron suprimirla o subyugarla, y los comunistas intentaron lo mismo mediante sus clubes y comunidades comunistas; pero ambos fallaron porque no se puede sustituir algo divino por algo puramente humano, aunque sea lo mejor que se tenga. Las debilidades humanas están en la iglesia, pero esta es divina y gloriosa.

Marx afirmó que la religión es el opio de los pueblos, y Hitler anunció que rasparía de Alemania el barniz cristiano, y que en su lugar exhibiría una nueva religión a la altura de una pura sangre aria. Pero, ¿qué queda de las ideas de Marx y de los proyectos de Hitler? Tanto de uno como del otro, lo que hemos heredado no pasa de ser frustración, sufrimiento y miseria.

Poco más de un siglo después de la publicación del Manifiesto Comunista, la falencia del marxismo no podría ser más completa. Cayó la estatua de Lenin, cayó el muro de Berlín y Leningrado volvió a ser San Petersburgo.

En cuanto al padre del nazismo, un ejemplo reciente de su herencia fue la bárbara masacre de dieciséis estudiantes en una escuela de Littleton, Colorado, perpetrado en el aniversario del nacimiento de Hitler por adolescentes fanáticos que se decían discípulos de aquel dictador.

176) ¿Cómo debe ser la relación entre la política y la iglesia?

La Biblia nos muestra cuánto pueden hacer en pro del bienestar social las personas de carácter que ocupan cargos de responsabilidad en el gobierno. José en Egipto, Daniel en Babilonia, Nehemías y Ester en Persia, Nicodemo y José de Arimatea en el sanedrín judío son algunos buenos ejemplos. Siempre creí y enseñé que la iglesia debe estar presente en todos los sectores de la sociedad, entre ellos el de la política, en sus diversos aspectos, pues los buenos políticos pueden guiar para bien el comportamiento de todo un pueblo.

Tengo aún en mi recuerdo el importante papel que diputados evangélicos, liderados por Daso Coimbra, desempeñaron al formar un bloque de resistencia contra las tendencias izquierdistas de la asamblea constituyente brasileña de hace unos años. Gracias a ese bloque, el Brasil se libró de tener que pautar su conducta bajo directrices materialistas o comunistas.

El científico político Sergio Abranches, bajo el título *O Ocaso da Elite* [El ocaso de la elite] (Veja, 12/09/04), traza un paralelo entre la elite política en el poder en ese entonces, y la que vendría, concluyendo que hay razones para dudar de la buena representatividad de esa nueva elite, reclutada en «sindicatos, entidades patronales, movimientos sociales e iglesias. No presentan un reflejo pluralista de la sociedad. Solo representan a algunos sectores del mundo y del país».

Abranches concluye que podría faltar en las siguientes legislaturas del Brasil el político generalista, o sea, aquel que posee una amplia visión pluralista de la sociedad, mientras que sobran los políticos «con estampilla», incluidos entre ellos los «evangélicos».

El mundo de hoy tiene la tendencia a seguir una política de visión no pluralista, sino tribal y corporativa. Los sin tierra quieren una representación de los sin tierra, los docentes quieren representantes de su clase, y los evangélicos también quieren una representación evangélica.

De todas las clases políticas, creo yo que el evangélico es el que mejor representa al político generalista, en el buen sentido de la palabra.

Al defender los patrones éticos de la Palabra de Dios, el concejal, el diputado y el senador evangélico estarán defendiendo los valores más elevados de la familia y de la sociedad.

La actividad legislativa de nuestros políticos, si actúan bien, debe contar con el total respaldo de nuestros pastores e iglesias, y si actúan mal, con su total repulsa. Deben resultar siempre acompañados y destacados en los momentos en los que el voto de ellos puede hacer una diferencia en beneficio de la familia y de la sociedad brasileña. Su acción tiene que ser firme contra todo proyecto que hiera los fundamentos de nuestra fe bíblica.

Un buen ejemplo de ello es la Asamblea de Dios en Manaos, que elige políticos evangélicos y los mantiene en contacto permanente con sus electores en la iglesia.

En los Estados Unidos muchos pastores promueven verdaderas cruzadas contra proyectos de ley que hieren la ética cristiana, estando entre ellos James Kennedy y James Dobson. La población los apoya y millones de cartas les son enviadas a los representantes del pueblo. Ese tipo de acción siempre obtiene la bendición del éxito para la gloria de Dios.

177) ¿Qué tipo de consecuencias ha traído a la humanidad el preconcepto racial entre los pueblos?

Hace algunos años sucedió un hecho curioso. Interrogado acerca de su posición relativa a la persona de Cristo, un guerrillero de Rodesia dijo que le dispararía a Jesús, y que lo haría por el hecho de que se trataba de «un hombre blanco». Conviene destacar que nadie, ni el mismo Jesús, al vivir en un clima como el de Palestina, se podía considerar como un «hombre blanco».

El preconcepto racial nunca se ausentó de la historia humana. Siempre hubo un pueblo que se juzgaba superior a los demás. Los mismos germánicos, otrora considerados bárbaros por los civilizados, incurrieron en el mismo pecado de orgullo nacional, al intentar, bajo el nazismo, exterminar a aquellos a los que juzgaban una amenaza a la pureza de su sangre aria.

Las víctimas de esos preconceptos no se pueden contar ya que es son muchos. Y últimamente, a pesar de todo el empeño de la ONU y de sus países miembros, estos, casi sin excepción, están siendo acusados de violar la Declaración Universal de los Derechos Humanos, que afirma el derecho a la vida, a la libertad, a la seguridad, al matrimonio, a la familia, a la propiedad, y otras, y prohíbe la esclavitud, la servidumbre, la detención y prisión arbitrarias y la violación del hogar.

La Biblia afirma que Jesús vino a traer la paz entre los hombres mediante la reconciliación de ellos con Dios, «porque para Dios no hay acepción de personas». Jesús murió por todos y, ante el trono del Cordero, Juan vio redimidos de «toda tribu, pueblo, lengua y nación».

Cuando el mismo Cristo, que tanto luchó por los más queridos derechos humanos (y divinos), al punto de aún morir por ellos, es rechazado y odiado. Por lo tanto, la solución para las crisis modernas es cada vez más difícil.

Desde su nacimiento, cuando fue saludado por una corte angelical que cantaba, Jesús vivió como Príncipe de Paz. Cuando fue juzgado, llevó a Pilatos y a Herodes a la reconciliación y, ante los nacionalistas judíos y las autoridades romanas, declaró: «Mi reino no es de este mundo».

La bendición de la salvación es para todos. En cuanto al África, fue un cireneo el que ayudó a Cristo a cargar la cruz, y fue también otro hijo de ese continente, el tesorero de Etiopía, uno de los primeros gentiles que recibió las buenas nuevas de salvación. El mismo Jesús, cuando acababa de nacer, se refugió en Egipto de la ira herodiana. Mirando más profundamente, tenemos en la historia de Jesús la presencia de los tres grupos raciales oriundos de los tres hijos de Noé: los jafetitas romanos, los semitas judíos y los cananeos egipcios.

El cristianismo nunca fue privilegio de este o de aquel pueblo. Jesús mandó a sus discípulos a predicar el evangelio a todo el mundo. El cristianismo no se puede nacionalizar ni someter al capricho de ningún líder político o religioso. El mensaje del evangelio es poder de Dios para la salvación de todo aquel que cree. Trasciende las fronteras nacionales, políticas, sociales, económicas, religiosas y no se intimida ante el odio de los segregadores.

178) ¿Qué tipo de escritura antigua han descubierto los arqueólogos?

Mi querido lector, existía una tradición entre los árabes y los judíos que afirmaba que Enoc era el inventor de la escritura, y que había dejado algunos escritos. Un antiguo rey babilónico dejó registrado que «le gustaba leer los escritos de la época del Diluvio». Asurbanipal, fundador de la gran biblioteca de Nínive, se refirió a que había «inscripciones de antes del Diluvio».

La arqueología ha encontrado algunas inscripciones de antes del Diluvio, como una placa pictográfica hallada por Langdon, en Quis, bajo un sedimento del Diluvio; sellos encontrados por Shmidt, en Fará, bajo una capa sedimentada del Diluvio. Y en Ur, Woolley encontró también sellos pre diluvianos.

Los sellos fueron las formas más primitivas de la escritura. Representaban el nombre de una persona, identificaban una propiedad, servían como la firma de una carta, de contratos, de recibos y de varios tipos de escritura.

Cada persona poseía su propio sello, el cual era grabado en pequeños trozos de piedra o de metal por medio de sierras o taladros muy delicados. Se usaba para la impresión en placas de barro mientras aún estaban húmedas.

La escritura pictográfica aparece por primera vez en el relato bíblico cuando Dios le puso una «marca» o «señal» a Caín. Esa marca representaba una idea. Así, las «marcas», «señales» y «figuras» se comenzaron a usar para registrar ideas, palabras y combinaciones de palabras.

Esas figuras se pintaban o esculpían en cerámica o en placas de barro. De tal especie era la escritura encontrada en las capas más profundas de las ciudades prehistóricas de Babilonia. Los escritos más antiguos que se conocen son figuras realizadas en placas de barro.

Parece ser que al principio solo usaban la escritura (cuando esta se haya inventado) los escribas de los principales centros poblados, y por cierto tiempo. En los comienzos, cierto tipo de marca representaba una palabra entera o una combinación de palabras. Se trataba de la escritura cuneiforme. A medida que se fue desarrollando el arte de escribir, comenzaron a haber «marcas» que representaban partes de palabras o sílabas. Se trataba del género de escritura que se usaba en Babilonia en el amanecer del período histórico. Había más de 500 marcas diferentes, con unas 30.000 combinaciones.

Esas marcas en general se hacían en ladrillos o placas de barro blando (húmedo), que medían entre 2 y 50 centímetros de longitud, por dos tercios de ancho, y escritos de ambos lados. Luego se los secaba al sol o se los cocía en el horno. A través de esas inscripciones cuneiformes, hechas en placas de barro, llegó hasta nosotros la vasta literatura de los primitivos babilónicos.

La escritura alfabética fue otro avance. Las «marcas» representaban partes de sílabas o letras, forma muy simplificada de la escritura, en la cual con veintiséis marcas diferentes se podían expresar todas las diferentes palabras que en el sistema cuneiforme hubieran necesitado cerca de 500 marcas. La escritura alfabética comenzó antes del año 1500 antes de Cristo.

179) ¿La arqueología descubrió libros anteriores o de la misma época que el patriarca Abraham?

Querido lector, los centros de población más antiguos, luego del Diluvio, estuvieron en el país de Babilonia, en Quis, en Erec, en Lagash, en Acad, en Ur, en la ciudad de Babilonia, en Eridu, en Nippur, en Larsa y en Fara. Entre las ruinas de esas ciudades se encuentran miles de libros, escritos en piedra o en placas de barro, de antes de la época de Abraham. Quisiera presentar aquí cinco de los más famosos:

El primero de ellos es la Placa de la Fundación de Aanepada. Es una pieza de mármol, de 7 x 10 centímetros. Fue hallada por

Wooley en 1923 en la piedra angular de un templo de Obeid, 6 km al oeste de Ur. Tiene la siguiente inscripción: «Aanepada, rey de Ur, hijo de Mesanepada, construyó esto para su señora Nin-Khar-sag» (diosa madre). Esa placa se halla ahora en el Museo Británico. Una reproducción de ella se encuentra en el Museo de la Universidad de Pensilvania.

La inscripción fue proclamada como «el documento histórico más antiguo» que se haya descubierto. Se habían descubierto una profusión de placas más antiguas, pero ese era el registro escrito más antiguo de un evento contemporáneo. Señala la línea divisoria, en los anales babilónicos, entre los períodos «histórico» y «prehistórico».

El segundo escrito más antiguo es el Retrato de la Familia de Ur Nina. El rey de Lagash, sus hijos y siervos, y el abuelo de Eannatum, con inscripciones explicativas.

El tercer escrito es la Estela de Enheduanna, hija de Sargón, con una inscripción que decía que era sacerdotisa de la diosa Lua en Ur.

El cuarto escrito es la Estela de los buitres de Eannatum. Hallada en Lagash, por Sarzec, se encuentra hoy en el museo del Louvre, en París. Tiene registradas sus victorias sobre los elamitas y describe su método de combate: comandaba a sus guerreros formados a manera de una cuña, armados con lanzas, escudos y cascos.

El quinto escrito es la Estela de Ur Nammu. Una piedra de laja calcárea de 3,1 m. de altura por 1,65 m de ancho, hallada en el piso del Palacio de Justicia en Ur. Ahora se encuentra en el Museo de la Universidad de Pensilvania. Describe la construcción del Zigurate, en el auge de la gloria de Ur. Se la llama «Estela de los ángeles voladores» porque se ven ángeles esculpidos que aletean sobre la cabeza del rey.

Tales inscripciones tienen relación con la autoría humana de los primeros libros de la Biblia. Muestra que la costumbre de registrar eventos importantes era común desde el albor de la historia, constatando así que es cierto que los primeros sucesos del libro de Génesis pueden haber sido registrados en documentos contemporáneos, lo cual es muy verosímil, haciendo más y más creíble que desde el principio Dios preparó el núcleo de su palabra, y supervisó su transmisión y desarrollo a través de las eras.

Babilonia fue la cuna de la raza humana, lugar donde se hallaba el jardín del Edén, escenario del comienzo de la historia bíblica. Los comienzos de su historia son del más alto interés para los estudiantes de la Biblia. La ciudad se situaba en la desembocadura de los ríos Tigris y Éufrates, que medía 402 km. de extensión por 80 km. de ancho. Esa región estaba formada por sedimentos aluviales de ambos ríos, y tierras de pantanos drenados, de una fertilidad increíble. Por muchos siglos fue el centro de una población con gran densidad. Hoy, en su mayor parte, son tierras desérticas.

180) ¿Qué era el Código de Hammurabi?

Mi querido lector, este fue uno de los más importantes descubrimientos arqueológicos. Hammurabi, rey de la ciudad de Babilonia, cuya data parece ser de entre 1972-1750 a.C., es comúnmente identificado por los asiriólogos con el «Amrafel» de Génesis 14, uno de los reyes que Abraham persiguió para liberar a Lot.

Hammurabi fue uno de los mayores y más célebres reyes babilónicos primitivos. Hizo que sus escribas recopilaran y codificaran las leyes de su reino, y pidió que estas se grabasen en piedras para ser erigidas en las principales ciudades.

Una de esas piedras, originalmente colocadas en Babilonia, fue hallada en 1902 en las ruinas de Susa, por una expedición francesa dirigida por M.J. De Morgan. La piedra fue llevada allí por un rey elamita, que había saqueado la ciudad de Babilonia en el siglo 12 a.C. Se encuentra hoy en el Museo de Louvre, en París.

Se trata de un bloque bien pulido de una dura y negra diorita, de 2,60 m. de altura, 60 cm. de ancho y medio metro de espesor, de forma un tanto oval, bellamente tallado en sus cuatro caras, con grabaciones cuneiformes en lengua semita babilónica (la misma que hablaba Abraham). Consta de unas 4000 líneas, que equivale en cuanto a su tamaño al volumen medio de un libro de la Biblia.

Esa placa cuneiforme es la más extensa que se haya descubierto. Representa a Hammurabi recibiendo las leyes de manos del rey sol

Chamás: leyes sobre el culto a los dioses en los templos, la administración de justicia, impuestos, salarios, juramentos, préstamos de dinero, disputas sobre propiedades, casamiento, sociedades comerciales, trabajo en obras públicas, exención de impuestos, construcción de canales y su manutención, reglamentos de pasajeros y servicios de transporte por los canales y en caravanas, comercio internacional y muchos otros asuntos.

Tenemos allí un libro, escrito en piedra, no una copia sino con el mismo autógrafo original, hecho en los días de Abraham, que aún hoy existe para dar testimonio, no solo de que había un sistema bien desarrollado de jurisprudencia sino también del hecho de que en los días de Abraham la capacidad literaria del hombre había alcanzado un grado de notable avance.

Quisiera hacer referencia ahora a las bibliotecas del tiempo de Abraham. En Ur, ciudad natal de Abraham, en Lagash, Nippur, Sipar, y además en cada ciudad importante del país de Babilonia, había en conexión con escuelas y templos, bibliotecas con miles de libros: diccionarios, libros de gramática, obras de consulta, enciclopedias, anales oficiales, compendios de matemática, astronomía, geografía, religión y política.

Fue aquel un período de gran actividad literaria. Se produjeron muchas de las obras primas que Asurbanipal mandó que fuesen copiadas por sus escribas, destinadas a su gran biblioteca en Nínive.

Cuando Abraham visitó Egipto había allí miles de inscripciones en monumentos de piedra, en papiro y sobre pieles. En Canaán, cerca de Hebrón, ciudad de Abraham, había una ciudad llamada «Quiriat Sefer», que significa «ciudad de escribas», lo que indicaba que su pueblo sentía atracción por las letras.

181) ¿Cuál es la historia de Damasco, ciudad natal de Abraham?

Mi querido lector, la «perla del este», como se conoce a Damasco, es considerada la ciudad más antigua del mundo, poseedora de una historia continua que comienza en la época de Uz, nieto de Noé, y llega hasta nuestros días.

Durante esos largos siglos, Damasco siempre fue la «ciudad más importante de Siria» y la metrópolis de los pueblos del desierto. Su larga existencia se debe al hecho de que está localizada en una planicie de 24.000 hectáreas y a 689 metros por encima del nivel del mar. Es uno de los oasis más fértiles del mundo.

La ciudad y la planicie circundante deben su vida y su prosperidad a los famosos ríos Farfar y Abana, de reputación bíblica (2 Reyes 5:12). El Abana, conocido actualmente como Barada, se bifurca en forma de abanico en siete suaves brazos, que a su vez se subdividen en muchos riachos que abastecen los hogares, jardines, huertas y viñas de unas 400.000 personas de Damasco y sus alrededores. Esos riachos enseguida se sumergen en las arenas del desierto, a unos 29.000 kilómetros en dirección este.

El Farfar, hoy conocido como Ava, nace en las colinas al pie del monte Hermón, y fluye por unos 11 kilómetros hasta el sur de Damasco, donde riega el campo de huertas circundantes. En esa ciudad aún existen las ruinas de muros y puertas muy antiguos, algunos de los cuales datan de la época romana.

En dos lugares diferentes de Damasco se encuentra una ventana construida sobre ladrillos, como aquella a través de la cual bajaron a Pablo en un gran canasto (2 Corintios 11:33). La calle llamada Derecha comienza en la puerta oriental y corre en dirección oeste hasta alcanzar el centro de la ciudad. La casa de Ananías, como se la puede ver hoy, es una capilla baja, semejante a una cueva, a cinco o seis metros por debajo del nivel de la calle.

La calle actual ya no es el amplio paseo público de 1,5 km. de largo y casi 30 m. de ancho, a lo largo del cual «crujían los carros de guerra romanos». Aún se ve bastante recta y en su extremo occidental se encuentra una escena admirable y variada: una actividad comercial bastante animada.

La gran Mezquita, que en cuanto a su carácter sagrado solo puede ser superada por las mezquitas de la Meca, Medina y Jerusalén, es el edificio más antiguo y venerado de Damasco. Representa tres períodos de la historia, y las tres religiones que la poseyeron fueron: el paganismo, el cristianismo y el islamismo.

Los macizos pilares y las columnas exteriores pertenecen a un templo griego o romano. Según dicen algunos, es probable que sea el lugar donde estaba el templo de Rimón, en el que Naamán depositó una carga de tierra que «un par de mulas» pudieron transportar, y levantó su propio altar (2 Reyes 5:17-18).

Bajo el dominio de los romanos, el templo de Rimón fue dedicado a Júpiter. Luego de que Constantino se convirtiera al cristianismo en el siglo cuarto, el templo fue reconstruido y transformado en una inmensa iglesia que Teodosio dedicó a Juan el Bautista. Cuando los musulmanes capturaron Damasco en 634 d.C., la edificación fue remodelada y convertida en una suntuosa mezquita. El edificio sufrió tres incendios, siendo, sin embargo, restaurado en las tres ocasiones.

182) ¿Cuándo debemos tomar las palabras de la Biblia en sentido literal y cuándo en sentido figurado?

Mi querido lector, las palabras que se desea comprender deben ser entendidas teniendo en cuenta el sentido que le otorga el contexto, esto es, los versículos o versos que se encuentran antes y los que vienen después de ellas.

A veces ocurre que no basta con leer una frase para entender el verdadero significado de ciertas palabras. Por lo tanto, y en tal caso, debemos comenzar la lectura más arriba y continuarla hasta más abajo, teniendo en cuenta lo que precede y lo que sigue a la expresión que nos resulta oscura. Por ejemplo:

Dice el apóstol Pablo: «Leyendo lo cual podéis entender cuál sea mi conocimiento en el misterio de Cristo» (Efesios 3:4). ¿Qué significa la palabra *misterio*? Por los versículos anteriores y posteriores, verificamos que misterio se aplica aquí a la participación de los gentiles en los beneficios que otorga el evangelio. Se encuentra la misma palabra en sentido diferente en otros pasajes, siendo necesario en cada caso el contexto para determinar su significado exacto.

A veces una palabra oscura es aclarada en su contexto por un sinónimo, o aún por una palabra opuesta. Así, la palabra *pacto*, de Génesis 9:17, se explica por el contexto de los versículos anteriores. De ese modo también encuentran explicación las palabras difíciles *enraizados* y *edificados* por la expresión *afirmados en la fe* que viene después de ellas.

El apóstol Pablo afirma: «La paga del pecado es muerte». El sentido más profundo de esta expresión hace resaltar de una manera vívida la expresión opuesta que la sigue: «...mas la dádiva de Dios es vida eterna en Cristo Jesús Señor nuestro». Otro tanto sucede en relación con la fe, cuando Juan dice: «El que cree en el Hijo tiene vida eterna», resaltando la palabra *creer* por su expresión opuesta: «pero el que rehúsa creer en el Hijo no verá la vida, sino que la ira de Dios está sobre él».

A veces una palabra que expresa una idea general y absoluta debe ser tomada en sentido restrictivo, según lo determine alguna circunstancia especial del contexto, o, mejor dicho, el conjunto de las declaraciones de las Escrituras en temas de doctrina. Cuando David, por ejemplo, exclama: «Júzgame, oh Jehová, conforme a mi justicia (...)», el contexto nos muestra que David solo proclama su justicia en oposición a las calumnias que Cus, el benjaminita, levantara sobre él (Salmo 7:8).

Hablando acerca del ciego de nacimiento, dijo Jesús: «No es que este pecó, ni sus padres». De ningún modo Jesús afirma que los padres del ciego no habían pecado, pues hay en el contexto una circunstancia que limita el sentido de la frase, sino que el ciego no sufría de aquel mal como consecuencia de sus propios pecados o de los pecados de sus padres, como erróneamente suponían los discípulos (Juan 9:3).

Llamando Jesús al vino *sangre del pacto*, comprendemos por el contexto que la palabra *sangre* debe ser tomada en sentido figurado, desde el momento en que Jesús, en ese contexto, vuelve a llamar al vino *fruto de la vid*, aunque lo haya bendecido. De allí vemos, además, que no viene de Jesús la enseñanza de la transformación del vino en sangre verdadera, como pretenden demostrar los que hacen caso omiso del contexto, distorsionando las Escrituras para su propia perdición (Mateo 26:27-29).

183) ¿Es importante saber cuál es el propósito de un libro bíblico para entender el significado de algunas palabras de la Biblia?

Apreciado lector, se percibe el objetivo o propósito de un libro o pasaje leyendo y estudiando el texto repetidas veces con atención. Es necesario tener en cuenta la ocasión en la que fue escrito y a qué grupo de personas iba dirigido. En otros casos el propósito del libro o pasaje está expresado en el mismo texto. Doy algunos ejemplos: El objetivo de toda la Biblia se encuentra en Romanos 15:4 y en 2 Timoteo 3:16-17. El de los evangelios está en Juan 20:31 y en 2 Pedro 3:2, y el de Proverbios en 1:1,4.

Entender el propósito ayuda a aclarar ciertos textos que parecen contradictorios y aún profundiza el conocimiento de pasajes que ya son claros en ellos mismos. Por ejemplo:

Es evidente que las cartas a los Gálatas y a los Colosenses fueron escritas debido a los errores que los judaizantes o «falsos maestros» procuraban implantar en las iglesias apostólicas, causando mucho daño. Por consiguiente, estas cartas tienen el propósito de exponer con toda claridad la salvación a través de la muerte expiatoria de Cristo, contrariamente a las enseñanzas de los judaizantes que predicaban la fe por obras, la observancia de los días y ceremonias judías, la disciplina del cuerpo y la falsa filosofía.

A cada paso encontraremos luz en el estudio de estas cartas para la mejor comprensión de los pasajes, aun siendo estas claras, si tenemos el propósito siempre presente. Leeremos al mismo tiempo con mayor comprensión, por ejemplo, los Salmos 3, 18, 34 y 51, teniendo en cuenta en qué ocasión se escribieron, lo cual consta en su respectivo encabezamiento. Otro tanto decimos de los Salmos 120 hasta el 134, titulados: «Cánticos de peregrinación», si tenemos en cuenta que fueron escritos para ser cantados por los judíos en sus viajes anuales a Jerusalén.

He aquí la luz que ofrece el propósito para la explicación de un punto oscuro, el cual se adquiere al tener en cuenta la condición de la persona a la cual se dirigía Jesús. Cuando un joven rico, cegado por la justicia propia, le preguntó qué debería hacer para obtener la vida eterna, Jesús le respondió: «Guarda los mandamientos». ¿Querría enseñarle Jesús con esa respuesta que la salvación se obtiene mediante la observancia de los mandamientos de la Ley? Ciertamente no, pues las Escrituras en todas partes enseñan que la vida eterna se adquiere únicamente por la fe en el Salvador.

¿Cómo explicar, pues, que Jesús le diera tal respuesta? Todo queda claro y cualquier duda se desvanece si observamos el propósito con el que Jesús hablaba. Su objetivo era valerse de la misma Ley y del nuevo mandamiento: «vender todo lo que poseía» para quitarle al pobre hombre su ilusión y llevarlo al conocimiento de sus faltas contra la Ley divina y a un consecuente arrepentimiento.

Jesús logró su cometido haciendo que el joven comprendiese que no pasaba de ser un pobre idólatra de sus riquezas, pues ni si quiera había cumplido el primer mandamiento de la Ley: amar a Dios sobre todas las cosas, inclusive por encima de las riquezas.

184) ¿Cómo podemos eliminar algunas aparentes contradicciones de la Biblia, como la que existe entre Pablo y Santiago acerca de la justificación?

Mi querido lector, considerando el propósito del pasaje bíblico, desaparecen las aparentes contradicciones. Pablo dice que el hombre es justificado por la fe sin las obras, y Santiago afirma que el hombre es justificado por las obras y no solo por la fe. ¿Cómo eliminar tal aparente contradicción? Teniendo en cuenta que cada carta tiene un propósito diferente (Romanos 3:28; Santiago 2:24).

Pablo combate y refuta el error de los que confiaban en las obras de la ley mosaica como medio de justificación rechazando la fe en Cristo. Santiago, a su vez, combate el error de algunos desordenados que se contentaban con una fe imaginaria, descuidando y rechazando las buenas obras. De allí que Pablo habla de la *justificación del hombre ante Dios*, mientras que Santiago se ocupa de la *justificación de la fe ante los hombres*. En otras palabras, Santiago procuraba esclarecer que la fe salvífica se demuestra mediante buenas obras.

El hecho de que un hombre criminal sea justificado a los ojos de Dios se realiza solo por la fe en el sacrificio de Cristo por el pecado y sin las obras de la ley; sin embargo, el ser justificado ante la vista del mundo, o de la iglesia, se realiza mediante obras palpables y «no solo por la fe», que es invisible. «Muéstrame tu fe sin obras», desafía Santiago. Tal es la exigencia también de las cartas de Pablo. Vemos, pues, que las personas son justificadas delante de Dios mediante la fe, y nuestra fe es justificada delante de los hombres mediante las obras. Así, concuerdan perfectamente los dos apóstoles.

185) Otra aparente contradicción, que también aclara el propósito de los escritos correspondientes, la encontramos en las cartas de Pablo. Al dirigirse a los gálatas, él se opone a la observancia de los días de las fiestas judías, y en la dirigida a los romanos no se opone de forma definitiva a tal observancia. ¿Por qué?

Simplemente porque el objetivo general de la carta a los gálatas era resistir las doctrinas de los falsos maestros que habían desviado a aquellos creyentes.

Esos maestros les habían enseñado que, para su salvación, además de cierta fe en el cristianismo, necesitaban guardar prácticas judías del Antiguo Testamento, las cuales en realidad atacan el fundamento de la justificación por la fe, haciendo nulo el sacrificio de Jesucristo en la cruz.

Muy diferente es el objetivo del apóstol en Romanos 15:1-13. El texto procura establecer la paz que había sido perturbada entre un grupo de hermanos *débiles* convertidos del judaísmo, que criticaban a los creyentes más firmes, y estos, que a su vez despreciaban a los débiles. Los hermanos débiles, que se habían impuesto no comer carne ni beber vino y que guardaban las fiestas judías no se encontraban en el mismo peligro de los gálatas.

Así es que el apóstol menciona que unos consideran todos los días iguales, mientras que otros observan cierto día con preferencia a otros, afirmando que estos lo hacen así para el Señor, sin oponerse directa y definitivamente a ello. Es evidente que el apóstol induce a los débiles a que avancen en su criterio, hasta el punto de abandonar la observancia de las fiestas judías.

186) ¿Cómo definir la palabra «religión»?

Mi apreciado lector, «religión» es una palabra muy difícil de definir. Cierta definición tal vez sea apropiada para el cristianismo, pero no para el budismo; otra definición tal vez satisfaga al hinduismo, pero no al islamismo.

Una definición amplia sería que la religión es la fe en un dios o dioses, con su respectiva adoración. Se trata de la conducta que obedece a mandamientos divinos, según registros sagrados aceptados.

Etimológicamente hablando, la palabra *religión* viene del latín *religare*, que significa «amarrar, atar firmemente». Tiene conexiones con lig, en el sentido de «ligar» o con leg, en el sentido de «probar, tomar u observar». Así llegamos a la idea de que significa comprometerse a obedecer las exigencias de un mensaje divino.

Algunos criterios son necesarios para que un sistema sea llamado «religión» desde el punto de vista teísta.

En primer lugar, la obediencia. Una religión tiene ciertas exigencias que los seguidores deben obedecer en la práctica. «Reconoce todos los deberes como mandamientos divinos.»

En segundo lugar, la confianza. Una religión en la que sus miembros expresen confianza en una deidad, creyendo que esta satisfará las necesidades de su vida. Dice la Biblia: «Es necesario que el que se acerca a Dios crea que le hay, y que es galardonador de los que le buscan».

En tercer lugar, la dependencia. Una religión requiere que sus adeptos dependan de la deidad para satisfacer alguna necesidad emocional, espiritual o física. «La esencia de la religión es un sentimiento total.»

En cuarto lugar, la reverencia. Los seguidores de una religión consideran a la deidad con reverencia y respeto. La religión es, por lo tanto, una relación entre ellos y la deidad.

En quinto lugar, la trascendencia. La religión guía a sus seguidores a un poder que va más allá de lo que es humano y natural. La religión es aquello «que, independientemente del sentido común y del raciocinio, capacita al hombre a aprender lo infinito».

En un sentido material, varios detalles son propios de un sistema religioso, como por ejemplo los objetos sagrados, las personas consagradas, y otras cosas.

Algunas personas consideran como cosas sagradas a una montaña, a una piedra, a un árbol, a una fuente de agua y a cosas semejantes. A algunos de esos objetos se los guarda dentro de recintos o edificios sagrados, como templos o santuarios. Otras personas utilizan muebles y vestimentas especiales en el culto. Puede haber escritos sagrados. Los hindúes tienen al Bhagavad Gita; los Siques, su Granth; los cristianos su Biblia y los musulmanes el Corán. Todos son consagrados por su valor religioso, y tienen una especial relevancia.

Todas las religiones cuentan con personas consagradas, como ministros, sacerdotes, profetas, médiums o guardianes de los lugares y objetos sagrados. Generalmente reciben un entrenamiento especial y pueden hacer oraciones u ofrecer sacrificios en favor de los adoradores. En el cristianismo, algunos reciben un llamado celestial especial, y son revestidos por el Espíritu de Dios, como es el caso de Isaías.

187) ¿Qué fue el Movimiento Pugwash?

Querido lector, los orígenes de este movimiento se remontan al año 1954, cuando Bertrand Rusell denunció en un manifiesto la terrible amenaza de un conflicto nuclear de alcance mundial. El conocido filósofo inglés concluía así su ferviente llamado de atención: «Nos dirigimos a vosotros, de seres humanos a seres humanos. Recordad nuestra humanidad y olvidad el resto. Si pudierais hacerlo, el camino de un nuevo paraíso estará abierto. Sino será la muerte universal». Dos días antes de morir, Einstein firmó ese documento.

El manifiesto fue también firmado por otros científicos, casi todos Premios Nobel. Veintidós de ellos se reunieron por primera vez en julio de 1957 en la Isla Pugwash, cedida a los defensores de la paz por el millonario canadiense Cyrus Eaton. En aquella ocasión los científicos declararon: «Es necesario suprimir la guerra o prepararse para la catástrofe. Las experiencias atómicas ya provocan mutaciones, causan cáncer y leucemia. El progreso científico y técnico es irreversible. La humanidad ahora solo debe unirse...»

A partir del antiguo documento de Russell, se originó el Movimiento Pugwash, que ha reunido a pacifistas de diversas partes del mundo. En una conferencia en 1966, el ganador del premio Nobel de la Paz, Philip Noel Baker, describió los resultados de una bomba de diez megatones en el caso de que fuera lanzada sobre Londres: «La explosión dos kilómetros por encima de Trafalgar Square aniquilaría Londres. El centro de la ciudad quedaría reducido a polvo. Por debajo, subiría un pilar de fuego con dos kilómetros de altura y 40 de ancho. En derredor rugiría un huracán. Los reservorios, las tuberías de gas y los puestos de gasolina explotarían. El aire de los refugios subterráneos se aspiraría y sería sustituido por dióxido de carbono, mortalmente tóxico. En un radio de 80 km. toda la población quedaría ciega».

Si el mundo se despertó sobresaltado el 6 de agosto de 1945 con el repentino aniquilamiento de Hiroshima y la terrible conciencia de que el hombre finalmente descubriría el mayor secreto de la naturaleza (la impresionante energía contenida en un minúsculo átomo), la situación hoy es mucho peor. Los Estados Unidos llegaron de la bomba atómica a la de hidrógeno en 1952. La antigua Unión Soviética hizo explotar su bomba «A» en 1949 y la «H» en 1957. Francia lanzó la «A» en 1960. China detonó la «A» en 1964 y la «H» en 1967. En resumen, de 1945 a 1997 cerca de dos mil explosiones nucleares se han registrado en las más diversas pruebas en varios puntos del globo. ¿A qué fin nos puede llevar la corrida armamentista?

El profeta Daniel habla del «tiempo de angustia, cual nunca fue desde que hubo gente hasta entonces», y Jesús afirma: «Y si aquellos días no fuesen acortados, nadie sería salvo» (Daniel 12:1; Mateo 24:22).

Por más espantosas que hayan sido las guerras de la historia, ninguna logró ni siquiera amenazar con el exterminio a la población de la tierra. Ni aún los dos grandes conflictos mundiales del siglo veinte. Por eso, muchos ridiculizaban las citadas palabras bíblicas, considerándolas aún una prueba de la imposibilidad de la inspiración divina de las Sagradas Escrituras. Pero la ciencia de la guerra se desarrolló a tal punto que hoy pocos dudan de que pueda producirse una especie de suicidio mundial.

188) ¿Qué clase de poderío bélico existe hoy en el mundo?

Querido lector, el poderío bélico actual es asombroso. Al apretar simplemente un botón, pueden partir como rayos misiles intercontinentales con cargas destructivas equivalentes a 1.300.000 bombas del tipo de aquella que arrasó Hiroshima. También se han fabricado armas «inteligentes» que son atraídas por el blanco. Minas que «duermen» en el fondo del mar y que «despiertan» ante el paso de un submarino enemigo. Hay bombas voladoras teleguiadas y cohetes enriquecidos con uranio. También aviones lentos que funcionan como un verdadero cañón volador, y cazas muy rápidos capaces de volar a una velocidad de más de dos veces la del sonido sin perder su capacidad de manejo.

¿Y qué decir de la bomba de neutrones que mata a las personas y preserva a los prisioneros de guerra? ¿Y qué de los satélites equipados con armas atómicas? ¿Y qué de la guerra química? ¿Y qué de la radiológica que mata por la dispersión de materiales radioactivos sin que se produzca explosión? ¿Y qué del arma biológica que causa cien veces más daño que la nuclear y además cuesta muy poco? ¿O qué de la guerra en las estrellas que utiliza el poderoso rayo láser de la muerte?

Para quien estudia la Biblia está fuera de duda que tales armas serán usadas en un nuevo impacto mundial. El apóstol Pedro se refiere claramente a una conflagración nuclear de enormes proporciones cuando afirma que «los cielos y la tierra que existen ahora, están reservados por la misma palabra, guardados para el fuego en el día del juicio y de la perdición de los hombres impíos (...)

Los cielos pasarán con grande estruendo, y los elementos ardiendo serán deshechos, y la tierra y las obras que en ella hay serán quemadas» (2 Pedro 3:7,10).

Mientras aumentan las desilusiones ante los efímeros y desacreditados tratados de paz y de limitación de armas, las naciones están acelerando el cumplimiento de las profecías bíblicas al preparar las condiciones necesarias para los juicios apocalípticos que aún han de sobrevenir a la tierra. ¿Y cómo no justificar el miedo y la inseguridad reinantes en el mundo hoy cuando parte de ese vasto poderío puede caer en manos de gobiernos dictatoriales, belicosos y ateos, con poca o ninguna consideración por la vida humana, como lamentablemente la historia tantas veces lo ha demostrado?

Con la caída de la cortina de hierro y el establecimiento del caos en la antigua potencia comunista, desaparecieron de aquel país por lo menos cuatro bombas atómicas de gran poder de destrucción. Este tipo de arma puede ser transportado en una maleta de viaje, de tamaño mediano, como además mostró un documental en la televisión norteamericana. Dónde estarán esas armas y en poder de quién, es lo que preocupa a las autoridades de todo el mundo.

Un buen ejemplo de lo que puede suceder fue el fatídico 11 de septiembre de 2001, cuando aviones comerciales fueron usados por terroristas suicidas como misiles contra las torres gemelas, en Nueva York, de ciento diez pisos cada una; y contra el poderosísimo Pentágono, en Washington. Solo la Casa Blanca y el avión presidencial quedaron fuera del alcance de un gigantesco Boeing 747 porque, según informó la prensa, los pasajeros reaccionaron a tal punto que evitaron la tragedia, lanzando la aeronave contra un terreno deshabitado en el estado de Pensilvania.

189) ¿Cómo fue la tragedia del 11 de septiembre de 2001 en los Estados Unidos?

Querido lector, la magnitud de esa tragedia se puede ver en números aterradores: hubo miles de víctimas fatales, todas inocentes, excepto los criminales secuestradores. Más gente pereció en esos ataques que en el naufragio del Titanic, en 1912, y que en el ataque sorpresa que perpetró el Japón a la base naval norteamericana de Pearl Harbor, en Hawái, en 1941.

En términos materiales, el perjuicio fue de cientos de miles de millones de dólares. ¡Solo la construcción de las torres en los años setenta tuvo un costo de 130.000.000 de dólares! La caída de las dos torres, provocada por el intenso calor de más de un centenar de toneladas de combustible de altísimo octanaje, provocó un temblor del suelo rocoso de Manhattan equivalente al de un terremoto de más de siete grados en la escala de Richter. La tragedia causó la destrucción de cerca de 200 edificios del área, y decenas de ellos fueron condenados a la demolición. El peso de las torres al caer fue evaluado como muy superior al millón de toneladas.

Estaba mirando el noticiero en la TV cuando vi ante mis ojos, en vivo, el derrumbe del primer edificio golpeado, que cayó en último lugar. A la reportera se le quebró la voz ante tan dantesca escena. ¡Es imposible saber exactamente cuántas personas fueron derretidas por ese calor y cuántas fueron destrozadas bajo centenares de miles de toneladas de escombros que cayeron desde las alturas!

Además de los costos directos del desastre, los norteamericanos están acarreando los cuantiosos gastos de una guerra difícil, prolongada, que ha producido otras incontables víctimas inocentes en diversas partes del mundo.

Ante la magnitud de tal tragedia muchos se preguntan: ¿Por qué Dios lo permite? Afirma la Biblia: «Y sabemos que a los que aman a Dios, todas las cosas les ayudan a bien, esto es, a los que conforme a su propósito son llamados» (Romanos 8:28). Inmediatamente luego del fatídico 11 de septiembre, las fuerzas armadas de los Estados Unidos reclutaron decenas de miles de reservistas que se pusieron a total disposición. ¡Con los ejércitos de Dios no fue diferente! ¡Los cristianos verdaderos en todo el país fueron sacudidos y también se pusieron en estado de alerta!

En Nueva Inglaterra (región generalmente considerada como cementerio de los pastores en virtud de la indiferencia espiritual de su pueblo), miles de jóvenes se reunieron en una de las plazas de Boston y durante doce horas oraron, pidieron perdón a Dios y a sus familiares, y prometieron vivir una vida cristiana comprometida. En una iglesia muy cercana a la mía, aproximadamente doscientas personas se convirtieron el domingo siguiente a la tragedia.

Lo sucedido el día 11 de septiembre fue permitido por Dios para sacudir a su iglesia en los Estados Unidos y en varios lugares del mundo. Al mencionar las señales de los tiempos que precederían su regreso, Jesús dijo: «Cuando estas cosas comiencen a suceder...» (Lucas 21:28). Solo Cristo, por su triunfante intervención en los destinos del mundo, impedirá la total autodestrucción de la raza humana.

En estos turbulentos días de nuestra historia Cristo continúa siendo la única esperanza. En Él hay refugio, certeza, seguridad y verdadera paz, «aunque la tierra sea removida, y se traspasen los montes al corazón del mar» (Salmo 46:2). Jesús dijo: «La paz os dejo, mi paz os doy; yo no os la doy como el mundo la da» (Juan 14:27).

190) ¿Qué relación existe entre las ciudades de Babilonia, Pérgamo y Roma?

Querido lector, acerca de Babilonia leemos en el último libro de la Biblia que todas las naciones bebieron del vino de la furia de su prostitución; y acerca de Pérgamo, también en el mismo libro, que es el lugar donde se encuentra el trono de Satanás, y no Babilonia (18:2; 2:12,13). ¿Por qué? Debemos buscar las respuestas en los rastros de esas dos famosas ciudades.

Considerada la ciudad más famosa de Misia, Pérgamo se situaba en el valle del río Caico, a unos 25 kilómetros del mar Egeo y a 80 kilómetros al norte de Esmirna, lo que le confería gran importancia comercial y espiritual. Era la capital oficial de la provincia romana de Asia, aunque Éfeso y Esmirna fueran más importantes desde el punto de vista comercial. Hoy, la pequeña ciudad turca de Bergama, de 25.000 habitantes, ocupa el lugar de aquella famosa ciudad.

Pérgamo, también conocida como Pérgamun, había sido una ciudad-estado griega, donada al imperio romano en 133 a.C. por Atalo III. Esta célebre ciudad poseía la segunda biblioteca más importante del mundo, con 200.000 volúmenes, que luego fueron llevados a Alejandría.

En cuanto al aspecto religioso, Pérgamo era considerada la ciudad natal del dios Júpiter. Bajo el dominio de los reyes Atalos, la ciudad se llenó de templos, escuelas y palacios reales. Uno de sus principales monumentos era un templo dedicado al dios Esculapio, representado por una serpiente.

Pérgamo era la sede de los cuatro cultos más importantes a los dioses griegos: Zeus, Atenea, Dionisio y Asclepios, y poseía también una antigua forma de adoración al diablo, y un antiguo culto babilónico, además de ser un centro de propagación del culto al emperador.

La influencia de Babilonia en la transformación de Pérgamo como «trono de Satanás», y más tarde en la transformación de Roma como asiento de la «gran prostituta», se remonta al año 487 a.C. En ese año, como Jerjes había tomado Babilonia, la jerarquía religiosa de esa ciudad huyó a Pérgamo.

En Pérgamo el sumo pontífice de la Orden Babilónica legó como herencia, por ley, toda su autoridad y dominio a la jerarquía babilónica de Roma, y así los Césares se convirtieron en los soberanos pontífices de esa organización idólatra. Estos emperadores ostentaban esos títulos con todas sus ceremonias, ritos y dignidades, aún después de convertidos nominalmente al cristianismo.

El primer emperador romano en recibir aquel título fue Julio Cesar, que fue electo pontífice en el 74 a.C., y promovido a sumo pontífice en el 63 a.C. Desde Julio César hasta Graciano, todos los emperadores ejercieron la autoridad babilónica, pero este último en 376 d.C. creyó que no le convenía a un cristiano ser pontífice de la impía e idólatra Babilonia, y por eso renunció al título.

«No había en aquella época ningún tribunal en el que los paganos pudieran ser juzgados, y así siguió la confusión. Entonces la autoridad de Babilonia fue otorgada al obispo de Roma, Dámaso, en el año 378 d.C., y puesta sobre él, que se convirtió en el sumo pontífice o pontífice máximo. Así, el poder papal realmente viene de Babilonia (del diablo)» (John Robert Stevens, *Princípios Elementares de Doutrina* [Principios Elementales de la Doctrina], Sepulveda, California, 1959, p. 46).

191) ¿Quiénes son los cristianos reformados?

Querido lector, los reformados son los protestantes europeos que sufrieron una mayor influencia de Calvino, Farel y Knox. En Gran Bretaña y en otros países se los denomina «presbiterianos» por el hecho de que su gobierno es ejercido por «presbíteros».

Estos mismos reformados constituyen, en Italia, la tradicional iglesia valdense. De un modo general, rechazan todo lo que les parece contrario a las Escrituras y solo aceptan lo que tiene fundamento bíblico. Son simples en su culto y en general rigurosos en su ética.

Podemos aprender mejor el contenido de la doctrina básica de Calvino a través de las palabras llenas de autoridad de la Confesión de Fe de Westminster, de 1647:

«Capítulo IX (de la libre voluntad), Nº3: El hombre, por su caída en un estado pecaminoso, perdió completamente toda capacidad de desear cualquier bien espiritual que acompañe la salvación. Por causa de eso, el hombre natural, siendo adverso a ese bien y, al mismo tiempo, estando muerto en el pecado no es capaz por sus propias fuerzas de convertirse o de prepararse para ello.

«Capítulo III (de la Eterna Finalidad de Dios), Nº3: Por decreto de Dios, para manifestación de su gloria, algunos hombres y ángeles son predestinados a la vida eterna y otros son predestinados a la muerte eterna.

«Nº5: Aquellos del género humano que están predestinados a la vida fueron escogidos por Dios para la gloria con Cristo antes de efectuada la creación del mundo, según su finalidad eterna e inmutable, y la secreta deliberación y arbitrio de su voluntad, por manifestación de su libre gracia y amor, sin ninguna previsión de fe o buenas obras, o de perseverancia en ambas, o cualquier otra cosa en la criatura, como condiciones o causas que lo llevasen a eso, y todo para la alabanza de su gloriosa gracia.

«Nº7: Fue del agrado de Dios que, de acuerdo con el insondable designio de su propia voluntad, por la cual él distribuye o niega a su merced, como le plazca, para la gloria de su soberano poder sobre sus criaturas, dispensar al resto de la humanidad, condenarla a la deshonra y a la ira... para alabanza de su gloriosa justicia.

«Capítulo X (de la vocación eficaz) Nº1: Es de agrado de Dios efectivamente llamar fuera de aquel estado de pecado y de muerte, en el cual están por naturaleza, en la época por él señalada y deseada, todos aquellos, y solamente aquellos, que predestinó a la vida, por su palabra y espíritu... quitándoles su corazón de piedra y dándoles un corazón de carne...

«Capítulo V (de la Providencia) Nº6: Para aquellos hombres malos y sin Dios, a quien él, como juez imparcial, cegó y endureció por antiguos pecados, Dios no solo negó su gracia... sino que también a veces retiró los dones que tenían y... los abandonó a su propia lujuria...»

Esta doctrina, que ha producido una controversia no menor en el seno evangélico, suscitó un violento rechazo del famoso poeta inglés Milton, quien dijo: «Aunque pueda ser enviado al infierno por eso, tal voluntad divina nunca recibirá mi respeto».

192) ¿Cuál fue el resultado de la explosión de la bomba atómica en Hiroshima?

Querido lector, es necesario tener los nervios de acero para visitar el Museo Memorial de la Paz, al que fui en 2004, y seguir los pasos de la tragedia que se desató sobre Hiroshima a las 8:15 de la mañana del 6 de agosto de 1945.

La bomba tenía cerca de tres metros de largo y pesaba cuatro toneladas. Debido a su formato fue denominada *Garotinho* [jovencito]. Explotó a 580 metros de altura sobre el predio de la prefectura, un imponente edificio cuyas ruinas aún se conservan para mostrar el poder destructivo de la bomba. A la explosión le siguió la formación de un inmenso hongo, compuesto en parte por tierra y en parte por agua. Media hora más tarde descendió de aquel hongo una lluvia lodosa, oscura y radioactiva.

En un área de varios kilómetros cuadrados no hubo ningún sobreviviente. Un segundo después de la detonación, la bola de fuego se expandió en un diámetro de 280 metros. La temperatura del centro excedía el millón de grados Celsius, equivalente al calor de la superficie del sol, y provocó violentos ciclones y rápidos incendios, arrasando completamente una gran área de la ciudad.

En el momento de la explosión se creó una presión extremadamente alta de varias centenas de miles de atmósferas. El aire de alrededor fue disparado violentamente hacia afuera, produciendo una explosión intensamente fuerte. Esa presión, a 500 metros del epicentro, llegó a pesar 500 toneladas por metro cuadrado, destruyendo edificios y lanzando personas por el aire.

A kilómetros de distancia del epicentro las personas se convertían en antorchas humanas. Muchas de ellas se abalanzaban sobre el río en busca de alivio sin saber que las aguas estaban casi en estado de ebullición en virtud del calor de la superficie, que había alcanzado la temperatura de 5.000 grados centígrados. Entre los que murieron de inmediato más los que fallecieron hasta fines de 1945 como consecuencia de la catástrofe hubo 140 mil personas, solo en Hiroshima. Otros miles murieron los años subsiguientes, víctimas de la radioactividad.

El museo muestra una acera de concreto en la que se encontraba una persona que se evaporó completamente, quedando de ella solo una sombra oscura.

Conociendo *in situ* los efectos de la explosión atómica, vino a mi mente el pasaje bíblico de 2 Pedro 3:10-12:

«Pero el día del Señor vendrá como ladrón en la noche; en el cual los cielos pasarán con grande estruendo, y los elementos ardiendo serán deshechos, y la tierra y las obras que en ella hay serán quemadas. Puesto que todas estas cosas han de ser deshechas, ¡cómo no debéis vosotros andar en santa y piadosa manera de vivir, esperando y apresurándoos para la venida del día de Dios, en el cual los cielos, encendiéndose, serán deshechos, y los elementos, siendo quemados, se fundirán!»

No existe la menor duda de que el apóstol Pedro se refiere a los efectos de una explosión nuclear.

Hiroshima se convirtió en la ciudad líder de la lucha por la paz y por el desarme atómico. A cada nación que realiza una prueba nuclear el prefecto de Hiroshima le envía una carta pidiéndole el cese de las armas. Pero parece que tales advertencias caen en saco roto, ¡pues el poderío nuclear que existe hoy en manos de muchas naciones es capaz de destruir veintisiete veces toda la raza humana!

193) ¿En qué consistió el Proyecto Manhattan, de los Estados Unidos, durante la Segunda Guerra Mundial?

Para construir una nueva arma en la lucha contra los alemanes, el gobierno norteamericano montó un programa altamente secreto y costosísimo: el Proyecto Manhattan. Muchos de los principales físicos de los países aliados involucrados en el proyecto se fueron a vivir y a trabajar a Los Álamos, Nueva México, aislados del resto del mundo, liderados por el físico norteamericano Julius Robert Oppenheimer (1904-1967). La primera bomba atómica se probó el 16 de julio de 1945 mediante una explosión en el desierto de Sonora, estado de Nuevo México, EUA.

La bomba atómica consiste en la fusión de núcleos atómicos, proceso que consiste en «romper» núcleos de átomos pesados e inestables, como el uranio 235, que se lanzan contra partículas atómicas llamadas neutrones. Su efecto destructor es la radioactividad, propiedad de ciertos elementos químicos de emitir partículas o radiación electromagnética como resultado de la inestabilidad de sus núcleos.

Lo que torna al arma nuclear especial es la enorme concentración de energía en pequeños volúmenes, que puede ser liberada con efectos devastadores. Para medir la capacidad de un arma nuclear se usan los términos «kilotón» y «megatón». Un kilotón equivale a la explosión de mil toneladas de TNT (nitroglicerina); un megatón equivale a un millón de toneladas.

Las dos únicas armas nucleares utilizadas en guerras hasta hoy fueron usadas contra Japón por la Fuerza Aérea norteamericana. El 6 de agosto de 1945 una bomba explotó en Hiroshima, y el 9 de agosto explotó la segunda en Nagasaki, causando decenas de miles de muertos inmediatamente, y también durante los años subsiguientes. En pocos segundos 36.000 kilotones destruyeron dos ciudades japonesas.

En 1945 Hiroshima era la segunda ciudad del Japón, con una población de 350.000 habitantes, y se destacaba por las buenas escuelas y grandes centros de entrenamiento militar que poseía. La ciudad, salvada de los bombardeos aéreos que ya habían destruido la mayor parte de las ciudades japonesas, estaba destinada a ser el blanco de la primera bomba atómica.

«A lo largo de su vida, Albert Einstein no solo intentó descubrir un orden en el mundo natural sino también promover el orden en el mundo humano», dijo Jimmy Carter en una reunión anual de la Academia Nacional de Ciencias de los Estados Unidos, en Washington. Y agregó:

«El Einstein humanitario tiene tanto para enseñarnos como el Einstein físico. Él veía a la ciencia buena en sí misma. Pero también veía que las aplicaciones de la ciencia serían tan buenas como las opciones morales y políticas que las determinaran. Según Einstein, la preocupación por el hombre y su destino debe ser siempre el principal interés de todas las aspiraciones técnicas, para que el acto creador resulte en bendición y no en maldición.»

Nació en Alemania en 1879, y falleció en los Estados Unidos en 1955. Este famoso autor de la teoría cuántica y de la relatividad prestó una contribución de valor inestimable al campo de la energía nuclear a través del cálculo que realizó de la primera bomba atómica.

194) ¿Es cierto que Einstein se sintió frustrado por el lanzamiento de la bomba atómica sobre el Japón?

Querido lector, Einstein se preocupaba por la amenaza que representaban las nuevas armas, y por las crecientes manifestaciones de odio y de racismo que había en el mundo. Pacifista impenitente, llegó a escribir varias cartas a altas autoridades japonesas luego de la Segunda Guerra Mundial, disculpándose por la desgracia atómica que se abatió sobre el Japón.

Siete años después de la destrucción de las ciudades japonesas, por primera vez le mostraron a Einstein algunos álbumes fotográficos de la tragedia de Hiroshima. En cada página el horror aumentaba de intensidad, pues allí estaban expuestas no solo las ruinas sino fisonomías humanas «con las dimensiones del infierno».

El científico alemán, embargado por la tristeza, escribió a una editorial de Tokio: «Comprendí el terrible peligro que la bomba atómica representa para la humanidad... Creo que matar durante la guerra no es distinto de los homicidios comunes».

El secretario de Einstein cuenta que el sabio iba perdiendo la confianza en los hombres en la medida en que sus fuerzas declinaban. Cuando, en plena guerra, informó al gobierno norteamericano que sus cálculos permitirían la fabricación de bombas atómicas, elaboró un contrato en el cual proponía:

«Apenas la primera bomba estuviera terminada y lista para explotar, él sugería reunir en una isla desierta del Pacífico a representantes de Alemania y del Japón, a observadores de países neutros y, naturalmente, a los jefes de los Estados Mayores de los Cuatro Grandes. Y que, ante esa platea de especialistas, hicieran explotar una bomba atómica. Los resultados serían tan importantes que la rendición de los enemigos seguiría fatalmente a esa experiencia. "Salvaremos así un número incalculable de vidas humanas y entraremos con manos limpias a la ciudad de la paz".» (Fernand Gigon, *Apocalipse do Átomo* [Apocalipsis del átomo], Ibrassa-Instituição Brasileira de Difusão Cultural S/A, São Paulo, 1959, p. 6).

No obstante, el gobierno, que todo le prometió a Einstein, cambió de manos presidenciales y el Pentágono buscó en el corazón del Japón los blancos, cuyos nombres luego aparecieron en las enciclopedias y los diccionarios.

Tal vez al lector le gustaría preguntar si el poderío nuclear hoy existente será usado y cuándo. Dos pasajes de la Biblia le responden. El primero se encuentra en 1 Tesalonicenses 5:3: «Que cuando digan: Paz y seguridad, entonces vendrá sobre ellos destrucción repentina (...) y no escaparán». El otro texto está en Ezequiel 39:6: «Y enviaré fuego sobre Magog, y sobre los que moran con seguridad en las costas; y sabrán que yo soy Jehová».

Creo que el «cuándo» será después del rapto de la iglesia, y el «fuego» será la energía nuclear. El gobernante que se levantará como salvador del mundo establecerá una falsa paz, simbolizada por el caballo blanco de Apocalipsis 6:2. Después, el uso de armas nucleares agravará el sufrimiento de la humanidad hasta el nivel señalado por el profeta: «(...) y será tiempo de angustia, cual nunca fue desde que hubo gente hasta entonces» (Daniel 12:1).

La iglesia, sin embargo, ausente de este mundo, estará protegida de esas calamidades conforme a las promesas de Dios. ¿El lector tiene esa esperanza?

195) ¿Cómo es hoy Japón habiendo sido víctima de la bomba atómica?

Por su localización en el extremo este de Asia, el Japón fue conocido como la tierra del sol naciente. Con un territorio equivalente en tamaño al del Estado de San Pablo, Brasil, el país está formado por cuatro islas principales y 3000 menores. Extremadamente montañoso, posee 225 volcanes, de los cuales más de 60 se encuentran activos. Entre los inactivos se encuentra el famoso Fuji, que tuve la oportunidad de conocer de cerca.

Viajando desde la ciudad de Toyota hacia Hiroshima por una buena ruta, quedé impresionado por las decenas de grandes túneles de doble mano, una de ida y otra de vuelta, que prácticamente habían perforado toda una región montañosa. ¡Los costos de tal autopista deben haber sido inmensos!

La topografía accidentada del país dificulta la agricultura y contribuye a que el 67% del territorio aún esté cubierto por bosques. La pequeña cantidad de tierra cultivable, junto con el extenso litoral, los ha llevado a convertirse en la mayor industria pesquera del mundo.

El país es también uno de los más competitivos fabricantes y exportadores de artefactos electrónicos y automóviles, y eso lo transformó en la segunda potencia económica, solo después de los EUA. Su renta *per cápita* en 1997 era de 38.160 dólares. (En el mismo año, la de los EUA fue de 29.080, y la del Brasil en 1998 alcanzó los 4.802 dólares). Con una población actual bastante homogénea, de 130.000.000 personas, los japoneses poseen la menor tasa de mortalidad infantil del mundo, pues apenas cuatro niños de cada mil mueren antes de cumplir un año, y también se destacan por su longevidad, habiendo en el país cerca de nueve mil personas centenarias. La mujer continúa con un papel más sumiso que en el resto de las naciones occidentales.

En el aspecto religioso, el sintoísmo (51,3%) y el budismo (38,3%) permanecen como religiones con el mayor número de seguidores. El cristianismo cuenta con 1,2% de la población, y otras con el 9,2% (1992).

Con respecto a los efectos catastróficos de la bomba atómica sobre Hiroshima y Nagasaki, y sobre todo el Japón, los sobrevivientes de Hiroshima se convencieron de que la humanidad no puede coexistir con las armas nucleares. Se arraigó en la mente del pueblo de Hiroshima que el uso de tales armas no se puede permitir de ninguna manera.

Imbuida de ese espíritu, Hiroshima asumió el liderazgo en la lucha por la total abolición de las armas nucleares y por una paz mundial duradera. De esa manera, la ciudad se volcó hacia el mundo e inició su jornada hacia el camino de la paz.

Dos bombas atómicas se usaron contra el Japón como armas de guerra. Para que estas no sean usadas una tercera vez deben ser totalmente eliminadas de la faz de la tierra.

Esa es la postura de Hiroshima. Cada vez que hay una prueba nuclear en el mundo, el prefecto de la ciudad envía una carta pidiendo la supresión de esa clase de arma. Hay centenares de copias de esa carta colgadas en las paredes del Museo Memorial de la Paz, lo que da una idea de las numerosas pruebas que se han hecho en todo el mundo.

196) ¿Cómo fue el despertar misionero de los últimos siglos?

El despertar misionero protestante, surgido a partir de fines del siglo dieciocho, marcó la expansión del protestantismo en todo el mundo. Una de las más antiguas organizaciones destinadas a llevar el evangelio a otras naciones fue la Sociedad Misionera Bautista de Rettering, Inglaterra, creada en 1792 por influencia de Guillermo Carey, que partió al año siguiente para la India.

En 1795 surgía en Londres la Sociedad Misionera de Londres que, entre otros ilustres misioneros, envió a David Livingston al África. En 1821 surgieron la Sociedad Misionera Evangélica de Basilea y la Sociedad Misionera Danesa. En 1824 nacieron la Sociedad Misionera de Berlín y la Sociedad Misionera de París. Más tarde, en 1865, Hudson Taylor fundó la Misión al Interior de la China, que se transformó en uno de los mayores emprendimientos destinados a llevar al evangelio a millones de chinos.

De Inglaterra y Escocia partieron los primeros misioneros hacia América Latina, durante la primera mitad del siglo diecinueve. Eran principalmente bautistas, presbiterianos, congregacionalistas y metodistas. La historia de las misiones latinoamericanas está repleta de abnegación y heroísmo, principalmente en virtud de las tremendas persecuciones impulsadas por el catolicismo romano de origen español y portugués, fuertemente intolerante.

Más tarde, ya a comienzos del siglo veinte, una nueva ola misionera se levantó, liderada por los Estados Unidos de América del Norte, llevando a todo el mundo el mensaje del evangelio. En la última década del siglo veinte había cerca de 85.000 misioneros evangélicos en todo el mundo, de los cuales cerca de 50.000 procedían de los Estados Unidos.

Para combatir el racionalismo del siglo dieciocho, Dios levantó a los moravos, que habían sido influenciados por el pietismo, y después por el movimiento metodista en Inglaterra.

En 1922, Zinzendorf invitó a muchos protestantes desterrados de Bohemia y Moravia a establecerse en sus propiedades en Sajonia, donde él organizó la «fraternidad renovada». Llegó a interesarse mucho por la evangelización del mundo, pero su mayor objetivo era especialmente el desarrollo de una fraternidad internacional constituida por verdaderos creyentes de diferentes confesiones religiosas. No quería iniciar una nueva denominación. Su propia colonia permaneció dentro de la iglesia luterana. No tardaron en surgir otras fraternidades en Holanda, Dinamarca, Inglaterra, América del Norte y en otras partes de Alemania. (Howard F. Vos, *Breve Historia de la Iglesia Cristiana*, Chicago, Editorial Moody, 1965, p. 117).

A su vez, bajo influencia de los moravos surgieron los metodistas con su énfasis en la santidad. Gracias al dinamismo de los hermanos Wesley, el metodismo se esparció por el mundo con un nuevo aliento de vida en medio del formalismo muerto en que yacían las grandes denominaciones reformadas. Los enormes templos metodistas esparcidos por Europa y las Américas certifican el fructífero trabajo desarrollado por los discípulos de Carlos y Juan Wesley.

197) ¿Qué características especiales tenía Palestina para que Dios la diese al pueblo de Israel?

El nombre *Palestina*, querido lector, no era usado en los tiempos bíblicos, pues se derivó más tarde del término *filisteus*, que identifica a los pueblos llamados «Palaistinos» por los griegos y «Palestinos» por los romanos.

El nombre bíblico que se le dio a la región era «Canaán», la tierra donde Canaán, hijo de Cam, se estableció, y que el Señor le había prometido a Abraham (Génesis 9:25; 10:6; 12:5-7). La tierra de Canaán sería dada a Abraham. Aunque Canaán era originalmente la tierra que se encuentra al oeste del Jordán, más tarde se nombró Palestina a la tierra de ambas márgenes del Jordán.

La tierra de Palestina se extiende desde el elevado monte Hermón, al norte, hasta el sur de la región desierta del mar Muerto. Su longitud es de 240 km, desde Dan hasta Beerseba, y su ancho promedio es de 110 km, desde la costa del Mediterráneo hasta la meseta oriental.

Palestina es frecuentemente descripta como cuatro franjas paralelas que van en sentido norte-sur: a) la planicie marítima a lo largo del Mediterráneo; b) la cordillera central, cuyas montañas tienen picos de más de 900 metros de altura; c) el valle del Jordán hasta el mar Muerto, que está a 387 metros por debajo del nivel del Mediterráneo; d) la Palestina Oriental o Transjordania, una vasta meseta fértil de una altura superior a los 900 metros.

Con un área cuya superficie es de aproximadamente 28.500 km. cuadrados, Palestina presenta grandes contrastes en su topografía.

Geológicamente, el valle del Jordán es una formación de lo más singular. Forma parte de la gran fisura que se extiende desde Siria, al norte, hasta el sur del mar Muerto. Se supone que hace miles de años ese valle estaba cubierto de agua, formando un lago de 322 km. de largo desde el norte de Galilea hasta 80 km. al sur del mar Muerto.

En los tiempos bíblicos el área tenía tres grandes masas de agua: a) el lago Hule (ahora drenado), al norte de Galilea, se encontraba a 69 metros por encima del nivel del mar; b) el mar de Galilea (al comienzo se lo llamaba mar de Cineret), a 205 metros por debajo del nivel del mar; c) el mar Muerto, a 387 metros por debajo del nivel del mar.

Esas masas de agua están unidas por el río Jordán, que desciende rápidamente serpenteando unos 260 km. para transponer los 105 km. de Galilea hasta el Mar Muerto (mar salado). El río Yarmuk, procedente de las regiones montañosas del este y con un volumen de agua semejante al del Jordán, se une a este 16 km. por debajo de Galilea.

En los tiempos antiguos, la costa mediterránea no tenía puertos de embarque, lo que obligó a Salomón a determinar que el embarque se realizara en Ezion-Geber, en la parte septentrional del golfo de Áqaba. Solo al poco tiempo, los puertos de Haifa y Asdod comenzaron a operar comercialmente.

La principal característica geográfica de Palestina tal vez sea el puente que forma entre los tres continentes, y el hecho de ser históricamente la conexión entre Egipto y la Mesopotamia. Así, siendo el centro de las civilizaciones del mundo y el «centro de la tierra», Palestina estaba destinada a ser escenario de grandes eventos históricos. Tal vez por esa razón el Señor escogió a Palestina como la tierra del pacto con su pueblo.

198) ¿Cuáles eran las condiciones de Canaán en el tiempo de su conquista por Josué?

Mi querido lector, geográficamente, la tierra de «Canaán» se componía de toda la franja occidental desde Sidón, al norte, hasta Gaza y Sodoma, al sur (Génesis 10:19). Con el nombre «Canaán» se denominaba, en general, a toda el área en que se establecieron los hijos de Canaán.

Ese territorio fue llamado más tarde «Palestina» por los romanos (según Herodoto), que es la forma griega de «Philistia» (Palestina). A los nativos se los llamaba «filisteos».

En cuanto a la raza, la tierra era ocupada por un grupo mixto que parecía descender de Canaán, hijo de Can y nieto de Noé (Génesis 10:15-20). Hay en la Biblia varias listas de esos grupos (Génesis 10; Deuteronomio 7:1; Jeremías 3:10). Además de eso, se pueden identificar por sus localidades:

a) Heteos: de los hijos de Het, que se establecieron en el Asia Menor.

b) Girgaseos: de la región occidental del mar de Galilea.

c) Amorreos: pueblo montañés de las mesetas al oeste y al este del mar Muerto.

d)Cananeos: técnicamente, de la parte norte.

e) Ferezeos: asociados a los cananeos del norte.

f) Heveos: los pacíficos gabaonitas cerca de Jerusalén.

g) Jebuseos: tribu guerrera establecida en torno a Jerusalén.

Políticamente, Canaán había sido dominada desde 1468 a.C. por Egipto, que estableció puestos militares y ciudades reales por toda la tierra, así como también príncipes nativos, educados en Egipto, para gobernar como monarcas títeres.

Sin embargo, en el 1400 el poder extranjero egipcio se deterioró, volviendo la tierra propicia para la invasión efectuada por los israelitas y posteriormente por otros pueblos. Pero las ciudades de Canaán estaban bien fortificadas. Jericó, por ejemplo, edificada sobre una loma, estaba rodeada por dos muros de ladrillos, uno de 3,6 metros de ancho y el otro de casi dos.

Religiosa y moralmente, la tierra vivía infestada de idolatría, completamente degradada. Era el tiempo predicho por Dios en que la medida de la injusticia de los amorreos alcanzaría su plenitud (Génesis 15:16).

He aquí algunas de las divinidades de Canaán:

a) Él era el dios supremo. Poemas ugaríticos lo describen como un tirano cruel y sanguinario, de una sensualidad incontrolable.

b) Baal era hijo de Él y su sucesor. Dominaba el grupo cananeo y era considerado el «Señor del cielo». Era el dios de la lluvia y de la vegetación.

c) Anat era hermana de Baal y una de las tres diosas protectoras del sexo y de la guerra. Concomitante con el culto a la prostitución sagrada, se realizaban matanzas infantiles.

d) Astarot (Astarté) y Asera eran esposas de Baal, y también diosas del sexo y de la guerra.

e) Moloch y Milcom, de origen amonita, eran dioses de la orgía, y Quemos era la divinidad nacional de los moabitas.

Estos dioses de violencia y perversión sexual reflejan la crueldad y la corrupción del pueblo, que hizo sus dioses parecidos a ellos mismos (Salmo 115:8)

199) En el caso de las conquistas de Josué, ¿cómo justificar que un pueblo escogido por Dios tomara posesión de la tierra y masacrara a su población?

No quedan dudas, querido lector, de que el libro de Josué subraya una cuestión ética crucial. Ese problema moral se encuentra también en otros libros, como Números, y 1 y 2 Samuel. ¿Por qué no fueron enviados a Canaán como evangelistas en vez de verdugos? Hay cinco razones que deben ser observadas desde el punto de vista histórico:

La primera es que la religión de Canaán se había hecho tremendamente abominable a los ojos de Dios y de la propia moralidad. Excavaciones ugaríticas mostraron la extrema obscenidad de la religión, que tenía un panteón de dioses: El, su dios principal, era orgullosamente presentado como sensual, sórdido y sanguinario hasta consigo mismo; las tres diosas cananeas, enrolladas en serpientes, eran presentadas en posturas viles y sensuales. El sistema, que rendía homenaje a serpientes, era totalmente depravado y estaba condenado a la destrucción.

La segunda es que la adoración al sexo demoníaco y a los ídolos de guerra reflejaban una sociedad permeada por la más grosera inmoralidad y violencia. Excavaciones arqueológicas revelan que sus templos eran centros de vicio con sacerdotes sodomitas y sacerdotisas prostitutas. Quemar a los niños vivos en los altares se había convertido en un ritual común. La bajeza de la idolatría de Canaán contrastaba con la idolatría de Egipto y de la Mesopotamia, cuya moralidad no había caído en tan profunda vulgaridad y brutalidad. La cultura estaba condenada a la destrucción (Levítico 18:25).

La tercera razón es que el Señor era el verdadero dueño de Canaán y podía darla o negarla a quien quisiera, por razones no siempre evidentes a los hombres. Su plan de cesión y período de experiencia se observa en diversas ocasiones mucho antes de Moisés y Josué:

a) A través de Noé, Dios profetizó juicio a los cananeos por su obscenidad (Génesis 9:22-27).

b) A Abraham y sus descendientes el Señor les prometió la tierra de Canaán, la cual ellos recibirían después de colmada la medida de iniquidad de los amorreos (Génesis 15:13-16).

c) Justamente como aconteció con Sodoma antes de su destrucción, el Señor les dio a los cananeos muchas oportunidades de arrepentirse (Génesis 18:25; Romanos 1:18-22). Dios esperó 400 años.

La cuarta, es que Israel no fue designada para ser solo una organización religiosa, sino un gobierno civil con obligación de cumplir el pacto delante del Señor. Como tal, su primera comisión era ejecutar juicio sobre una sociedad corrupta y violenta, de acuerdo con el pacto de Noé (Génesis 9:6).

A pesar de ser siempre reticente en la ejecución de aquel

sórdido deber, Israel estaba bajo el mando específico del Señor para tomar la tierra, destruir a los cananeos y tomar sus riquezas. En realidad, los ataques de Israel eran casi siempre respuestas a los ataques iniciales de los cananeos.

La quinta razón es que, en el pacto hecho por el Señor con Abraham e Israel, la ocupación final de Palestina por los israelitas se extendería desde el río Nilo hasta el Éufrates (Génesis 15:8; Deuteronomio 1:7,8; 30:5). Sin embargo, antes de aquella futura ocupación final, el Señor limpiaría la tierra de la vil idolatría y brutalidad introducidas por un sistema religioso inspirado por Satanás (Apocalipsis 14:15ss; 19:15).

200) ¿Cuáles fueron las causas que llevaron al pueblo de Israel a vivir de un modo tan desordenado como en el tiempo de los jueces?

Querido lector, ya que nos vamos a referir al comportamiento de la nación israelita durante el período de los jueces, conviene hacer una rápida introducción al libro que describe esos hechos.

El título que se le puso al libro, «Jueces» (Shopetim), se debe a los líderes que Dios estableció de forma intermitente para que hubiese gobernadores en épocas de emergencia durante el período que va desde Josué hasta el reinado de Saúl.

El nombre «Jueces» describe dos funciones de esos líderes: a) Librar al pueblo de sus opresores, en la función de líderes militares. b) Resolver disputas y defender la justicia, en la función de líderes civiles.

El libro es anónimo, pero la tradición hebrea lo atribuye a Samuel, por diversas razones. Era escritor y educado (1 Samuel 10:25). El énfasis dado a la tribu de Benjamín sugiere la época de Saúl, cuando Samuel aún juzgaba, antes de que el nombre de la ciudad de Jebus cambiara al de «Jerusalén» (Jueces 1:21; 19:10).

La historia que relata el libro de Jueces va del año 1375 al 1075 a.C. Jueces es el único libro que registra un largo período de la historia de Israel. Describe las tres guerras civiles, siete opresiones de cinco enemigos, siete guerras de liberación, un número de magistraturas judiciales pacíficas y, finalmente, una magistratura que no resultó buena, la de Sansón, la que casi terminó con los filisteos en el control.

A pesar de que el período total de la tregua y la opresión llegó a los 410 años, el tiempo que abarcó fue de aproximadamente 300 años, hasta la muerte de Sansón. La confrontación entre las magistraturas provinciales y las relatadas en Jueces justifican esa diferencia.

Luego de la muerte de Josué, Israel quedó sin un líder nacional por más de 300 años. Las tribus se mostraban independientes y cada individuo era ley para sí mismo. Durante ese tiempo el Señor levantó jueces principalmente en las situaciones de emergencia para librarlos de los enemigos invasores y defender la justicia civil.

Fue un período en el que el Señor probó a la nación para ver cómo guardaría su pacto en un ambiente pagano e idólatra (3:1-5). Los israelitas cayeron en una condición crónica de apostasía. Aceptaban con entusiasmo la liberación del Señor, pero cuando les faltaba un fuerte liderazgo volvían rápidamente a las prácticas paganas que los rodeaban.

El estado espiritual de la nación contrastaba vivamente con el de la época de Josué, en la que hubo obediencia, fe y victoria bajo un liderazgo teocrático de este gran hombre de Dios. Jueces, sin embargo, es un libro que presenta una historia de continuo fracaso: «...cada uno hacía lo que bien le parecía» (17:6).

Si no fuera por las misericordiosas operaciones de liberación del Señor durante ese período, la nación se habría hundido en una idolatría pagana irrecuperable.

Pero es posible concluir esta respuesta con una nota positiva. Tanto profetas como reyes también tienen lugar en el plan divino. Débora y el profeta sin nombre, por ejemplo, «demuestran que los profetas de Dios son intérpretes idóneos de la Ley, transmisores de los eventos futuros divinamente revelados y mediadores meticulosos de la voluntad de Dios» (Paul R. House, *Teologia do Antigo Testamento* [Teología del Antiguo Testamento], Editora Vida, São Paulo, 2005, p. 280-281).

201) ¿Cómo entender, en el libro de Reyes, el extraño voto de Jefté y la vida descontrolada de Sansón?

Querido lector, Jueces 11:29-40 relata que el Espíritu del Señor vino sobre cuatro jueces (Otoniel, Gedeón, Jefté y Sansón). La historia de Jefté es importante por tres razones: su designación, aun siendo un proscrito; su argumento con los amonitas, reivindicando a Transjordania como una dádiva del Señor; y su voto de ofrenda a Dios.

¿Realmente él ofreció a su hija como «ofrenda de holocausto» (11:31)?

Se debe observar que su voto permitía dos opciones: aquel que saliera de su casa cuando él volviera de Amón: 1) «será de Jehová», o 2) «lo ofreceré en holocausto».

El hecho de que la joven lloró dos meses en virtud de «su virginidad» y de que «ella nunca conoció varón» es un fuerte indicio de que Jefté escogió la primera alternativa: entregarla a Señor para el culto en el templo.

Como Jefté no tenía otros hijos para continuar el nombre de su familia, su gesto representó un gran sacrificio. Además, los sacrificios humanos jamás fueron realmente aceptados por el Señor (inclusive el de Isaac).

McNair, en su Biblia Explicada, dice que la palabra traducida como holocausto en el versículo 31 da necesariamente la idea de un sacrificio quemado. El sentido literal es «lo que sube», y la subida por la cual Salomón iba a la casa del Señor, en 1 Reyes 10:5, aparece con la misma palabra.

Ya tratándose de Sansón, en Jueces 13—16, fue el juez más singularmente dotado y el único nazareo identificado en el Antiguo Testamento. Como Isaac, Samuel, Juan el Bautista y Jesús, su nacimiento fue profetizado por un ángel. Le fue dada la gran dádiva de la fuerza específicamente para librar a Israel de los filisteos, que habían devastado la nación israelita.

Poseedor del mayor poder personal, Sansón fue el único juez que falló en su misión y tuvo un fin trágico. Su fracaso se atribuye a dos factores:

a) Su vida se regía por las pasiones, en lugar de por los principios nazareos. Tres mujeres filisteas lo sedujeron.

b) Evidentemente, sus hazañas obscenas lo hicieron perder de vista su misión real para con el Señor. Aunque por la fe haya cerrado «bocas de leones» (Hebreos 11:32-33), él solo ataco a los filisteos cuando ellos interfirieron con sus placeres sexuales.

Acerca de este extraño libertador escribió McNair:

«Sansón, en algunos sentidos, es uno de los más notables personajes de la Biblia. Es robusto y atrevido, muy bendecido y usado por Dios, y sin embargo malo y desobediente. Cuando leemos la extraña historia que el Espíritu de Dios así nos revela, sentimos que el Señor tiene mucho que enseñarnos por ella. No sentimos repugnancia por el hombre violento, a pesar de sus notables debilidades, porque reconocemos algo semejante en nuestro propio corazón.

«¿A quién le gustaría ver la historia de sus propios pensamientos secretos escrita para que todos la lean? Tal historia del corazón no sería muy diferente de la de Sansón. Que Dios pudiera usar a alguien como él no es nada raro, ya que muchos de nosotros podemos decir: '¿Acaso Él no me ha usado a mí?» (*Biblia de Estudio Explicada;* Editorial Patmos, Miami, Florida, 1ª Edición, 2016, p. 282).